# 微课与慕课设计高级教程

Faculty Development and Design of Micro-lesson & MOOC

赵国栋　主　编

金善国　林　莉　黄　超　副主编

图书在版编目（CIP）数据

微课与慕课设计高级教程/赵国栋主编. —北京：北京大学出版社，2014.11
（21世纪教师教育系列教材·专业养成系列）
ISBN 978-7-301-25047-1

Ⅰ.①微… Ⅱ.①赵… Ⅲ.①师资培养—师范大学—教材②多媒体课件—制作—师范大学—教材 Ⅳ.①G451.2②G434

中国版本图书馆CIP数据核字（2014）第251416号

| | |
|---|---|
| 书　　名 | 微课与慕课设计高级教程 |
| 著作责任者 | 赵国栋　主编 |
| 策划编辑 | 李淑方 |
| 责任编辑 | 李淑方 |
| 标准书号 | ISBN 978-7-301-25047-1/G·3915 |
| 出版发行 | 北京大学出版社 |
| 地　　址 | 海淀区成府路205号　100871 |
| 网　　址 | http：//www.pupcn　新浪官方微博：@北京大学出版社 |
| 电子信箱 | zyl@pup.pku.edu.cn |
| 电　　话 | 邮购部62752015　发行部62750672　编辑部62753374 |
| 印刷者 | 北京鑫海金澳胶印有限公司 |
| 经销者 | 新华书店 |
| | 787毫米×1020毫米　16开本　16.25印张　420千字 |
| | 2014年11月第1版　2015年4月第2次印刷 |
| 定　　价 | 48.00元 |

未经许可，不得以任何方式复制或抄袭本书之部分或全部内容。
版权所有，侵权必究
举报电话：010-62752024　电子信箱：fd@pup.pku.edu.cn
图书如有印装质量问题，请与出版部联系，电话：010-62756370

# 导　言

本书对象是普通学科教师，而非电教人员。编写本书的出发点是强调实用性和操作性，希望能推动学科教师们利用信息技术来实现个人职业的跨越性发展。在内容上，本书是《混合式教学与交互式视频课件设计教程》（2013）和《微课与慕课设计初级教程》（2014）两书的升级版。近年来这两本教材一直作为教育部教育管理信息中心"全国教师信息技术培训项目"（TITT）的培训教材，同时也被指定为"全国多媒体课件大赛和微课大赛"专用教材，得到教师们的广泛好评。今年，应各方要求，在北京大学出版社鼎力支持下，我们又编写了这本升级版教材。

以上述教材为基础，再加上将由北京大学出版社后续出版的《交互式微课制作教程：Captivate & Presenter》《微课与慕课平台建设教程》和《数字校园建设与管理概论》，这五本书将组成一套丛书，希望能为学校教学信息化提供更多支持和服务。

具体地说，本书的对象，是那些愿意付出努力并期待通过信息技术应用，尤其是各种形式教学课件（网络课程、视频公开课、微课、翻转课堂和慕课等）设计来实现个人事业更上一层楼的各学科中青年骨干教师。进一步来说，本书核心目标是要用信息技术来提升教师之职业发展。换言之，要以课件设计为切入点，让信息技术为学科教师的教学锦上添花，提升其教学职业素养，加强其教学专业性，扩大其学术影响力，最终实现利用课件来实现个人教学事业之飞跃。因此，与以往将重点聚焦于新技术对学生学习过程不同的是，本书核心着眼点，更强调新技术对教师的教学与学术影响力的综合性提升，尤其更注重新教学技术对教师职业生涯发展的深远影响力。

在主题设计和内容编排上，作为一本升级版教材，本书仍然继承了以往深受教师们肯定的实用性和操作性两个基本特色。本书共包括八章。第一章是本书理论基础，主要探索数字校园6E模型、混合式学习、微课、翻转课堂与慕课对教师的影响，以及互联网时代教师职业新特征分析等问题。随后第二章，主要介绍目前很有影响力的教育部全国多媒体课件大赛和微课大赛，将之视为教师们在教学中应用信息技术成果的官方成果展示平台，同时也是推动教师们投身于教学信息化的一个重要影响因素。第三章是本书核心内容，详细阐述"交互式视频课件"（Interactive Video Courseware，IVC）整体技术解决方案，将之作为当前设计翻转课堂（Flipped Classroom）、微课（Micro-lecture）、慕课（MOOCs）和移动学习（Mobile Learning）的核心技术框架。第四、第五和第六章则分别介绍了设计IVC常用工具和软件，如CrazyTalk 7.0、CrazyTalk

Animator 2.0 和 iClone 5.5 的使用方法及课件设计案例。以此为基础，第七章以课件案例形式展示利用上述所学软件设计的两个微课。第八章以 U-MOOC（文华在线）平台为例，介绍如何将微课和慕课发布于网络教学平台之上，实现校内与校外数字化学习的统一。

本书可以作为各级各类院校的教师发展和信息技术培训教材，亦可作为教育相关专业本科生、研究生的课程教材或参考书。

# 序 论

在网络时代,各种基于计算机和互联网的新工具不断涌入课堂,为知识传递和思想传播提供了更加多样化的选择,也使教学有可能跨越教室和围墙禁锢,超越时间和空间限制,将知识与思想传播至无远弗届。在此过程中,教师自身的职业精神、专业性素养和社会影响等,亦有可能与日俱增,实现个人价值。这可以说是当今互联网时代为教师们带来的重大机遇,是实现个人事业跨越式发展的最佳路径。

基于以上目标,本书在编写过程中遵循了两个基本指导方针:一是基于模板化"快课"(Rapid E-learning)设计,二是着眼于以课件促进教师发展的路线。

首先,以学科教师为主要对象,本书所介绍的课件工具或技术方案均基于实际教学需求而设计,强调快捷性和实用性,降低技术门槛。在本书中,无论是用于人物动画设计的工具 CrazyTalk,还是动画视频制作软件 iClone,其共同特点都是基于"快课"理念而设计,提供了各种形式素材模板库,能够快速实现各种交互设计,一键生成,便捷发布。这些特点使得以往需求助于专业技术人员才能完成的课件,如今普通学科教师在经过短期培训之后,也能轻松完成。

其次,主张让更多教师不仅要自己动手设计和制作课件,而且能够借助课件来实现其事业跨越式发展的梦想。正如互联网时代的博客、微博、微信等工具给了很多人出名机会一样,我们希望越来越多的教师也能够通过微课、慕课、网络课件和开放课程等方式,来让自己成为网络时代的名师,实现自己的事业梦想。我们期待,教师们在掌握本书所介绍的课件设计技术方案之后,他们的课件作品不仅能够有助于课堂教学活动,更为重要的是,还能参加各种课件比赛和教学成果评比,并获得佳绩。这样,就不仅实现了以比赛来促进教学技术应用的初衷,同时更实现以比赛来促进教师事业发展的目标。

基于以上考虑,本书在内容设计和编排上呈现出以下三个突出特色。

第一,在策略层面,将教师的职业发展放在教育信息化和数字校园大背景下去理解,创新性地提出了数字校园建设与发展的 6E 模型,将技术、理念和价值观视为数字校园发展的三个基本阶段,并提出了信息技术革命的群体差异性论点,阐明技术对校园中不同群体的影响和作用。以此为基础,提出网络时代教学职业发展的基本策略与途径。其中,作者论证一种与原来那种认为教师是新技术天生的对立者完全不同的观点,坚持认为,只要策略得当、方法对路,信息技术能够给教师的职业发展带来一片全新广阔天地，而绝非负担。

第二，在技术方案层面，力求使教学课件的设计理念和技术都能紧跟最新技术发展潮流，书中率先提出"交互式视频课件"概念，并将"移动学习""翻转课堂""微课""慕课"都纳入其技术和设计体系之中。在课件设计领域，本书所提出的课件设计整体技术解决方案，实现教学课件在电脑、智能手机和平板电脑三大移动终端之间的无缝转换。这有效降低了移动学习课件的技术门槛，为更多学科教师今后涉足移动版课件的设计与开发提供了广阔空间。

第三，在内容编排上，本书摆脱以往类似软件操作手册式的课件教材编写方法，从教学实践需要的视角来划分软件功能和操作，紧密结合教学各个环节，以学科教师的实际教学需求为导向。同时，在介绍各软件使用方法时，强调从教学设计入手，与教学实践结合，以教学需求为导向，并注重案例法的应用。在本书中所介绍的每一个软件，都带有一个与教学直接相关的课件案例，从脚本设计到最后课件发布，都有详细的说明和介绍。在学习时，教师可以按图索骥，在一个熟悉的环境中轻松地掌握这些软件的使用方法。

以本书所阐明的上述教师发展理念为指导，其核心目标，就是利用信息技术为辅助工具来实现教师发展的可持续性。具体做法是，在全国范围内组成名师团队，让各学科的名师们通过互联网来传递他们的教学思想和教学方法，同时也利用这种方式来对年轻教师们进行"传、帮、带"，让名师的影响力通过互联网而跨越学校、学区和地区，实现优质教育资源的共享。

总之，本教材所选用的课件设计、制作工具和软件具有较强的适用性，无论是中小学普通学科教师，还是职业技术类的专业教师，或高校的教师，都可以在经过短时间培训之后熟练掌握。在过去数年由教育部TITT项目在全国各地组织的多次培训活动都清楚地证明了这一点，受训教师基本都掌握了交互式视频课件的设计方法。我们衷心希望，这本升级版教材的出版，能够为那些愿意花时间去动手制作课件，愿意花时间去参加各种大赛的教师实现跨越式发展助一臂之力。

本书是多人合作的研究成果，在第二次重印时根据读者反馈进行了部分内容修订。第一章至第三章由北京大学赵国栋教授和林莉老师合作撰写；第四章至第六章由黄超和马潇撰写；第七章由北京大学冯晨等撰写；第八章由文华在线金善国博士撰写和修订。此外，林莉老师负责资料收集、校对和案例选编等工作。

本书综合性强、技术操作多、内容涉及面广，且触及诸多技术细节，内容繁杂。虽几经校订，然时间仓促，恐难免挂一漏万，定有诸多疏漏之处。加之本人能力所限，勉为其难承担主编之职，请各位同仁与读者不吝赐教，以期在后续版本中进一步修订完善。

2015年3月于燕园

# 目 录

## 第一章 数字校园、微课、慕课与教师发展 ... 1
### 1.1 数字校园建设与发展 6E 模型 ... 2
### 1.2 信息技术教育革命群体差异论 ... 11
### 1.3 新潮概念与术语关系辨析 ... 19
#### 1.3.1 混合式学习与翻转课堂概述 ... 19
#### 1.3.2 微课与翻转课堂关系辨析 ... 22
#### 1.3.3 从 OCW、OER 到 MOOCs ... 27
#### 1.3.4 理解诸术语之间关系 ... 31
### 1.4 互联网时代教师职业新特征分析 ... 33
#### 1.4.1 基于 TPACK 之教师专业技能 ... 34
#### 1.4.2 网络时代教师职业新特征 ... 35
### 1.5 网络时代教师职业专业性发展策略 ... 37
#### 1.5.1 尊重教师的教学信息化守门员地位 ... 37
#### 1.5.2 激发教师的信息技术革命积极性 ... 38
#### 1.5.3 培养教师的教学技术设计与开发能力 ... 39
#### 1.5.4 强调课件设计在教师职业中的重要性 ... 40

## 第二章 教师发展之平台——全国多媒体课件大赛 ... 43
### 2.1 课件大赛推动教师发展 ... 43
### 2.2 课件设计理念和技术方案变化与发展 ... 45
#### 2.2.1 模仿性阶段 ... 46
#### 2.2.2 混合式阶段 ... 47
#### 2.2.3 移动化阶段 ... 50
### 2.3 全国多媒体课件大赛概述 ... 53
#### 2.3.1 大赛近年发展概况 ... 53
#### 2.3.2 大赛组织方案及参赛流程 ... 55
### 2.4 参赛建议 ... 60

## 第二章 微课与慕课技术解决方案——IVC ... 64
### 3.1 教学信息化应用与发展新趋势 ... 64

3.1.1　移动设备及其特点分析 ································ 67
　　　3.1.2　移动学习和3D课件技术 ································ 70
　　　3.1.3　3D技术在课件中的应用 ································ 72
　3.2　交互式视频课件（IVC）概述 ······························· 77
　　　3.2.1　IVC构成模块 ·········································· 79
　　　3.2.2　微课与慕课技术解决方案 ······························ 82
　3.3　交互式微课设计和开发流程 ································· 90
　　　3.3.1　设计环节 ············································· 90
　　　3.3.2　开发环节 ············································· 92
　　　3.3.3　发布环节 ············································· 95

# 第四章　用照片生成动画头像——CrazyTalk　96

　4.1　Reallusion课件工具概述 ··································· 96
　4.2　CrazyTalk介绍 ············································ 97
　　　4.2.1　安装与基本功能 ······································ 98
　　　4.2.2　操作流程 ············································ 100
　4.3　CrazyTalk设计案例 ······································· 107
　　　4.3.1　编写脚本和准备素材 ································· 107
　　　4.3.2　定制演员 ············································ 109
　　　4.3.3　背景设置 ············································ 113
　　　4.3.4　让角色开口说话 ····································· 115
　　　4.3.5　为角色添加表情动作 ································· 119
　　　4.3.6　让角色移动起来 ····································· 122
　　　4.3.7　导出视频或图片 ····································· 123
　　　4.3.8　操作流程小结 ······································· 124

# 第五章　用图片生成动画人物——CrazyTalk Animator　126

　5.1　CrazyTalk Animator功能介绍 ······························ 127
　5.2　设计案例 ················································· 132
　　　5.2.1　制作开场白 ·········································· 132
　　　5.2.2　内容讲授 ············································ 136
　　　5.2.3　创建基于图片的角色 ································· 139

# 第六章　用模板搭建动画微视频——iClone　143

　6.1　iClone概述 ··············································· 144
　　　6.1.1　软件下载与安装 ····································· 144
　　　6.1.2　功能简介 ············································ 144
　6.2　操作流程 ················································· 145
　6.3　撰写脚本和准备素材 ······································ 146
　　　6.3.1　撰写脚本 ············································ 146
　　　6.3.2　准备素材 ············································ 147

|  |  |  |  |
|---|---|---|---|
| | 6.3.3 iClone 界面及常用工具栏简介 | 148 |
| 6.4 | 初级案例 | 149 |
| | 6.4.1 脚本设计 | 149 |
| | 6.4.2 舞台布置 | 149 |
| | 6.4.3 动画内容制作 | 150 |
| 6.5 | 高级案例 | 154 |
| | 6.5.1 脚本 | 155 |
| | 6.5.2 舞台布置 | 155 |
| | 6.5.3 演员设定 | 161 |
| | 6.5.4 动画制作 | 165 |
| 6.6 | 导出影片 | 180 |

## 第七章 交互式微课设计案例 … 183

- 7.1 大学生体育教育微课——太极拳 … 183
  - 7.1.1 设计工具选择 … 185
  - 7.1.2 抠像视频拍摄与制作 … 185
  - 7.1.3 动画设计与制作 … 189
  - 7.1.4 音频素材设计与制作 … 193
  - 7.1.5 卡片制作 … 196
  - 7.1.6 测试题制作 … 197
  - 7.1.7 素材合成 … 200
  - 7.1.8 成品课件内容展示 … 202
  - 7.1.9 设计经验总结 … 209
- 7.2 学龄前儿童交互式微课——马的王国 … 209
  - 7.2.1 设计理念和目标 … 209
  - 7.2.2 设计工具选择 … 211
  - 7.2.3 马身体设计与制作 … 212
  - 7.2.4 马的功能设计与制作 … 213
  - 7.2.5 片尾视频设计 … 216
  - 7.2.6 课件整合与发布 … 218

## 第八章 微课与慕课发布平台——文华在线 … 222

- 8.1 发布平台选择之争 … 222
  - 8.1.1 两种类型数字化学习及其发展 … 224
  - 8.1.2 选择微课与慕课发布平台的标准 … 226
- 8.2 微课与慕课应用案例——U-MOOC … 227
  - 8.2.1 U-MOOC 概述 … 228
  - 8.2.2 创建微课和慕课网站 … 231
- 8.3 院校教学案例 … 243

**参考文献** … 248

# 第一章 数字校园、微课、慕课与教师发展

当前,言及教育信息化,数字校园(E-campus)是必谈话题,微课(Micro-lecture)、慕课(MOOCs)及翻转课堂(Flipped Classroom)更是重中之重。然而,究竟什么样的校园,才能算得上是真正的数字校园呢?进一步,数字校园与微课、慕课和翻转课堂之间的关系是什么?如今仍然是众说纷纭。

有研究者指出,对于学校来说,首先得有遍布整个校园的局域网络,每间教室配有多媒体电脑,学校里的每台电脑都能上网,这才算得上是数字校园。有的学者则不同意这种看法,认为整个学校的电脑都能上网只是数字校园的硬件基础,必须进一步建设各种管理信息系统(如学生管理系统、课程管理系统和成绩管理系统)之后,方才算得上是一个真正意义上的数字校园。

对于上述论点,也有研究者表示异议,强调只有当全校都覆盖了无线局域网(Wi-Fi)之后,师生能够实现随时随地联网,数字校园方才初现雏形。更有甚者,近年来伴随诸如智能手机和平板电脑等移动设备的普及,更有人言之凿凿地指出,如果数字校园无法支持 iPad、iPhone、Android 等移动端设备的快捷联网访问,如果不支持移动学习(Mobile Learning),那么一定会被很快淘汰……

从上述争论不难看出,只要新技术一日不停止更新,对数字校园概念的争论,恐怕便一日不休。因此,在教育技术研究领域内,从技术的维度来定义数字校园,显然不是一个理想视角。因为它总是处于变化之中的,总是被令人捉摸不定的技术浪潮所冲击,似乎永远无法平静下来。更重要的,即使能够从技术角度来提出一个数字校园的概念,那么,这个定义恐怕也多半只有 IT 工程师们才能接受和理解。而教育者、研究者和管理者可能仍然不知所云。

因此,本书的观点是,从纯粹技术的维度来考虑或讨论数字校园问题,并不是学校教育者或管理者应该做的事——这实际上更应该是 IT 工程师们的工作。

细究起来,工程师们确实应该考虑整个局域网的结构布局、规划服务器机房、设计各种管理信息系统或者建设无线网络。服务器、路由器、局域网络、机房和各种管理系统,诸如此类错综复杂的技术,共同构成了数字校园的技术基础。但请注意,到了这一步,它还不能称之为"数字校园",充其量最多是一个"校园的数字化环境"而已。因为这个由硬件和软件所构成的数字化的网络环境,还没有与学校的教学、科研、管理、学生服务等工作形成密切的关联。换言之,这些硬件设备、数据库和软件

系统所构成的纯粹性的技术环境，只有当与教师的教学科研活动产生关联，成为教学与研究的一个组成部分；与管理人员的行政工作相互联系，成为学校教学管理的工具；更进一步，与学生的知识学习、身心成长等过程密不可分。这时，那些冷冰冰的硬件设备和由看似毫无意义的复杂逻辑代码所构成的软件系统和平台，才开始真正被赋予了生命力，演变成为一种教育力量，成为学校教学和管理运行的技术支撑平台，成为师生之间教与学活动的辅助者。

简言之，只有到这个时候，它才有可能被称为"数字校园"。当然，"数字校园"，也可以被称之为"校园信息化""智慧校园""虚拟校园"或"学校信息化"，诸如此类的术语。总的来说，这些概念的内涵大同小异。

从这个意义上来说，在教育研究者和教育技术研究者的眼中，所谓数字校园，就是在可触摸的现实校园基础之上，一个由诸类现代信息通信技术工具构建而成的，能为学校的管理、教学、科研和学生成长而服务的数字化和网络化的教育环境。其主要任务在于利用信息技术来提高学校管理效率，推动教学模式的改革，提高教育质量。其核心目标则在于，为学生的身心成长提供辅助性的数字化成长环境，使学生具备适应未来信息化社会需求的素养和能力。简言之，就是要在这个数字校园环境下，让学生养成未来信息化社会所需具备的信息技能、信息素养或信息文化，并构建起与未来信息社会相适应的技能、文化素养与价值观体系。

## 1.1 数字校园建设与发展 6E 模型

基于以上对数字校园的认识和理解，本书提出一个"数字校园 6E 模型"，也可称为"数字校园 6 要素模型"。提出这个模型的主要目的，在于为教育者和管理者们提供一个认识和理解数字校园的新视角或新途径——从教育、教学和学生成长的维度来重新审视这个以往被视为是纯技术活儿的数字校园。或许，我们会从中发掘出一些新想法和新思路。

具体地说，研究者认为，从结构上来说，数字校园应由 6 个基本模块组成，每个模块的英文名称都是以字母 E 开头：管理信息化（E- administration）、教学信息化（E- learning）、科研信息化（E- research）、网络生活（E- life）、网络文化（E- culture）和网络民主（E- democracy）。这 6 个模块或要素，在建设或应用层面具有先后顺序性特点，但同时相互之间也密切联系，相互影响，前后关联。如图 1-1 所示。

从另一个角度来说，数字校园的应用和发展同时也具有明显的阶段性，这 6 个要素之间的关系呈现阶段性特征。因此，笔者将数字校园的发展概括地划分为三个阶段：技术（Technology）、理念（Mentality）和价值观（Values）。

不难看出，上述数字校园的 6 个 E，显然是与学校教育机构的日常职能和工作密切相关的。当然，需要提出的是，受学校类型、层次和职能等因素的影响，数字校园的这六个要素的应用形式、功能和作用具有明显的差异性。

譬如，就科研信息化这一模块在数字校园中所扮演的角色和功能来说，高校显然要比中小学校复杂得多，其技术水准、应用水平和重视程度，自然也不可同日而语。

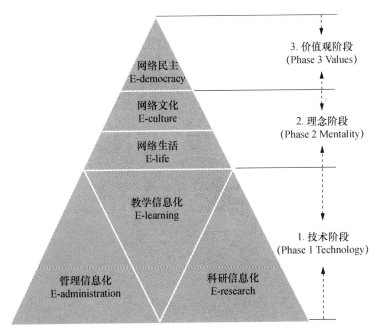

**图 1-1 数字校园 6E 模型示意图**

尤其对于那些研究型大学的数字校园来说,科研信息化更是占有举足轻重的地位,在数字校园建设中甚至可能居核心地位。不过尽管如此,若暂且撇开学校在层次、类型和职能等方面的差异之后,我们仍然可以看出,数字校园的结构和功能仍然具有相当多的共性特点,这反映了学校教育机构内在本质特征的一致性。

简言之,无论学校的层次和类型如何,其数字校园的基本功能与结构是类似的,差异主要在于不同模块的功能复杂程度或应用水平不同。

**第一,管理信息化正是学校基本管理功能在数字校园建设方面的反映。**俗话说,麻雀虽小,五脏俱全。无论学校的规模如何,其基本的行政管理部门和职能是必不可少的,这是学校日常运行的基本保证。从应用角度看,管理信息化承担着为整个校园内外部各种信息和数据实现录入、传递、交换与发送的基本职能,维持着学校的日常运行。

在不同层次和类型的学校中,管理信息化的功能具有较大差异性。在规模适中的普通中小学内,一个功能简单的办公自动化系统(OA)可能就足以满意该校的管理信息化的绝大多数日常需求。然而,若在一所高等学校,尤其在当前伴随着高等教育机构功能的增加和学生规模不断扩大的情况,多校区或跨地区的"巨型大学"(Multiversity)[1]数量越来越多,高校管理的跨度、范围和难度也相应不断增大,传统的高校管理模式和方法已明显无法适应新形势的需求。[2]在这种情况下,信息技术为提高校园管

---

[1] 克拉克·克尔. 大学的功用[M]. 陈学飞,陈恢钦,刘新芝译. 南昌:江西教育出版社,1993.
[2] 美国巨型大学形成于20世纪50年代,在克拉克·克尔看来,巨型大学(multiversity)这一称谓具有量和质的特征。从量的方面来看,巨型大学是高等教育规模扩张的结果。加州大学、马里兰大学等都是美国著名巨型大学的代表。

理效率提供了一个最佳的解决方案，各类管理信息系统（Management Information System，简称 MIS）和校园门户（Campus Portal）等是管理信息化的基本技术工具。例如，国内某些研究型大学数字校园中的管理信息化模块，所包含的 MIS 数量可能多达数十个以上，事无巨细，承担着校园各项管理职能。

根据学校规模和类型的不同，通常，数字校园的管理信息化模块可能会包括以下的功能系统：

- 校园门户
- 办公自动化
- 人事管理
- 财务工资管理
- 后勤管理
- 校园一卡通
- 助学/奖学金
- ……

**第二，教学信息化则是学校核心职能在数字校园功能上的体现。**作为学校的核心职能，信息技术对教学过程的影响显然是不可忽视的，尽管目前对这种影响的程度究竟有多深还存在许多争议。无论如何，至少有一点是可以肯定的：目前越来越多的功能多样的现代教学工具与手段正在不停地进入学校的课堂，程度不同地对教学组织形式和方法产生着影响。这使得学校的教学组织形式呈现出多样化、数字化和网络化的发展趋势。教学信息化就是这种发展趋势的集中体现。

那么，什么是教学信息化呢？简单地说，就是在教学过程中运用数字化和网络化工具和技术来支持和辅助教与学的过程。其与"数字化学习""网络教学"等术语的涵义基本相同。例如，数字化学习被认为"是一种是利用网络技术来制作、传递和管理知识，实现师生互动和教学资源共享的新教学组织形式，其目的在于通过加强知识传递的效率、拓展师生互动交流的途径和方式来实现提高教学效果和质量的目标"[①]。也有研究者[②]称之为"无所不在的学习"（Pervasive learning），认为数字化学习可实现"任何地点均可学习""任何时间均可学习""任何信息皆为学习内容"和"任何设备都是学习媒介"，极大地拓展了学习之形式与范围。

从所依据的教学思想和教学理论层面看，这些新的教学组织形式和教学模式被深刻地渗透了建构主义的教学理念，在保留传统教学方式特点的同时，强调学生是学习过程的主体，重视协作学习与分组教学，注重师生交流与互动，利用各种电子教学工具来激发学生的学习兴趣和主动性，强调在教学中应用网络课件、网上论坛、电子档案袋、同伴互评和在线测验等，被认为是提高教学效果和教学质量的重要手段。这些都

---

① Rosenberg, M. J. E-Learning: Strategies for delivering knowledge in the digital age [M]. New York: McGraw-Hill. 2001.

② Antti Syvänen etc. Supporting Pervasive Learning Environments: Adaptability and Context Awareness in Mobile Learning, http://www.citeseerx.ist.psu.edu/viewdoc/download? doi = 10.1.1.126.3305 [OL].

体现出了信息时代学校教学变革的新发展与新潮流。

学校的教学信息化建设，通常包括硬件和软件两个层面。硬件建设主要集中在教室的各种多媒体教学设施，常见的诸如中控台、计算机、投影机、大屏幕电视、多媒体展台等；近年来，课堂自动录播系统、互动式电子白板、触摸屏式电子白板、平板电脑和学生信息反馈系统等新式教学设备也在逐渐进入课堂。可以预见，伴随着各种新工具的出现，教室的信息化硬件设施也将不断更新，并且更新的节奏和周期也将不断加快。

从教学信息化的软件来看，课程管理系统（CMS）通常被认为是实施数字化学习的核心软件平台，可以为教学信息化构建一个功能齐全、操作简便的数字化发展平台。它通常具有学生注册、学习过程记录与管理、教学内容发布、师生互动、在线问答、作业批阅和在线测验等功能，可以根据不同学科的教学需要，实现教学过程部分环节的网络化与数字化，拓展师生交流与沟通的途径。很重要的一点是，从教学改革的角度看，课程管理系统可以有效地降低数字化学习的技术门槛，简化教师在将课程内容数字化和网络化过程中的技术难度，使得教师在很短的时间内就可以掌握和应用这种新教学组织模式。

说到这里，顺便提一句，当前国内各院校都兴起了微课、慕课和翻转课堂热潮，一拥而上地建设各学校的慕课。虽然显得有点跟风炒作，但从教学信息化建设的角度来说，这倒是一件好事。不过，笔者建议至少从技术上来说，大可不必去使用国外的那些所谓专门的慕课系统或平台。尤其对于那些已经建有课程管理系统（如国际产品诸如 Blackboard、MOODLE）或网络教学平台（国内产品诸如 U-MOOC 或 THEOL 等）院校来说，利用这些已有的平台，就能很好和很方便地创建和发布自己的慕课。若要另起炉灶来建设专门的慕课系统，从技术角度来说，是浪费资源，得不偿失。

除此之外，以下系统通常也是教学信息化建设的重要组成部分：

- 网上选课
- 学籍管理
- 成绩管理
- 教学评估
- ……

**第三，科研信息化是学校的知识生产与传播功能在数字校园方面的拓展形式。** 从 20 世纪末到现在，无数的事实和统计数据都表明，在科学研究方面，现代信息通信技术的广泛应用不仅提高了科学研究的效率和研究成果传播的速度，同时也扩大了研究成果传播的范围，基于新信息技术的研究方式已初露端倪，这就是所谓科研信息化。需要指出的是，数字校园的科研信息化模块，表现在不同类型和层次的学校中的功能或应用状况差异较大。一般情况下，高校的科研信息化应用水平要高于中小学；研究型大学的要高于教学和职业技术类院校。

这里，科研信息化①是指"一种利用各种信息技术来将各种科学研究活动结合在一起的综合性研究模式，包括各种能够促进研究者相互交流和共享的途径，例如：宽带网络、研究工具和设施、数据和信息存贮；保证研究者相互协作的信息系统和各种基础设施服务，以及提高各学科之间交流与共享的应用性工具等"②。

目前在教育机构的科学研究活动中，常用的科研信息化功能包括：

- 计算机仿真模拟
- 数据处理与挖掘
- 数据存储与传递
- 高性能运算
- 在线文献搜索引擎
- 虚拟在线实验室
- 在线研究
- 网络调查
- 在线访谈
- 在线出版

如图1-1所示，管理信息化、教学信息化和科研信息化是数字校园的基础，这三者的顺利完成表示第一阶段的建设工作基本完成。第一阶段我们称之为数字校园的"技术阶段"，其主要任务，是实现学校基本职能的数字化和网络化转换，使信息技术成为学校日常运行的重要支撑平台。从规划和建设的角度来看，这一阶段的主要任务都是工程和技术层面的内容。核心目标是在管理、教学和科研等学校的日常工作领域实现从手工化向数字化、自动化、信息化和网络化的转变，为后续的第二和第三阶段的数字校园应用打下坚实的基础。

**第四，网络生活是数字校园在"网络一代"学生行为方面的真实写照**。不难看出，现代信息技术在对学校的管理、教学与科研产生深刻影响的同时，对学生的性格养成与身心成长同样也产生了深远影响，计算机和互联网正在成为学生们必不可少的学习、生活和娱乐工具。有学者（Don Tapscott）曾将目前的年轻一代称之为"网络一代"（Net generation），指出他们从小就伴随着计算机、互联网、PDA、MP3、iPod、iPhone等数字工具成长，校园BBS、网络即时通讯、网络伙伴、在线视频、网络学习、在线购物和网络娱乐等是当代学生校园生活的组成部分，对其学习、生活和身心成长都产生了重要影响。"在网络大环境下出生的年轻人，由于在网络、科技的环境包围下成长，与上一代所拥有的环境不同、资源不同，整个社会都不一样了，使得这一代的年轻人也有着独特的生活方式和风格"③。

---

① 也经常被称为"Online Research Methods""Internet research"等，详细信息请参阅赵国栋. 网络调查研究方法概论［M］. 北京：北京大学出版社，2013（4）.

② Terry Anderson, Heather Kanuka, E-Research: Methods, Strategies, and Issues［J］. November 2002, http://www.e-research.ca/about.htm［OL］.

③ 唐·泰普斯科特. 数字化成长［M］. 北京：中国人民大学出版社，2000.

# 第一章 数字校园、微课、慕课与教师发展

基于上述情况，笔者认为，作为对新技术最为敏感和积极追捧的一个群体，互联网对当代学生的影响是全方位的，它正在潜移默化地影响着年轻一代的生活方式[①]，进而形成了所谓"网络生活"[②]。在本书中，网络生活是指在信息科技发达时代中，青少年一代在基于计算机和互联网等信息技术所构建起的虚拟化电子技术环境中，所表现出的对周围事物的综合感受、反应和习惯性的态度与行为表现。[③] 不难想象，从小生活的这个电子化、数字化和网络化的环境使他们的思想意识、心理感受与结构有着与其上一代完全不同的发展历程，这就直接影响着这一代人的行为方式和对社会的态度，进一步潜在地对他们的价值观形成也产生了重要影响。

从学生网络生活的表现形式来看，主要包括以下四个方面（见图1-2）。

- 网络学习：包括信息获取、合作分享和网络课作。
- 网络社交：包括网络交流、网络交友和虚拟社区等。
- 网络娱乐：包括网络音乐、网络影视、网络游戏等
- 网络买卖：包括网络购物、网上置换和网上创业等

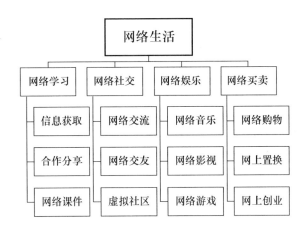

图1-2 数字校园环境下网络生活的表现形式

**第五，"网络文化"是数字校园在学生个性养成和思维方式等身心诸方面发展的核心体现形式。** 显然，文化本身就是一个复杂的概念。按杰姆逊（Frederic Jameson）的说法[④]，"文化"通常有三种含义：一是个性的养成，即个人的培养。二是指文明化了的人类所进行的一切活动，与自然相对。第三种含义即日常生活中的吟诗、绘画、看戏、看电影之类。第一种文化是人的心理方面的，是个人的人格形成的因素；第二种

---

[①] 广义上看，生活方式包括人们的衣、食、住、行、劳动工作、休息娱乐、社会交往、待人接物等物质生活和精神生活的价值观、道德观、审美观，或者在一定的历史时期与社会条件下，各个民族、阶级和社会群体的生活模式。生活方式是人的社会化了一项重要内容，决定了个体社会化的性质、水平和方向。

[②] 在当前的国外研究文献中，关于网络生活方式的术语尚未统一，常用的有Online life、Cyber-life、Virtual-life、Internet life、E-life。在本书中，为简便起见，统一称之为E-life。

[③] 赵国栋，王珠珠，原帅. 大学生网络生活方式之聚类分析：以北京大学为例 [J]. 北京大学教育评论，2010，4（4）.

[④] [美] 弗里德里克·杰姆逊. 后现代主义与文化理论 [M]. 北京：北京大学出版社，1997：3.

是社会性的;第三种则是修饰性的。通常我们讨论文化是从第二种定义入手的,即文化是人的对象化活动的产物,是人处理其与客观世界的多重现实的对象性关系和解决人类心灵深处永恒矛盾的方式。不过,当互联网把全球不同地域的电脑进行连接之时,网络信息的传播以及衍生的网络活动由此肇始。今日的网络,不仅结合了科技,更连接了人类、组织和社会。在以网络为核心的社会实践中。人的创造性活动与信息网络的影响产生互动,产生影响人的生存和发展的新的文化形态——网络文化。

关于网络文化的概念定义,目前不同学者观点并不统一。例如,有学者认为,"所谓网络文化就是网络技术基础、制度、行为、心理、内容文化的综合文化。"[1] 也有人认为:"所谓网络文化,就是以网络为载体和媒介,以文化信息为核心,在网络构成的开放的虚拟空间中自由地实现多样文化信息的获取、传播、交流、创造,并影响和改变现实社会中人的行为方式、思维方式的文化形式的总和。"[2] 或者认为:"狭义的网络文化是建立在信息网络技术与网络经济基础上的精神创造活动及其成果,其内涵包括人的心理状态、知识结构、思维方式、价值观念、道德修养、审美情趣和行为方式等方面。"[3]

笔者认为,网络文化就是一种以网络技术广泛应用为主要标志的信息时代的电子化文化形式,可分为"网络行为文化"和"网络精神文化"两个基本要素。分别是介绍如下。

- 网络行为文化:是人的网络活动本身构成的文化,人类活动以网络方式进行,构成网络行为文化。它又分为网络行为规范和网络行为方式。网络规范是人们网络行为活动中所要遵循的要求、规则,包括网络制度、网络行为规范等。网络行为方式主要是指人们依赖网络而进行的各项活动。
- 网络精神文化:包括数字成果和电子意识。数字成果是指在网络中以声音、文字、图像等形态存在的各种精神性的文化成果。现实中的科学、哲学、艺术、语言、文学、宗教等精神文化,都可以网络化形式存在,进而成为数字成果。电子意识是指网络影响下的人的思想和观念,如人的主体意识、心理状态、思维方式、价值观念、道德修养和审美情趣等。

尤其值得强调的是,网络文化中蕴含着独特而丰富的文化价值和精神追求。网络文化承袭了现代理性精神并以虚拟的方式将其拓展,创造出一种全新的理性形式——网络理性。网络理性崇尚网络主体性、网络自由、网络民主等主要网络理念,是网络文化的灵魂。这种独特的文化精神和文化价值,使其具有了其他文化形态所不能比拟的强大的价值渗透功能,它不仅造成了人们对以往传统的占主流地位的文化价值规范的反思和探讨,而且也极大地扩充了现代社会中人们文化生活的深度和广度,塑造出

---

[1] 周鸿铎. 发展中国特色网络文化 [J]. 山东社会科学. 2009,(1):54.
[2] 陶善耕,朱学清. 网络文化管理研究 [M]. 北京:中国民族摄影艺术出版社,2002:15.
[3] 周教. 网络文化释义 [J]. 重庆交通学院学报(社科版). 2003,(4):15.

全新的文化价值规范体系。

至此,数字校园就发展到了第二个层次:"理念阶段"(Mentality Phase),该阶段包括两个基本组成部分:网络生活和网络文化,其特点在于突破了数字校园的技术的局限性,开始迈入文化、精神和理念层面,从技术跨越至学校教育机构的核心并影响其发展方向,即在知识掌握和认知发展的基础之上,促进学生完善人格、个性、思想与精神的培养与发展。这时,我们才可能会真正意识到,数字校园的核心价值之所在。

**第六,网络民主是数字校园的最高发展阶段(价值观),体现了借助于技术而实现的对教育核心目标的追求**。这里,研究者提出的一个新观点是:数字校园的建设能够为教育或学校管理民主化的发展提供一个大有希望的发展途径,因为当前的许多社会实践证明,信息技术的发展对社会民主建设和发展大有裨益。

理论上,关于技术与制度变革之间的关系问题,已有许多学者曾经深入探讨过。例如,制度经济学家索尔斯坦·邦德·凡勃仑(Thorstein Bunde Veblem)就曾指出,技术在社会变化过程中是关键性的"有用的"工具性因素,它于制度这种"无用的"仪式性因素相比,更具有决定性的作用。[①] 技术总是同现实的环境相适应,如果技术与由过去检验形成的思维习惯相冲突,则产生了变革制度的需要。进一步,当现代社会进入信息时代之时,管理学家克里斯第纳·贝勒梅等人(Christine Bellamy & John A. Taylor)则又指出,在当今的信息时代,"现存的政治制度能否找到一种同信息通讯技术联系的新形式,借以更新它的合法性,并在新的民主政治中找到位置。"[②]

确实如此,放眼世界,在当代民主化研究的诸多思潮中,"各种民主理论都力图同信息通讯技术'交朋结友',然而又都将信息通信技术视为手段"。例如,有学者指出,在当前流行的一些民主理论流派中,如"强势型民主""大众型民主""消费型民主"这三种比较有影响的理论形式都与现代信息技术有着密切的联系。[③]

可以看出,在西方的民主理论研究领域,越来越多的研究者逐步开始认可信息技术对民主应用与发展的积极推动作用。实际上,从西方发达国家当前的实践来看,尽管仍然存在着一些问题,但大规模的信息化确实会在一定程度上加强民主化的发展,使它不仅限于选举国家领导人,选举代表,甚至由人民直接干预立法,参与到行政决策和政府管理之中,实现人们对于管理民主长期以来的一种梦想。

进一步,表现在学术研究领域,民主化理论与信息技术的相互结合,便催生了"电子化参与"(E-participation)和"网络民主"等新概念的产生与发展。

依联合国[④]之定义,"电子化参与"指人们运用信息通讯技术来表达意见及参与民主政治运作的程序,旨在扩展公民获取政府信息与服务的渠道,增进公民在公共政策

---

① 凡勃伦. 有闲阶级论:关于制度的经济研究[M]. 北京:商务印书馆,1964.
② Christine Bellamy and John A. Taylor, Governing in the Information Age [M], Open University Press, 1998, p. 118.
③ 佟德志. 再造民主——信息化进程与西方民主理论的创新[J],天津师大学报 2001 增 1,http://www.xslx.com/cgi-in/messages02/1149.html [OL].
④ United Nations, Global E-government Readiness Report 2005:From E-government to e-inclusion(New York:United Nations,2005),p. 19.

的决策考虑中的影响力。而"网络民主"① 通常是指，应用现代信息及通讯科技以协助各类民主价值的实现，其主要的工具是以计算机与互联网作为凭借，以进行公民参与公共事务及政府沟通传播之计算机中介传播②。换言之，信息通讯技术可被用以改善政府机构之反馈机制，并可增加公众在政治与政策过程中之参与，使政府机构得以搜集重要信息、组织政治性活动、指导政策制定，并适当提供公共服务。

简单地说，可以将"电子参与"视为"网络民主"的初级准备阶段，而后者则是前者的最终发展目标。

因此，这里我们提出将"网络民主"视为数字校园建设过程中最高发展阶段的观点。笔者认为，在数字校园建设与应用过程中，利用各种网络工具与手段，可以推动师生积极参与学校的政策制定和管理过程，使之有机会和渠道来发表自己的意见和观点，加强决策的科学化和民主化。这个过程可划分为两个阶段：电子化参与和网络民主。

- 电子参与：是指学校管理者通过校园内的各种电子媒介（校园网主页、校园BBS等）发布有关学校规划、政策、预算和规章制度等公共利益相关信息，并通过各种互动工具（电子邮件、在线调查、博客、即时通讯工具、短信等）来收集师生的评价和反馈信息，以作为政策制定之重要依据。在这个阶段，突出强调的是，学校管理过程中师生通过各种网络媒介来进行管理类信息的交流与共享，使他们有比较充分的知情权、评价权和参与权。

- 网络民主：是指学校管理者与师生协作与分享某些管理与决策权力（如学生宿舍自治、学生会直接选举等），使校园内的各个群体都在特定议题中拥有和分享决策权，从而提高管理层与师生之间的相互协调和积极互动，推动学校管理的民主化水平。这一阶段则使师生开始进入校园管理的决策阶段，分享某些决策权。

综上所述，数字校园的建设与发展，从第一阶段技术阶段的管理信息化、教学信息化和科研信息化起步，到第二阶段理念阶段的网络生活和网络文化，再到最高阶段价值观阶段的网络民主，完成从技术到文化、思想和意识的跨越。

总而言之，对教育机构来说，数字校园的最终目标究竟是什么呢？

笔者认为，信息与数据的传递与交换的加快、工作效率的提高和教学环境的改变仅是手段而已。数字校园建设的最终目标，首先应该是学校管理体制的改革与完善，其次是学生人性、价值观念及思想之养成。换言之，利用新技术工具与手段，推动校

---

① 网络民主所使用的各种术语，目前在国外研究文献，相关的术语主要有：虚拟民主（virtual democracy），远程民主（tele-democracy），电子化民主（electronic democracy），网络民主（cyber-democracy），数字化民主（digital democracy）。为简便起见，本书中统一采用"网络民主"（E-democracy）。

② Tsagarousianou, Roza, 1998. "Electronic democracy and the public sphere: opportunities and challenges," in Cyberdemocracy: Technology, cities and civic networks, edited by Roza Tsagarousianou, Damian Tambini, and Cathy Bryan, London: Routledge, pp. 167-178.

园管理的现代化与民主化，使师生有更多的参与学校政策规划的机会，实现校园管理的民主化，最终推动人才培养思想和理念的变革。这才是数字校园的最高追求目标。

## 1.2 信息技术教育革命群体差异论

在教育领域，无论在谈到数字校园，还是言及教育信息化时，从行政决策者到普通教育者，都喜欢提的概念是"信息技术革命"。同时经常引用的一句话是："信息技术对教育发展具有革命性影响。"① 若从一般隐喻意义上来说，这句话显然是有道理的，因为信息技术对整个社会的发展都产生了革命性影响，当然包括教育领域。但是，如果细究一下这句话中所用的"革命"这个概念时，我们就可能会发现，其中所包含之深刻涵义，值得我们深思。

检索维基百科②，会发现"革命"这个词的原意并不一定符合我们使用它时的本意，我们也未必都真正喜欢它。实际上，现代意义上的"革命"，含义等同于英语的"revolution"。"革命"这个术语，在政治学上的经常相对概念是"改革"。前者指对现行体制的推翻或取代，而后者则是体制内的稍大规模修改，通常是系统性的计划。具体地说，在社会学以及日常口语中，通常表示一种极端的、常常带有暴力的、对现存政治和交际关系的社会性变革（颠覆）。它通常是由创新者或新来者以秘密组织的团体或力量来发动，并且能够得到大多数人的支持。同时，"革命"（Revolution）这个概念，还经常被用于在较长一段时间内所发生的社会变革，例如全球范围持续千年的"新石器时代的革命"；或者在16至17世纪之间，物理学、天文学、生物学、医学以及化学的思想都经历了根本性的变化，由中世纪的观点转变为现代科学的基础，启动了人类社会上的第一次科技革命；或者从英国扩展到整个欧洲大陆的，发生于1750—1850年间的"工业革命"。

这里，需要特别指出的是，这个科技或工业领域的"革命"又成为这段时期各个政治革命的前提条件。例如，1688—1689年的英国光荣革命、1754—1789年的美国革命以及1789—1799年的法国大革命。换言之，在人类社会发展史上，技术革命常常会引发政治或社会革命。

那么，上述关于"革命"的涵义是我们在谈及信息技术对教育影响时使用这个概念想要表达的真正涵义吗？

对于绝大多数人来说，回答恐怕都是否定的。实际上，在论及科技进步给学校所带来的革命性影响时，历史上类似的一幕曾多次重演：1895年，当爱迪生发明活动电影放映机（Kinetoscope）时就曾说"不久将在学校中废弃书本……有可能利用电影来教授人类知识的每一个分支。在未来10年里，我们的学校机构将会得到彻底的改造"；1925年，基于行为主义心理学思想，普莱西和斯金纳发明的教学机器（Teaching ma-

---

① 《国家中长期教育改革和发展规划纲要（2010—2020年）》第十九章加快教育信息化进程．（http://www.gov.cn/jrzg/2010-07/29/content_1667143.htm）

② http://zh.wikipedia.org/wiki/%E9%9D%A9%E5%91%BD（2014.1.30）．

chine）和程序教学（Programmed teaching），也曾在当时的学校领域引起轰动，影响深远，成为后期计算机辅助教学（CAI）的先驱。实际上，"微课"和"慕课"的设计仍然是在沿用其基本原理；1941年之后，基于电影、投影等技术的视听教学为美国快速和有效地训练出数量庞大的高质量作战人员，为战争的胜利打下了坚实的基础。随后在20世纪后半期内，从无线广播、录音机、电视机，到计算机、国际互联网和智能移动终端设备，一次又一次地引发或即将引爆学校教育的"革命"。

虽然有些学者认为，在教育技术发展史上，上述"革命"的宏大计划基本都落空了，并没有达到预期的目标，技术对学校教学的影响至今仍微乎其微。但我们的观点是，这些学者们之所以得出这种结论，可能跟他们本来的预设目标过高有关，或者与其他领域（生产、商业等）相比之后的一种相对比较悲观的看法。如果以一种常态心理的视角来看，就目前各种技术在教育领域的应用状况来看，无论从硬件设备，还是从教学思想观念来说，都应该算得上是一种"革命"——从技术在教学过程中所扮演的角色，或从技术在教学中的使用范围和频率来说，都是如此。

这里，研究者想阐明的一个观点是：在如今信息技术如此发达的时代里，无论从理论上，还是实践中，我们都应该也必须承认，现代信息通讯技术确实正在，或即将给学校教育领域带来一场革命。这种革命的波及范围是全方位的，涉及教育领域的各个层面：从学校制度、管理方式和运行模式，到教育思想、教学理念和课程设置，再到教师技能、教学模式和教学方法等。从社会发展的宏观大背景来看，信息技术的这种对学校的革命性影响力，可以说是不言而喻、无证自明的基本发展规律和趋势。然而另一方面，需要注意的是，信息技术对教育体制内不同群体的影响，却具有一定差异性，有时甚至是截然不同的。换言之，在承认信息技术对教育的革命性影响基础之上，我们更应该关注的是，技术对教育体制内不同群体的作用、效果和意义是各不相同的。作为研究者，我们应该将关注的焦点，更多地集中于信息技术对学校内的个体，尤其是扮演着不同角色的个体的反应、态度和行为上来，而没有必要过多聚焦于技术本身——因为技术的发展变化，远非教育技术研究者所能预料或管控的。无论在什么情况下，作为个体的人都是技术实际应用效果的最终决定因素。

因此，本书提出一个关于"信息技术革命的群体差异性论"，以此为基础，来详细分析数字校园内不同群体在信息技术革命环境下的想法、态度与行为表现。如图1-3所示，在信息技术对学校产生革命性影响的过程中，至少可能涉及四个利益攸关的群体：行政管理者、教育者（教师）、受教育者（学生）和学生家长。笔者认为，出于自身职业特点、利益诉求和兴趣等方面的不同，信息技术所构建的数字校园，对于这四个群体的影响是各不相同的，分别表现为：受害者、受益者、不确定者、怀疑者。反之亦然，这四个群体在认识和看待数字校园的作用和价值时，其态度和反应同样具有差异性。

**第一，从学校的行政管理者角度来看，数字校园中管理信息化所带来的"革命"，具有两方面的影响，是一把"双刃剑"，但更多的情况下，他们可能成为"受害者"。** 从对学校管理者积极和肯定的角度来说，信息技术在提高其工作效率的同时，也有效地降低了其工作时间和强度，对他们显然是具有积极意义的。然而从另一个角度来说，

第一章　数字校园、微课、慕课与教师发展

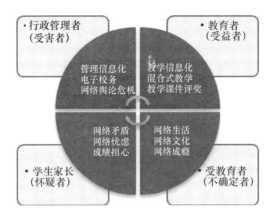

图 1-3　信息技术革命影响的群体差异性

信息技术所带来的管理信息化（E-administration）、电子校务（E-government）和校园网络舆情危机（E-crisis）①，相应地也使得原来经常能够私下"暗箱操作"的校务管理过程逐渐变得越来越透明和公开。在这种情况下，显然，作为学校管理者其管理权力的使用越来越多地受到公众的监督和制约，以往的权力弹性空间在互联网的制约下越来越小。

这一点，通过当前的政府电子化改革就可以清楚看出：在当前政府管理部门所实施的诸多新举措中，有相当大的部分都是通过基于互联网的信息技术手段来实现的，包括政务公开、经费预算公开、新政策法律的听证、公众反馈意见收集等。更突出的是，在线论坛、电子政务信箱、手机短信、视频网站、博客、微博等新技术工具以令人吃惊的速度被许多政府机构用于政务信息公开、官员成绩评价、社会舆论监督和为公众服务等工作。这些管理改革措施为公众，确切地说是"网民"，提供了越来越多的利用技术媒介来参政议政、舆论监督或决策参与的途径。民众参与社会管理的路径越来越依靠互联网实现。由此而产生的网络舆情给政府、机关单位乃至全社会带来新的挑战。

根据相关部门对 2011 年中国 201 起重大舆论事件的研究显示，网络舆论在 67% 的事件中起到了推动政府解决问题的正面积极作用，可见网络舆论已经成为中国社会中一股重要的主流积极力量。网络舆论正成为社会总体舆论中日渐重要、最具活力的组成部分。网络舆论甚至在很多时候已经成为引领社会舆论走向的一种革命性、主导性力量。② 在互联网高度发达的今天，网络舆论危机事件层出不穷，并且不断呈现出新的气象、带来新的问题。政府如果在应对网络舆论方面的能力不足，则容易导致网络舆论危机。

---

① "校园网络舆情危机"是指学校内部的热点问题由于没有受到妥善处理，在网络上（校园网络平台＋校外平台）形成的大范围的关注、讨论，对师生权益造成损害或者对学校的社会形象产生不好影响的舆情危机。随校园网络的建设和发展，学生利用校园网络平台获取资讯，表达意见、看法、情绪等，构成了学生生活的重要内容，并形成了具有学生群体特征的学校网络舆情行为。学校网络舆情危机呈现出速度快、范围广、损害大的特征，危机发生的具体时间以及规模、态势都难以完全预测。转引自王婷婷，高校网络舆情应对机制研究 [D]，2011.6. 北京大学教育学院硕士毕业论文。

② 尹韵公，刘瑞生.《中国新媒体发展报告（2011）》. 北京：社会科学文献出版社. 2011：14.

毫无疑问，这种网络舆论监督所带来的压力，同样也通过数字校园带给了学校的学校管理者。在数字校园环境下，他们不仅要面对校内教职员工越来越多的监督，同时还要受到校外各类公众群体的影响和制约。近年来频发的学校网络舆情危机事件，不仅严重影响着校园正常的教学管理秩序，同时也给师生心理造成了严重伤害，如何进行全面的、系统的危机管理，有效地预防危机，合理地处置危机以及恢复危机所造成的损失，已成为各级各类学校普遍面临的问题。在网络环境中，信息传播的快捷性和交互性，网络媒体覆盖范围的广泛性，使得学校危机管理呈现出新的特点，民众对学校的特殊关注使危机管理呈现"社会化""公共化"的发展趋势，危机管理不再仅仅是高校"象牙塔"之内的事情，在网络时代，公众通过舆论影响，参与学校危机管理的倾向越来越明显，学校的危机信息的传播也更趋复杂，难以管理，这都要求学校管理者转变观念，探索应对网络舆论的新途径、新办法。

简言之，笔者在这里要提出的观点是：如果我们真的承认信息技术革命的话，那么，在学校教育领域内，革命的主要对象就是那些手握权力的行政领导者，而非普通教师。

**第二，从学校的教育者（教师）的角度来说，信息技术革命所带来的革命对其影响主要表现在教学信息化及其对个人事业的积极影响方面。若运用得当，教师会成为受益者。** 在教育技术研究领域，直到现在都有一种广为流传的观点：相对于社会其他领域，教师是一个比较趋向于传统和保守的职业。因此，在科技发展突飞猛进的时代，教师们对各种信息技术进入课堂所持的态度，是消极、否认，甚至反对的。笔者并不认同这种显见偏颇的观点，如果说30年之前，谈及教师职业面对新科技时所表现出的传统与保守性特征，可能大家都有同感——但实际上，那也只是一种错觉而已，在那个计算机刚出现的时代，何尝不是有很多职业会对这种昂贵而神秘的新技术表现出强烈的兴趣呢？

但如今，当信息技术已成为整个社会各行各业的常见工具设备之时，再重弹教师的新技术应用消极论，显然是极其不合时宜的。如今有目共睹的是，与其他职业的从业者一样，只要年龄不是太大，绝大多数的教师都同样对各种新技术和新产品表现出强烈的好奇心，无论是新款的智能手机，还是平板电脑、新型的笔记本电脑，或者其他各种各样新奇的电子产品。如果有人说，有许多事例可以证明，教师这种对信息技术的兴趣与积极性，仅仅表现在日常生活中；但令人遗憾地却没有充分体现在课堂教学过程之中——不可否认，类似事例在学校中数不胜数。然而即使如此，这种情况也只能证明，这可能是由于信息技术应用于教学时，缺乏某些关键的要素而导致教师的积极性不高，但却不能证明教师这个职业本身对信息技术的消极性或保守性。相反的是，作为以知识的生产与传播、文化传承与发展为核心任务的教师职业，其对社会发展与变革，新技术的创新与应用，新思想和观念的传播与发展，都具有天生的敏锐察觉力和快捷的反应性。这一点毋庸置疑，否则又如何能够培养出适应和推动社会发展的各种人才呢？

然而，在教学信息化的推进过程中，教师在教学中应用的积极性问题，确实是存在的，而且为数不少。那么，究竟是哪些关键因素的缺失而导致的呢？

这里，笔者认为，未能有效地将教师的个人事业发展与教学技术的应用有机结合，是导致许多教师对教学信息化积极性不高的核心影响因素。换言之，以往我们教育技术研究者，在试图让教师在教学中接受和采用各种信息技术工具时，忽略或忘记了一个核心和关键的影响变量：教师个人的事业发展。

我们认为，同其他多数职业一样，个人的职业发展和事业上升空间，是教师在判断或选择工作方式、分配工作时间与精力时参考的一个重要指标。然而不得不承认的是，与其他一些类似的职业如公务员和企事业机构的管理阶层相比，教师职务的发展与上升空间要相对狭窄得多，譬如，由普通教师因业务能力出色而上升成为中层或校级管理者，不能说没有，但确实可能性较小——在中国这种学术管理与行政管理密不可分的制度环境下，尤其如此。

在这种情况下，教师的专业职称，自然而然地就成为其事业发展的核心标志之一。无论中小学，职业技术院校还是高等院校，皆是如此。说到专业职称的晋升，相信教育从业者都会清楚地了解，虽然从理论上来说，教学能力，显而易见应该是影响教师的专业职称晋升的核心因素之一，甚至是最重要的因素。但在实际工作中，教师都会或多或少地意识到，在晋升职称时，一个重要的"潜规则"是：学术科研能力（或称为"学术影响力"，通常主要指科研论文发表、研究项目申请及专著出版），而非教学能力，实际是影响自己能否成功实现职称晋升的关键因素。说起来，原因也很简单，相对难以量化的课堂教学能力，学术科研能力则要容易得多：无论项目申请，还是论文发表或专著出版，都可以很容易地用数字来进行评审和比较。

显然，在这样的一个诱导性的隐性政策空间之中，教师究竟会如何选择工作方向和分配时间精力，就不难想象了——正常情况下，凡是能够提高其学术科研能力的工作，教师的积极性和主动性就会高涨；反之则会低落。以上述逻辑来分析信息技术应用对教师的意义与价值，我们不难得出这样的结论：当教学信息化与教师的学术影响力紧密相关时，教师的使用积极性就会自然提升，应用效果也相应提高。

那么，现在问题就变成：如何将信息技术的应用与教师的学术能力或学术影响力相互关联呢？

这里，笔者提出一个基本解决方案：将教师在将信息技术运用于自己课堂教学中的各种探索性尝试活动，包括教学组织模式和教学方法的改革，如混合式教学、移动学习和课件的设计与制作等活动，都视为是教师的学术科研能力的表现范畴，至少与传统意义上的学术科研成果处于一样的位置。更进一步，为教师的上述教学技术运用活动，提供一个教学技能和学术声望的展示平台——就如同传统学术成果（论文、教材和专著）的评奖一样，将教师在教学信息化上所投入的时间和精力以各种奖励的形式来具体表现出来，并成为教师职称晋升的重要评价依据。

简言之，我们相信，当教学信息化的运用与教师的个人事业发展紧密相关联时，教师在课堂教学中运用信息技术的积极性就会相应提高。这一点，已由其他行业的诸多成功经验验证。实际上，以往的一些做法（如各种教学成果奖的评比、名师评比和多媒体课件大赛等），也证实了这种做法的可行性和有效性。

综上所述，当在学校的评价制度为教师们的教学信息化投入提供一个合法展示空间之后,信息技术革命的强大力量,就有可能被解释并爆发出来——这时,信息技术革命的爆炸性威力就会一览无遗地展示出来。

第三,在数字校园环境下,受教育者(学生)可谓是最能展示和体现信息技术革命性影响的群体,但结果如何,却似乎不如想象的那么容易预料。在数字校园的建设过程中,如果说真存在一个信息技术带来革命的群体,那么,非受教育者莫属。伴随互联网应用的不断普及,基于计算机的交流(Internet-based-communication,IBC)为这些年轻一代的成长和社交打开了一个全新的天地和空间。借助计算机和互联网,青年一代的视野和思想轻而易举地远远超出了他们的父辈,使他们能够在键盘点击之间跨越时空的界限,去感知和了解在课堂和图书馆中无法习得的各种知识、理念、文化和生活方式。

从这个角度来说,当互联网发展到当今这个阶段之时,它已不仅是一种技术工具和传播媒介,它已全方位地融入到青年一代群体的学习、生活和成长的各个层面,推动着新一代生活方式的变化。某种程度上,网络已成为承载当代学生的生活方式的支撑平台,而他们基于互联网所产生的行为、感受、认知、态度,甚至价值观念,已逐渐发展和聚化为一种全新的青少年亚文化形态:网络生活。

美国学者唐·泰普斯科特(Don Tapscott)所提出的"Net Generation"(网络一代)理论[1],更是明确提出了基于互联网的生活已成为年轻一代的标志性时代特征。所谓"网络一代",就是在网络和信息科技的影响下而发展成为具有网络族群特性的新兴世代。对于他们来说,计算机和互联网就像是空气一般必不可少。技术变得如同隐形眼镜一般透明,成为N世代生活中的一部分,透过它看到了人群、资讯、游戏、应用软件、服务和朋友。简言之,网络世代不再仅是技术上瘾,而是为技术所化,或者说,互联网已经成为他们的生活方式。

令人遗憾的是,不得不指出,信息技术给受教育者带来的革命,似乎并非皆为正面,而是利弊参半。总结来讲,当前学术界关于网络对学生影响的观点可以概括分为两类:一是乐观派,认为网络的开放性、交互性对于扩大学生的学习空间,拓展信息资源获取途径,促进师生沟通与交流,有利于青少年学生个性发展和自我人格的完善,尤其是网络改变了青少年的交往方式,加快了他们社会化的培养过程。另一方面是悲观派,认为互联网对学生的身心成长皆有负面影响,应该限制学生对于网络的使用,如Stoll[2]与Turkle[3]通过研究发现,上网交友会导致社会孤立与社会焦虑。此外,更多对网络的负面影响集中在"网络伦理"和"网络沉迷"等方面。

上述两种关于互联网对学生影响的观点,一方面说明了问题的复杂性,同时凸显问题之重要性。实际上,技术本身皆为中立,其应用之成效皆在于方式。无论赞同与否,在当今信息化时代,互联网实际上已成为学生学习知识、交流思想、休闲娱乐的重要平台,研究者需要认真地理性地思考信息技术对学生群体所带来的这种"革命"。

---

[1] 唐·泰普斯科特. 数字化成长 [M]. 北京:中国人民大学出版社,2000.
[2] Stoll C. Silicon Snake Oil [M]. NEW YORK: Doubleday. 1995.
[3] Turkle S. Virtuality and its discontents: Searching for community in cyberspace [J]. The American Prospect, 1996, 24: 50-57.

例如，北京大学的一项研究[①]表明，可以将学生的网络生活划分为四大类，分别是：

- **网络沉浸型**：统计结果显示，这一类人群对网络游戏与网络消费因子认同度较高，而对其他因子认同度较低。在网络生活方式的具体表现形式上，这一类型的学生经常在网络中进行购物、热衷于网络游戏和各种相关的在线娱乐活动，部分人甚至可能存在因沉溺网络游戏而影响学业的情况。在性格上，网络沉浸型似乎更多地表现为在人际关系方面的不成熟，宁愿通过虚拟的网络与人进行交流，而不愿在现实生活中面对面打交道。在某些情况下，这类学生有可能表现出借助网络来逃避现实压力的倾向性。需要强调的是，此数据仅表示的是具有网络沉浸倾向性的学生比例，并不代表这些学生已经出现网络成瘾症状。但是，研究者认为，若放任其发展，则可能出现各种身心等方面的问题与障碍。

- **保守冷静型**：统计结果显示，这一类人群对网络休闲娱乐因子认同度相对较高，而对其他大部分因子并不认同。他们认为网络只不过是大学生生活的调剂品，可以帮助自己缓解学习等方面压力，可以在闲暇时间利用网络进行听音乐、看视频等娱乐活动。但与此同时，这类学生通常不会过度沉浸于各种网络活动之中，因为他们很清楚地了解自己当前的主要任务是学习。总体来看，这一类学生群体对于网络生活的方式是相对比较态度保守和冷静的，虽然承认互联网对自己的生活有很大的影响，但并不认为它是自己当前校园生活中必不可少的核心内容。

- **信息前沿型**：统计结果显示，这一类人群对网络使用能力因子、沟通交流与信息追求因子认同度很高，他们的共同特点是认为网络使用能力在生活中至关重要，并且自身的网络应用能力和水平也很高。相对于前两种类型来说，信息前沿型的大学生更能够比较恰当地评价和使用互联网这种新技术，将之视为一种能够提高自己的学习和生活效率的重要工具。例如，这一类群体的学生认为，通过网络与家人、师长、朋友进行沟通交流很方便，网络能够带来最新的前沿知识，他们常常利用网络搜索学习资料，能够较快地接受外来事物与流行文化，信息素养相对较高。

- **社交活跃型**：统计结果显示，这一类人群对网络使用态度因子、网络社交因子认同度很高，这类学生的特点是喜欢利用各种在线交际工具与他人沟通与交流。他们认为网络对生活中的各个部分都起到很大的促进作用，喜欢享受在网络中进行社交活动，认为网络是结交志同道合的朋友、展现自我、发表评论的最佳平台。

---

[①] 赵国栋. 大学数字化学习与数字校园纪实研究［M］. 北京：北京大学出版社，2012（3）.

从上述研究结果不难看出，信息技术给学生群体带来的革命性结果，显然并非都是正面和积极的。在某些特殊情况下，互联网对学生的影响甚至可能演变为一种灾难性的后果：网络成瘾，对学生的发展带来严重后果。这确实给学校和教育者提出了一个极其严峻的现实课题，值得认真思考和对待。

**最后，在信息技术所带来的革命中，若有一个群体所表现出的主要是矛盾、困惑和担忧的情绪，那么，这就是学生家长。**不难想象，学生家长对信息技术的这种负面的态度和情绪，主要源自于上述互联网给学生所带来的各种消极影响和后果。虽然出现这种情况的概率很小，但对于绝大多数在心理上早已不堪各级升学压力重负的中国家长来说，却不亚于在耳边轰然敲响的警钟，令其悚然警觉起来。当前，对于绝大多数中国的家长来说，越来越早启动的子女成长培养的竞争，使得他们可能从幼儿园，甚至更早就开始规划孩子的受教育问题，唯恐输在"起跑线"上。当前中国社会转型时期的各种竞争性压力，通过成年的家长间接地传递给了学生，使得学生从小就处于一种紧张的相互竞争的成长氛围和受教育环境之中，经常奔波于各种课外补习班和特长班之间：外语、奥数、音乐、美术或体育特长等。在这种的教育和成长环境中，学业成绩和排名顺序几乎成为受教育过程中追求的核心目标，任何与之无关或相关性不大的行为或活动，几乎都受到了家长们的本能排斥。

可以想见，在这样的背景下，无论是数字校园，还是信息技术所带来的各种教学方式的改革，什么混合式教学、移动学习或交互式视频课件，通通都不是家长所要关注的，除非它能够显著地提高学生的成绩单上的分数或名次。但遗憾的是，在过去半个世纪的时间里，作为专业研究各类新技术工具在教学中应用方法和效果的教育技术学科，迄今也未能令人信服地得出结论：在课堂教学中使用技术之后，能够显著地提高学生的学习成绩。实际上，通过多年的数不胜数的实验或准实验研究之后，一些教育技术研究者最终能够比较有把握得出的结论只是：在多数情况下，使用新技术工具的课程教学，其教学效果至少不差于传统教学的效果。这样的结论，显然无法有效地支持家长们积极主动地支持自己的孩子，在学习过程中使用计算机或互联网来提高成绩。与此相反，更令教育技术者难堪的是，当今许多报刊电视等传统媒介关于学生网络游戏、网络成瘾等方面可怕的负面影响的连篇累牍报道，却使得家长们谈"网"色变，唯恐避之而不及，哪还谈不得上支持！

因此，对于学校中各种数字校园的建设与改革活动，家长们的态度实际上是矛盾、疑惑和忧虑的。一方面，家长们也很清楚地了解，信息技术对孩子适应未来社会的重要性，知道计算机和互联网本身的重要性，因为他们自己当前的工作和生活都毫无疑问地证明了信息技术的重要性。但另一方面，正是因为自己的工作和生活已经离不开计算机和互联网，所以家长们更清楚互联网的强大吸引力和魅力，才会更加担心孩子们迷失在计算机和互联网所构成的虚拟空间中，进而严重影响学生的学习成绩。这种矛盾的心态，使得家长们对于学校所实施的各种基于信息技术的教学改革活动，无论是混合式教学，还是网络教学，都本能地持一种观望和怀疑的态度。

综上所述，研究者所提出的这个"信息技术革命的群体差异性"论点，实际上是表达了数字校园所构成的所谓"信息技术革命"过程中，四个利益攸关群体所做出的截然不同反应：对行政管理者来说，他们可能成为革命的对象；对于教育者（教师）来说，他们可能成为革命的受益者；对于学生来说，他们既可能成为革命的受益者，也可能沦为革命的受害者；而对学生家长来说，他们则是革命的怀疑者。这反映了这四个群体在认识和看待数字校园的作用和价值时，其态度和反应的差异性。作为教育技术研究者，我们应该充分注意到这种差异性，并在教育信息化规划和建设中予以足够的重视，并想方设法去协调。否则，我们所主张和宣传的这种所谓"信息技术革命"，可能会遭到不同群体的反对而无法达到预期目标。过去几十年教育领域基于新技术的各种教学改革的经验和教训，都已经证明了这一点。

## 1.3 新潮概念与术语关系辨析

近年来，伴随着互联网对各行业渗透力的不断增加，其在世界各国教育领域的应用范围迅速扩张，各种新式的教学应用模式层出不穷，令教育者应接不暇：从前几年的开放教育资源（Open Educational Resources）、开放课程（Open Courseware）、混合式学习（Blended Learning），到现在的翻转课堂、微课，再到最近的慕课等。这些新概念、新名词恐怕让多数普通学科老师们都感觉眼花缭乱，不知所措。

正如上述信息技术革命群体差异论所强调的，当一个群体对新技术的潜在影响无法预知和确认时，其内心中就会无形中产生对这种新技术的畏惧感和不可知感，进而影响到对新技术的认识与接受性。在学校教育领域，则更是如此。当决策者和教育者仅仅被各种新术语和新概念的新奇性所吸引时，他们的决策经常会表现出显著的跟风炒作性，通常很难持久保持下去。以往的研究表明，各种新教学技术的应用情况，经常呈现出跟风热炒之后便是热度迅速消退，继而是对新技术的极度失落感。

所以，无论对于教育决策者，还是教育实践者来说，在决定采用某种新教学技术或组织模式之前，分析和了解上述这些新概念、新术语，搞清楚它们之间的相互关联，或许对于学科教师在教学过程中贯彻和应用它们有一定的帮助。

### 1.3.1 混合式学习与翻转课堂概述

不约而同地，正如汽车制造业正在热衷于生产汽油和电子相加的"混合动力"（Hybrid）汽车一样，我们教育界同样也开始钟情于混合式学习。所以，我们首先来看一看究竟什么是混合式学习。

#### 1. 混合式学习

顾名思义，混合式学习实际上就是"一种将面授教学与基于技术媒介的教学相互结合而构成的学习环境"[①]，它借助这两种学习模式之优势来重新组织和实施学习活动，

---

[①] Graham, C. R. (2006). Blended learning systems: definition, current trends, and future directions. In Handbook of Blended Learning: Global Perspectives, Local Design [M], edited by C. J. Bonk and C. R. Graham, pp. 3-21. San Francisco, CA: Pfeiffer Publishing.

以达到提高教学效率的目标。也有学者认为"混合式学习是技术、场所、教学方法的多方面融合"①，而不仅仅是教学组织形式的结合。更有学者提出，混合式学习是"在'适当的'时间，通过应用'适当的'学习技术与'适当的'学习风格相契合，对'适当的'学习者传递'适当的'能力，从而取得最优化学习效果的学习方式"②。在国内教育技术界，何克抗教授认为，混合式学习"就是要把传统学习方式的优势和数字化学习的优势结合起来"③。其核心思想是根据不同的问题和要求，采用不同的方式解决，教学上就是要采用不同的媒体与信息传递方式进行学习，最终达到效果最优化。

综合上述内容，笔者认为：混合教学就是不同学习方式和教学要素的相互结合，它借助面授与网络这两种学习模式的优势来重新组织教学资源、实施学习活动，以达到提高教学效率的目标。我们强调，混合式学习不是信息技术的简单应用和教学形式的简单改变，而是教学理念、教学模式和教学组织方式的综合性变化。

技术在进步，教学技术也随之发展。相应地，混合式教学所涉及的技术实际上也在日新月异地不断变化。在这个信息化和互联网的时代，基于互联网的各种新教学技术，自然是混合式教学最理想的"撮合"对象，成为与传统教学"混合"的首要之选。

从当前国内外的混合式教学实践来看，各级各类学校的具体实施思路和方式各具特色，不尽相同。但概括来说，我们仍然可以归纳出混合式教学的基本技术方案或应用模式，一言蔽之，那就是整个教学过程所涉及因素在各个方面和层面的相互"混合"。例如，常规工具与新技术手段，课内与课外，线下与线上，班级与个别化，集体与小组，自评与他评，等等。同时，表现在应用模式上，则主要以课堂教学与虚拟学习环境（或课程管理系统）的结合，印刷教材阅读与交互式电子课件学习的结合（见图1-4）。考虑到当前学校的现实情况，在混合式教学的应用中，课堂面授的时间和内

**图 1-4 混合式学习的基本结构**

---

① Elizabeth Stacey, Philippa Gerbic (2008). Success factors for blended learning [J], http://www.ascilite.org.au/conferences/melbourne08/procs/stacey.pdf [OL], 2010.12 (25).
② 吴青青. 现代教育理念下的混合式学习 [J]. 贵州社会主义学院学报. 2009 (2).
③ 何克抗. 从 Blending Learning 看教育技术理论的新发展 [J]. 电化教育研究, 2004 (7).

容比重肯定要高于网上自学。或许，以后随着各方面条件和环境的改善，在线学习的时间有可能会逐步增加。不过，就今后可以预见的发展趋势来说，对于全日制教育机构，无论如何，在线学习板块的比重都不可能占据优势比例，只能充当辅助的角色。

简言之，混合式学习实际上可以被视为一种利用各种新技术手段来重组和构建教与学过程的指导思想和组织策略。它为我们在教学过程使用各种各样的具体教学技术工具提供了一个基本思路。或者说，混合式学习实际上是各种教学技术在课堂中应用的指导思想。

2. 翻转课堂

谈完混合式学习，我们再谈一谈目前正被炒得沸沸扬扬的"翻转课堂"。

从概念上来看，国外的研究资料显示，翻转课堂是指一种以课堂面授教学为基础，再利用多种技术工具来实现教学流程重组的教学组织形式。具体来说，就是重新调整课堂内外的教学组织结构和教学分配时间，将学习的主动权从教师转移给学生。在这种教学模式下，在课堂内的有限时间里，学生能够更专注于主动的基于项目的学习，更多地与教师之间进行提问答疑，讨论交流，共同研究和解决学习中的重点和难点问题，从而获得对教学内容更深层次的理解。翻转课堂的一个重要特点，是教师不再占用课堂的时间来讲授信息，这些信息需要学生在课后完成自主学习，他们可以看视频讲座（如微课、慕课）、听播客、阅读功能增强的电子书，还能在网络上与别的同学讨论，能在任何时候去查阅需要的材料。

如图1-5所示，这样的安排，使得在课堂面授教学中，教师不必再把时间花在班级授课上，而是能有更多的时间与班级中每个人进行个别化的交流。进一步，在课后，学生还要自主规划学习内容、学习节奏、风格和呈现知识的方式，教师则采用答疑法和协作法来满足学生的需要和促成他们的个性化学习，其目标是为了让学生通过实践获得更真实的学习。

图1-5 翻转课堂的结构示意图

从中不难看出，翻转课堂与混合式学习、探究性学习、其他教学方法和工具在含义上有所重叠，都是为了让学习更加灵活、主动，让学生的参与度更强。但需要注意的一点是，在国外，翻转课堂最初主要用于对学习障碍学生的重点辅导，而并非主要针对普通学生，其所针对的学生数量较少，故教师才有可能有较多的时间进行个别化辅导。所以，在国内引入这种新型教学组织模式时，要充分考虑到国内外学校情况的实际差异，如班级规模、学生数量及生师比率等。

换言之，传统的教学模式是教师在课堂上讲课，布置家庭作业，让学生回家练习。然而在翻转课堂式教学模式下，学生在家完成知识的学习，而课堂变成了教师与学生之间和学生与学生之间互动的场所，包括答疑解惑、知识的运用等，从而达到更好的教育效果。互联网的普及和计算机技术在教育领域的应用，使"翻转课堂式"教学模式变得可行和现实。学生可以通过互联网去使用优质的教育资源，不再单纯地依赖授课教师去教授知识。而课堂和教师的角色则发生了变化。教师更多的责任是去理解学生的问题和引导学生去运用知识。

仔细思考之后，我们不难发现，混合式学习和翻转课堂，本质上说，这两者实际上是从不同的侧面在谈同一个问题，都是在原有传统的课堂面授教学的基础之上，利用各种基于互联网的新教学工具来实现教学环节、教学流程或教学步骤的调整和重组，从而实现学与教，师与生，课内与课外，讲授与自学等组织形式的转变。

简言之，混合式学习，实际上就是翻转课堂的指导思想，而翻转课堂则是混合式学习的应用策略或实施方案。

### 1.3.2 微课与翻转课堂关系辨析

当前微课的出现与盛行，原因是多方面的。一方面受整个教育信息化发展大背景的影响，包括数字校园的普及和各种课件制作技术的不断简化，极大地鼓舞了教师教学信息化的参与热情。教师通过各种方式来开发和制作各种短小简易的数字化教学资源，如教学视频短片等。另一方面，微课的出现，同样也与移动学习的不断推广与普及也有着直接的关系。因为移动互联网和移动终端设备的逐渐普及使得人们的信息获取方式产生了相应的变化。例如，一是视频摄制的技术和时间成本不断降低，使得教育者能够随时随地可方便地制作教学视频；二是由于各种智能化移动终端设备的不断出现和普及，使得学习者的时间经常被这些设备"切割"或"分离"为越来越小的时间段，并随之出现了所谓"碎片化学习"，即一种每次持续时间短但发生频率高的新学习方式。相应地，碎片化学习方式进一步使得教学资源也相应划分为更小的"片断"，以适应学习者的新行为模式。在上述各种因素的综合影响下，微课便应运而生（见图1-6）。

1. 微课概念及类型

从字面上看，微课显然与当今互联网时代最流行的"微博""微信""微电影"等新技术形式一脉相承，是它们在学校教育领域的直接反映。若简单地说，微课，就是"微型的授课"，或"微型的课程"之意。也有人认为，微课实际上就是"微视频"，言下之意，即用视频形式录制的短小的讲课片断。显然，这些理解看起来都是很有道理的。

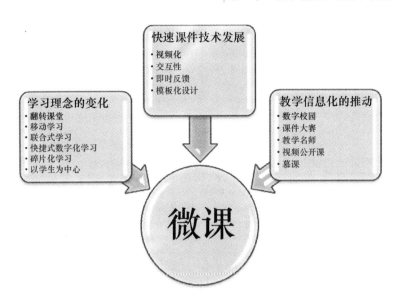

图1-6　微课产生与发展的影响因素

不过，若从国外的相关研究性文献来看，当前大家学说的"微课"，实际包括两种基本涵义：一是"微课程"（Micro-course），二是"微课件"（Micro-lecture）。简言之，一个单独的"微课"可称之为"微课件"；多个微课件相互组合，则构成"微课程"。

通常情况下，大家所说的"微课"主要是指"微课件"，就是基于微型教学而设计和制作出的电子课件。无疑，小段视频是这种微课件的重要组成部分或表现形式。但需要指出的是，这并不是说，只要是小段视频，就可以称之为"微课"。如果这样说的话，那么，微课就实在没有多大新意了。某种程度上来说，所谓"微课"中的"微"，更多是强调教学主题或教学内容的"微型化"，而非仅指授课时间、授课视频本身的长或短。同时，更重要的是，在"微"的基础之上，还要强调对学习内容的即时反馈和学习过程的交互性。所以，仅仅从"微"的角度来理解"微课"的概念是片面和不全面的，我们更多的是要从教学设计和课件设计的角度来认识它。

基于以上分析，笔者认为，从设计角度，"微课"（Micro-lecture）是一种基于学科课程的核心内容（难点或重点）设计而成的、注重即时反馈的微型化在线视频课件。它的基本特点是：视频化、简洁化、反馈性、交互性。

从技术设计方法来看，微课目前通常有以下两种制作方案。

第一种是强调内容的传递性，通常先编写一个简单的制作脚本，例如应该掌握的关键知识点或单元总结等。然后利用"电脑的话筒+摄像头+录屏软件+演示工具"来现场制作。以这种技术方案制成的微课表现形式通常是，教师授课头像的语音视频+文字演示或其他可视化内容；或者是幻灯片演示录屏和动画等。完成后的微课可以被上传到课程管理系统上供学习者播放。

第二种则强调内容的交互性，在编写脚本的基础之上，通常需要一些硬件设备和相应的特殊课件制作软件，制作出来的微课的表现形式和内容相对复杂一些，通常不仅有视频，也会有一些交互或反馈环节，技术水平也较高。这时，一种被称为"快课"① 的设计技术，就会成为一个很好的解决方案，因为它能使学科教师在简单培训之后，也能设计和制作出具有交互功能的微课。

在本书中，我们将第一种技术方案制作出来的微课称为"单播式微课"，第二种技术方案制作出来的称为"交互式微课"（见表1-1）。前者主要是以单纯视频的形式出现，后者同样也包括视频，但同时还具有交互功能，能够为学习者提供不同的学习路径。

表1-1　单播式微课与交互式微课的区别与联系

| | 单播式微课 | 交互式微课 |
| --- | --- | --- |
| 技术形式 | 以单一视频格式呈现 | 以网页动画和视频等多格式呈现 |
| 设计工具 | 教学摄像、PPT录屏、视频编辑软件 | 绿屏背景摄像、PPT、"快课"设计软件 Adobe captivate |
| 操作形式 | 播放、暂停和重播 | 点击、拖拽、选择、填写、反馈 |
| 学习路径 | 单一路径 | 多个路径 |
| 播放工具 | 各种视频播放器 | 网页浏览器、动画播放器 |
| 开发群体 | 以技术工程师为主，学科教师为辅 | 以学科教师为主，技术工程师为辅 |

在应用层面，微课可能会有助于形成一种自主学习模式，让学生们自己检索并自定步调学习。同时，这种形式也鼓励教师在呈现教学内容时学会尽量简洁，因为一个微课主要关注一个重点。在实践中，微课也可以结合多种教学方法进行使用。例如，如果用微课来解释基本概念，就能解放课堂的一部分时间用于问题解决和应用。通过这种途径，微课可为前面所说的"翻转课堂"模式提供有力支持。在这种模式中，学生在课堂之外观看在线的课程，在课堂上进行讨论和提问等课堂活动。这种情况下，微课为观看者提供了一对一的临场感，就好像老师直接跟学生讲话——这一点是大规模班级授课、拥挤的教室以及在线课程所无法体验到的。

不难看出，微课对于移动学习来说，显然是一个富有吸引力的应用模式和设计方案，这也正是它能在教育领域中被广为关注的一个重要原因。例如，在教学中，教师可以尝试将微课作为课程任务发布，学生可以利用任何移动设备来完成作业并提交。这些独立的或者协作的学生项目作业可以解答课堂上出现的一些问题。有研究者②（2012）认为，随着使用者尝试将卡通式的视觉效果加入微课，动画可能成为一种微课中很普遍的组成元素。或者，微课也可能成为一些在线项目（如慕课）中的标准组成元素。这种观点值得重视。

目前，最著名的微课网站有萨尔曼可汗学院和TED教育演讲等。国内也开始举办一些微课大赛，如本书第一章中所介绍的由教育部教育管理信息中心组织的多媒体课

---

① 快课，英文为Rapid E-learning，就是一种以模板套件为基础来设计和开发教学课件的技术方案，其特点是操作简便，技术要求低，适合于普通学科教师使用。

② Educause, 7 things you should know about Microlectures, 2012, http://www.educause.edu/library/resources/7-things-you-should-know-about-microlectures.

件大赛，自 2013 年起就增加了微课类的比赛。与此同时，国内外一些高校也正在尝试将微课整合于他们的正式课程之中，在目前备受关注的"慕课"之中，微课就成为其在线课程的典型设计形式。

当然，需要指出的是，微课并不是一种适合所有教师的教学课件设计和表现形式，与以往的各种课件设计方案一样，它也有其固有的缺点。例如，微课所要求的这种注重以授课视频来展示的授课方式，对许多教师来说都是一个挑战，因为像播音员或主持人一样在摄像机镜头前面如在教室里一样挥洒自如、滔滔不绝地讲课，或者按照提前编好的脚本在电脑屏幕上边讲边录音，这些都要求授课教师具有相当的表演才能方可胜任。此外，尽管上述单播式微课的制作并不需要很多准备，也不需要很复杂的设备，通常教师自己基本就能应付。然而，对于交互式微课来说，其中所涉及的复杂的视觉效果或动画可能需要准备时间长，或者需要额外的技术资源。这时仅依靠学科教师恐怕很难胜任。

对于微课的发展趋势，有研究者提出了微课发展的三阶段理论，① 把国内对微课概念的认识划分为"微资源构成""微教学过程"和"微网络课程"三个阶段（见图 1-7）。每个阶段的微课概念内涵各有所侧重，微课表现形式也不尽相同，其功能特点和应用范围也不同。

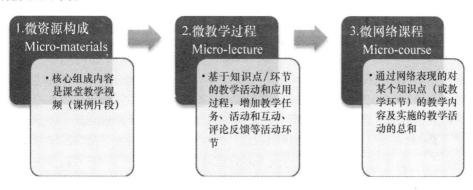

图 1-7 微课的三个发展阶段

在第一阶段，"微课"的核心组成内容是课堂教学视频（课例片段），同时还包含与该教学主题相关的教学设计、素材课件、练习测试、教学反思等辅助性教学资源，它们以一定的组织关系和呈现方式共同营造了一个半结构化、主题式的资源单元应用小环境。其特点是提出了一种新的资源整合观或资源建设方式：以视频为主要载体或呈现方式，统整了与之相关的教与学资源，使以往各自独立建设与应用的教案、课件、课例、试题等资源间产生了一种较为紧密的关联，较大幅度提升了资源的利用效率。

在第二阶段，把微课视为基于知识点/环节的教学活动和应用过程，增加了教学任务、教学活动和多种形式的互动、评论反馈等活动环节。在微课的半结构化、网页化、开放性、情境化的资源动态生成与交互教学应用环境中，师生会产生许多生成性、智

---

① 胡铁生等. 我国微课发展的三个阶段及其启示 [J]. 远程教育杂志, 2013-08-01.

慧性的教与学资源，微课的资源不再是静态的，而是生长发展的，不断充实完善的。

在第三阶段，即所谓微课"3.0版本"，把微课程定位于一种以微视频为核心资源和呈现载体的微型在线视频课程（既不同于一般的视频公开课，也不是传统意义上网络课程的"微型版"）。"微课程"可以认为是通过网络表现的对某个知识点（或教学环节）的教学内容及实施的教学活动的总和。它是以"微型视频"为主要内容和呈现方式的一种新型微型网络课程，即"微型视频网络课程"，其特点有：主题突出，指向明确；资源多样，情境真实；短小精悍，应用面广；半结构化，易于扩充；交互性强，使用便捷。

笔者对上述观点表示认同。伴随着技术的发展，微课必然不断改善和变化以适应教学的需求。实际上在本书中，我们更多是将微课视为一种具有独特功能的新教学课件设计理念和表现形式，认为它是以混合式教学为指导思想，以翻转课堂为基本应用模式的一种课件设计方案。使用这种方案所设计出来的课件，所具有的特点主要包括：内容上短小精悍，突出重点；表现形式上以视频为主；应用模式上强调学习的即时反馈；在设计技术上则强调网络化和交互性。

## 2. 交互式微课设计方案

具体从应用角度来说，上述3.0版的微课（微网络课程），实际上就是当前慕课（MOOCs）的技术表现形式。它强调的是在学习过程中，教学视频的交互性、学习路径的多样性及学习素材的动态性。相比于单播式微课来说，交互式微课能够为学习者提供更加个性化和兴趣化的在线学习体验，因而学习效果也会更好。

在技术结构上，我们提出一个方案，交互式微课应至少由四个环节组成（见图1-8）：一是"概念导入"，主要以各种形式的交互式动态图表或预备性测试来简约地向学生展示学习内容和目标；二是"授课视频"，主要以虚拟场景视频方式来表达核心教学内容，时间通常在5～15分钟左右；三是"巩固测验"，主要以在线测验方式来检验学习者的知识理解和掌握程度，并以自动计分等方式来即时反馈；四是"反馈总结"，通常以作业练习或协作项目学习等方式来让学生将所学内容进行应用性操作，通常以在线方式提交。

图1-8 交互式微课的基本结构

从中不难看出，这个交互式微课的技术结构，实际上是将微课更多地视为一个"微教学活动"或"微网络课程"，而不是目前流行的"微资源构成"。笔者认为，这种技术结构更能反映微课这种新课件形式的发展性和完整性的趋势。与之相对应，基于交互式视频课件①的设计技术，笔者提出了交互式微课的技术设计方案②（见图1-9）。

---

① 关于交互式视频课件，请参阅本书第三章3.2.1节的相关内容。
② 关于该技术方案，请参阅本书第三章3.2.2的相关内容。

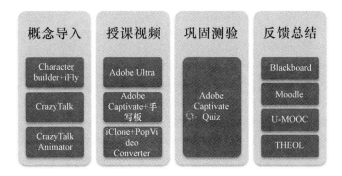

图 1-9 交互式微课的技术设计方案

3. 微课与翻转课堂

最后，我们还需要阐明一个问题，微课又与翻转课堂之间存在着什么联系呢？

略加比较之后，不难看出，要想实现前面所提到的翻转课堂之中的课前和课后的学生自学与复习等环节，显然离不开某种教学课件的支持，否则无法实现课外预习与课堂讨论之间的无缝结合，所谓"翻转"也就无从谈起。当然，教学课件的设计方法和类型很多，究竟哪一种教学课件才能适用于翻转课堂的教学需求呢？可以想象，传统的那种长达 45 至 60 分钟的课堂实录式的视频课件，恐怕很难符合当今伴随着短小网络视频成长起来的"网络一代"学生的兴趣和需求——他们多数都可能缺乏足够的耐心去观看如此冗长单调的教学视频。因为这种时间长、节奏慢的实录式视频，实在很难充分激发起学生们的自学热情与兴趣。在这种情况下，上述微课式的视频教学课件，就成为一种最佳的选择。尤其是前面所提及的交互式微课，更是能让这些习惯于网络游戏 20 世纪 90 年代的需求，因为这能够在某种程度上满足他们早已从小习惯的计算机操作习惯；通过键盘、鼠标等输入设备的各种操作来获得相应的反馈，进而激发他们的后续行为，并形成可持续性的学习活动。

简言之，微课就是翻转课堂的具体技术设计方案，或者说，微课就是实现翻转课堂教学组织形式的一种常用的课件设计技术方案。这样，就形成了混合式学习、翻转课堂和微课三者之间的基本关系：混合式学习是翻转课堂的指导思想，翻转课堂则是混合式学习的具体实施方案；微课就是翻转课堂的具体技术设计方案。

## 1.3.3 从 OCW、OER 到 MOOCs

2013 年 3 月，北京大学正式启动了"网络开放课件"建设项目。北大网络开放课程项目的启动，标志着国内一流研究型大学也开始关注网络时代的大学教学模式改革问题。与以往大家熟悉的混合式教学模式相比，它现在又有了一个更为新潮的名称：慕课（MOOCs）。

2012 年以来，似乎一夜之间，"大规模开放式网络课程"（Massive Open Online Courses，简称 MOOCs）异军突起，在世界各国大学中引发了一场网络教育的新潮流。2012 年被称为"MOOCs 之年"。在这一年里，美国的多所顶尖大学，如斯坦福大学、麻省理工学院、哈佛大学、普林斯顿大学等，陆续设立一种新型的网络学习平台，通过互联网向全世界的学习者提供多种形式的免费网上课程，其中最著名的平台包括：Coursera①、Udacity②、edX③。这三个大平台的课程全部针对高等教育，并且像真正的大学一样，都有一套自己的学习和管理系统。当然，最重要的也是最吸引公众目光的一点，它们的课程都是免费的，或者说，至少从表现看是免费的。

那么，MOOCs 究竟有何种魅力，能让世界各国的顶尖大学都如此趋之若鹜呢？

## 1. 开放教育资源（OER）概述

首先，从渊源上来看，我们认为，慕课实际上是国际上历来已久的"开放教育资源"运动的最新表现形式，为这个持续十余年的国际化教育思潮和运动提供了一个更吸引人的载体和形式，进一步激发起了各国教育者对基于互联网的优质教学资源共享梦想的追求。十多年前，开放教育资源运动实际上最初源于美国的著名高校麻省理工学院（MIT）。2001 年 4 月，MIT 正式启动"开放课件"项目（Open CourseWare Project，简称 OCW），开始通过互联网向全球免费开放其教学资源，包括教学讲义、实验报告、课后作业、参考书目、实验手册、考试题目等，世界上任何国家的上网者都可以通过互联网免费地访问上述资源。由此揭开了"开放教育资源"运动的序幕。2002 年，联合国教科文组织（UNESCO）在法国举办了名为"开放式课件对发展中国家高等教育的影响"的论坛，首次对开放教育资源（Open Educational Resources，OER）的概念和内涵进行了界定："指那些基于非商业性目的，通过信息与通信技术来向有关对象提供的，可被自由查阅、参考或应用的各种开放性教育类资源。通常，它可通过互联网来免费获得，主要用于教育机构中教师的教学，也可用于学生的学习。其类型主要包括：讲义、参考文献、阅读材料、练习、实验和演示，另外也包括教学大纲、课程内容和教师手册等。"

此后，UNESCO 又多次召开了关于开放式教育资源的国际会议，从多个层面促进了开放式教育资源运动的发展。随后数年中，OER 随着互联网超越国界而进入其他国家，开放和自由的理念开始逐步占据各国高校教育资源建设的主流。据不完全统计，目前世界上已有 21 个国家和地区超过 250 所高等教育机构开始实施开放课件项目，包括美国、英国、法国、澳大利亚、南非、日本、韩国、中国台湾等，范围遍及五大洲，所使用的语言至少有 6 种。2003 年，中国也启动了"精品课程建设工程"，计划将精品课程上网并免费开放，实现优质教学资源共享。可以看出，"开放教育资源"运动的产生与发展，对于高等教育资源的建设与发展产生了深远影响。教育资源的建设开始从以往的各高校自建自用的状态向校际间的开放与共享发展，从传统形式的印刷资源向

---

① Cousera 由斯坦福大学的计算机科学教师 Ng 和 Daphne Koller 创立于 2012 年 4 月。
② Udacity 是由前斯坦福大学教授、Google X 实验室研究人员 Sebastian Thrun 于 2012 年 4 月创建。
③ EdX 是由麻省理工学院、哈佛大学、加州州立大学柏克莱分校创建的非营利组织，免费提供涵盖多个领域的大学课程给全世界的人使用。两个大学分别提供 3 千万美元资源。EdX 建立在 MITx 之上。学员在完成规定课程的学习基础之上，只需交少量的费用即可得到一个结业证书，但是没有学分，也不能作为麻省理工学院或者哈佛大学学生的学分课程。

基于互联网的数字化资源扩展。这不仅提高了教学资源的应用范围和效率，同时也恰如其分地体现出了知识共享的大学理念。信息时代中，新技术和新理念使得高校教学资源的建设进入一个全新阶段。

在过去 10 年中，这场开放教育资源的运动，为各国大学之间构建起一个基于互联网和数字技术的开放性和多元化的高校教学资源建设模式（见图 1-10）。它展示的是一种全球视角下的高等教育教学资源建设的宏大场景，国际化、开放、综合性是其基本特点与趋势。从中不难看出，如今 MOOCs 与 OER 实际上是一脉相承，无论从理念还是表现形式来说都有密切联系。

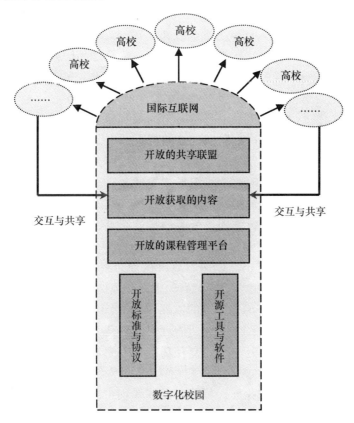

图 1-10　开放教育资源运动的建设与共享模式

## 2. 慕课（MOOCs）新特征

MOOCs 之所以吸引诸多大学的目光，还在于它能够为各国大学提供一个全球化时代的国际性展示、发布和交流平台，对于大学的国际化影响力和"软实力"建设都有较大的帮助作用。

例如，率先参与 MOOCs 的新加坡国立大学的领导称，这项合作最大好处是，校方日后能在这个平台上发展本校学生使用的空间，让更多在籍学生能够接触他们喜欢的课程。他解释，碍于讲堂空间限制，许多颇受欢迎的经济、商业、心理学和法律课程最多只能让600名学生选修。有了这个专属平台，无法选修课程的学生仍可以从网络上学习。与上述大学类似，香港中文大学在 Coursera 平台上面也投入了一些项目，以免自己将来被教育竞争甩在后面。香港中文大学表示，该校已在2013年1月份加入 Coursera 平台，并承诺从9月开始提供向该平台至少五门课程。从2013年开始，中国大陆地区的一些著名高校也开始考虑开设 MOOCs 课程，例如，北京大学就已正式在 Coursera 和网易平台上发布慕课。北大为何会如此重视此事呢？北大前校长周其凤院士在退休讲演中说得很清楚："希望大家都关心这件事情（MOOCs），都去了解和研究这件事情。不要落伍，北京大学不能落伍。这件事情既能提高我们的教育质量，也能提高北京大学的国际影响力。"

总之，我们可以看出，MOOCs 之所以在如此短的时间内吸引了数量众多世界一流大学的目光，近年来蓬勃发展的高等教育国际化，院校之间国际影响力和竞争力之剧烈变化，是其中的重要原因之一。无论是 OCW、OER，还是 MOOCs，它们都为大学之间的国际化交流、共享、竞争和发展提供了一个影响深远的平台，通过信息技术的力量，可以让一所大学的影响力轻易地跨越时空的限制而遍及全球各地。在这个平台上占有一席之地，展示自己的身影，发出自己的声音，不仅是大学"软实力"的一个重要表现形式，同时也是跻身世界一流大学行列的一个很好机遇。

某种程度上，慕课这种新的教学组织形式更像是一个融教育、娱乐与社交网络为一体的教学模式。通过一些先进的技术工具和手段，它的课件和课堂视频在一定程度上能让学生产生一种犹如亲临教学现场旁听一样的感觉，能够给学习者带来较好的学习体验。

目前，MOOCs 的主要形式仍然以课堂演讲视频为主，类似著名的可汗学院①所设计的一种免费、简短的教学视频，即前面所说的"微课"。因为有了这个成功先例，MOOCs 的制作者目前已放弃了原先传统的以课时为时长单位的教学课件设计思路，转而将教学视频的长度剪辑为8～15分钟，体现出碎片化学习的设计理念。同时，微课视频可能会中途暂停数次，具有一定的交互功能，以测试学生对知识的掌握程度，如弹出一个小测试，或者让学生写一段程序代码，然后系统自动给出反馈。同时，课程的助教可能会查看、管理在线论坛。另外，有些课程也会有作业和考试。显然，这种课件的表现形式类似前面所提出的"交互式微课"：以视频为主，再辅以各种交互性的测验和讨论等，以提高学生的学习兴趣。

### 3. 认识与评价慕课

说到这里，我们不难看出，至少从技术形态上来说，慕课并非新生事物，实际上是一种基于微课的新型网络教学组织形式，是开放教育资源在新的教学设计思想指导下的一种最新表现形式，免费、在线和开放仍然是基本特点。当然，我们也要承认，它同时也出现了一些新的特点：大规模（Massive）、学习支持、交互性（Interaction）

---

① 可汗学院（Khan Academy），是由萨尔曼·可汗在2006年创立的一家非营利机构，通过网络提供一系列教学短片。

和颁发证书（Cerfication）等。但无论如何，与原来的开放课件或精品课程相比，慕课虽然有了一些新的内涵及表现形式，如颁发学习证书，但本质上，它仍然属于开放教育资源（OER）的范畴。而且，我们也能看出，慕课与前面所提到的微课同样也有着千丝万缕的联系，后者实际上是前者的技术实现形式。换言之，微课为慕课提供了更加符合学习者心理需求的技术解决方案，更加能够吸引公众的眼球，使慕课展示出与以往开放教育资源与众不同的特征。

当读者了解到慕课的上述特点之后，恐怕就不会对于当前这种被大加追捧的新网络教育形式期待太高了，因为其新颖之处，更多的是体现组织形式上，而不是技术实现上；更多的是为决策者所重视，而不是被教师所认可。或者更具体地说，与原来的OCW和OER相比，MOOCs的强大之处，在于其带有强烈的互联网经济色彩，有商业资本的介入。这些新特点使得慕课更容易引起公众的注意，但是，如果说期待它能给高等教育带来多大的冲击，恐怕就有点夸张了。

### 1.3.4 理解诸术语之间关系

综上所述，那么，混合式学习、翻转课堂、微课、开放课件、开放教育资源资源和慕课之间究竟有什么关系呢？

通过上述分析，我们可以看出，无疑，上述这些概念或术语之间存在着密切的关联。在某种程度上，其中一些用语是同一种教学思想或教学模式在不同的技术环境下，或发展阶段中的不同表现形式。换言之，虽然所用术语不同，但其中所蕴涵的教学理念、指导思想或基本技术实现方案，却彼此关联，你中有我，我中有他，相互交织着形成了一个复杂的教学技术新概念图谱（见图1-11）。

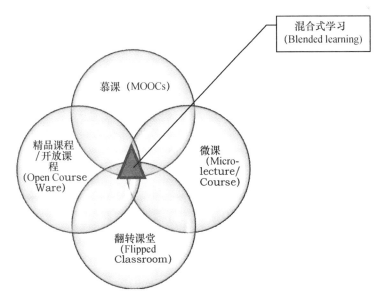

图1-11 各种概念相互组成关系图谱

具体地说，当前被热捧的慕课，就是信息技术在教学中应用的最新形式，或者说，是以往开放课程/精品课程的后续表现形式。慕课之所以能够在国内外高等教育领域备受重视，一个很重要的原因，是因为伴随着新技术的不断出现和互联网带宽的不断增加，网络教学课件的表现和实现形式也在相应变化，利用各种新技术，慕课为我们带来了一种全新的在线学习形式，使得我们教育者，尤其是领导决策者们惊讶不已：以往主要以文字、图片、语音等形式来呈现的教学内容，现在能够以一种更加逼真和更加吸引人的视频形式呈现，教学视频的呈现形式越来越像电视专题片一样吸引学习者的眼球。或者，通过某种技术方案来使得原来的教学视频更加吸引学生的眼光和兴趣，如绿屏背景抠像视频、碎片化视频（微课）、交互式路径选择等。同时，互联网带宽的快速拓展，甚至使得高清视频也能够通畅地通过互联网来传递。这些技术环境的变化，不仅使互联网产业变得更加前景广阔，而且使网络教学的课件形式、技术解决方案和工具也都相应变革。在这种情况下，慕课这种新型网络教学课件的表现形式，正在越来越多地模拟或仿真面授教学的过程，甚至在某些方面超出了面授教学的处理方式或效果。

上述的新特点，确实为长期沉闷单调的教学组织形式带来了一丝新意，在一定程度上吸引了教育者们，尤其是大学决策者们的眼光。实际上，慕课这种带有诸多新形式的教学形式，更多的是使教育决策者意识到了网络教育的重大发展潜力。这恐怕是当前慕课备受关注的重要原因之一。

就目前教学技术的整体发展水平来看，至少在可以预见的未来数十年中，我们恐怕很难指望基于网络的学习完全替代面授教学。在这种情况下，毫无疑问，混合式学习仍然是网络教学设计的一个基本指导思想，即使是慕课也无法例外。譬如，要想获得某个大学的慕课学分，虽然学习者的主要学习过程都可以通过互联网来完成，但线下的讨论和交流仍然是存在的。同时，最终他仍然必须到所指定的考试点去交费参加考试，通过之后方可获得学分证书。

进一步，在混合式学习的思想指导之下，翻转课堂则是网络教学的实施策略和方案，或者说，为教育者提供了一个切实可行和可操作的网络教学设计思路，使教师能够在设计教学过程时有章可循。也可以说，我们可以将翻转课堂视为联系理论（混合式学习）与技术实现（微课）之间的中介物。微课则是实现翻转课堂的一种重要技术设计方案，强调学习资源的碎片化分割，学习路径的交互选择性，教学视频的短小化和知识点学习的即时反馈性等。

此外，还有一点：如何将上述这些新教学技术形式具体贯彻在教学过程之中呢？或者说，对于专业学科教师来说，他们如何实现在自己的教学过程中以混合式学习为指导思想，以翻转课堂为设计策略，以微课为技术方案，来安排自己的教学活动呢？

在本书中，我们还重点提出，"快课"（Rapid e-learning）则是当前最佳的解决方案。它实际上是一种基于模板套件来快速设计和制作数字化教学资源的技术方案。操作入门快，多类型模板包，技术成本低和操作简便，是快课的基本特征。实际上，快课是一种适用于普通学科教师使用的课件开发技术或策略，这就为微课技术的普及性应用打下了坚实的技术基础。这种基于快课的技术实现策略，也是本书着重强调的核心指导思想。

综上所述，这些术语和概念就形成了以下的相互关系，如图1-12所示。

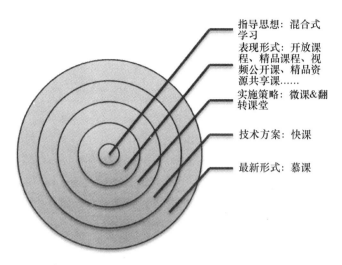

图 1-12　混合式学习、慕课、微课与翻转课堂之间的关系

## 1.4　互联网时代教师职业新特征分析

讨论完微课、翻转课堂和慕课这些新潮的概念之后,我们接下来继续讨论一个老生常谈但又不得不谈的话题:教师与信息技术之间的关系。

在教育技术领域,我们经常说的一句话就是,技术从来不是问题,有问题的总是教师。虽是玩笑之言,但细究起来,我们确实会发现,在数字校园建设中,教师实际上扮演着最关键和核心的角色——课堂的守门人。

从历史上看,教师职业实际上一直伴随着科技发展而不断变化,在每一个社会阶段都相应呈现出独特的职业特征,进而产生了不同类型的教师。例如,曾有研究者提出三种基本类型的教师:基于经验积累的"工匠型"教师、基于学科知识的"理性型"教师、基于技术的"专业型"教师。其中,无论是教师的专业性,还是专业型的教师,实际上都一直是我们所梦寐以求的目标。早在 1966 年,国际劳工组织和联合国教科文组织就曾专门提出《关于教师地位的建议》,首次以官方文件的形式对教师专业性作出了说明,提出应把教育工作视为专门职业。1986 年,美国卡内基工作小组和霍姆斯小组同时强调以确立教师的专业性作为教师教育改革和教师职业发展的目标。这些工作的核心目标,就是提升技术发达时代教师职业的专业性。

如今,半个世纪过去了,虽然有所进展,但实际上教师职业的专业问题仍然没有得彻底解决。目前仍然有许多人对于教师是否像医生、律师、工程师等职业一样属于是专业性职业,或多或少地表示了诸多疑问。

出现这种情况的原因是多方面的,但其中一个核心原因,就在于公众对于教师职业所表现出的低门槛,总是疑虑重重。在现实中教师职业并不是总能表现如其他职业那样的专业性技能和水平——随处可见的例子是,即使未受过专业师范训练的从业者,只要具备相应的学科专业知识水平,似乎同样也能胜任这项工作。而且目前即使有了教师职业资格证书的要求,但这种证书的低门槛和普及性的资格要求,似乎同样也很难打消人们对教师职业专业性的质疑。公众普遍存在的这种疑问，对于教师行业的专业性建设来说，是一个亟待解决的问题。

### 1.4.1 基于TPACK之教师专业技能

那么，究竟应该如何消除教师职业所处的这种尴尬境地呢？

我们认为，在如今的互联网时代，价值观念多元化的背景下，若仅从传统的"辛勤的园丁""灵魂的工程师"这类隐喻式的说理方式，来让公众信服教师职业的专业性，恐怕说服性会越来越弱。但从另一方面，信息技术，似乎可为增强教师职业的专业性带来了一些希望。譬如，"整合技术的学科教学知识"（Technological Pedagogical Content Knowledge，TPACK）理论，或许能够为教师职业专业性的发展指出一个很值得期待的方向。

TPACK，即整合技术的学科教学知识，是美国学者科勒（Koehler）和米什拉（Mishra）于2005年在舒尔曼（Shulman）提出的学科教学知识（PCK）的基础上提出的。从2005年开始，国内外学者对TPACK展开了大量理论和实践研究。大家一致认为，对于TPACK的研究将有利于提高教师掌握和运用信息技术的能力，教师的TPACK能力是未来教师必备的能力，能有效提升教师职业的专业化水平。

如图1-13所示，TPACK框架包含三个核心要素：学科内容知识（CK）、教学法知识（PK）和技术知识（TK）；三个交叉的复合要素：基于教学法的学科内容知识（PCK）、基于技术的学科内容知识（TCK）、基于技术的教学法知识（TPK）；以及三个综合要素的交叉点：整合技术的学科教学知识（TPACK）。

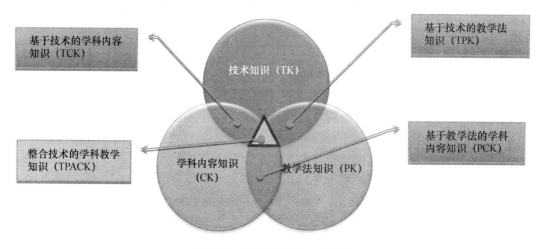

图1-13 TPACK框架示意图

TPACK给我们的启示是，不断更新的信息技术，确实对教师职业带来了诸多新的挑战和机遇。然而，如果运用得当，新技术将极大地增加教师职业的专业性水平，进而提升其核心竞争力；当然不可否认，若运用不当，也有可能被这种全新的技术环境所困扰。

众所周知，对于教师来说，以往通过获取学术性学位（硕士、博士）来提升自身的学科专业知识，一直被认为是提高教师们专业能力的主要方式，早已被大家所公认。然而，在当前其他行业从业人员的学位层次也在相应不断提高的情况下，教师仅依靠通过提升学位来提高其职业专业性的可能性正变得越来越小，说服力也相应减弱。以当前中国的就业现实状况来看，在保洁员、城管人员都开始招收本科、硕士学位的毕业生，且博士都开始担任管理人员的背景下。这时，若教师以自己是硕士或博士来展示自己职业的专业性，确实缺乏说服力。

不过，另一方面，教学法知识（PK）的提升，对于教师来说，似乎也是一个可行之路。但令人遗憾的是，这个途径的一个显著特点，就是教学法知识主要都是实践性知识或隐含性技能，通常都是伴随着教师的从业年限增长而相应提升，更多是实践经验的积累与总结。因此，要想直接提升教师的教学法知识来提升教师的专业性，显然也非易事。

在这种情况下，上述三个复合要素的交叉点，即"整合技术的学科教学知识"（TPACK），则是一个最有希望成为展示教师职业专业性的最佳选择。因为这结合了教师职业的核心要素：学科专业、教学方法和技术能力，三者的相互融合，无疑会是充分展示教师职业核心专业性的绝佳代表。尤其对于年轻教师来说，TPACK为他们尽快成长为具有专业性技能的教师，并展示教师职业的专业性水平，提供了一条很有希望的路径。

如此看来，基于信息技术的教学，不仅没有给教师职业带来威胁，反而为教师职业的专业性提升，带来了新的希望。

## 1.4.2 网络时代教师职业新特征

确实，我们不难看出，科技的发展使得各种社会职业出现了诸多变化。例如，有的职业因为技术的发展而被机器所替代，消失了，如铁匠；有些职业由于技术的发展和普及而变得越来越稀少，如专业的汽车司机；相反，也有些职业则由于技术发展而不断得到加强，如创意设计师，平面媒体设计师等。而作为教师职业来看，尽管许多人都认为它固守成规，甚至达到顽固不化的程度，但实际上，它确实是在发生变化，虽然相对于其他行业，这种变化显得很缓慢。举例来说，互联网的普及应用，就为教师的职业特点带来诸多值得注意的变化趋势。

第一，互联网正在推动着教师从讲台走向舞台，职业的示范性与表演性逐步增强。尽管以"学高为师，身正为范"为职业基本规范，但整体来看，传统上教师向来以做事低调、为人含蓄为基本群体特征。除了在学生面前讲课之外，多数教师实际上并不善于，也不愿意曝光在公众面前。正因为如此，才会有诸如"默默奉献""园丁""烛光精神"等词语来比喻这个职业。这种对教师职业的经典性传统认识和理解，无论东方西方，概莫能外。

然而，互联网时代的来临，开始使这个群体的职业特征逐渐产生了变化，一部分先行者的教师，率先敏锐地意识到了互联网对自己职业生涯的重要性，开始利用新技术来推动自己教学方式的变革，进一步，相应地也拓展了自己的职业影响力。例如，有些教师通过将自己的教学课件、授课视频等教学材料上传到互联网上，或者直接在网上通过视频公开课、微课、慕课等形式授课，推动其网络影响力不断扩大，在一定程度上扩大了他们的学术影响力。尤其近年来视频公开课、微课和慕课的出现，使得这些授课教师在互联网上的知名度不断提升。相应地，他们的社会和公共影响力也随之上升。无疑，对于一名教师来说，社会声誉显然是个人职业发展的最有力的展示。

应该承认，在这个互联网时代，善于利用新技术来改革和扩展自己的学术影响力，是一个很明智的选择：因为当今时代的网络影响力，在某种程度上就是等同于实力。当今各行各业，几乎没有人能够忽视互联网对自己职业发展的强大影响力。但令人遗憾的是，当今国内网络行业的现状是，那些正当的职业并没有多少从业者从中获益，相反，倒是有些行业的诸多宵小之徒早就开始想方设法、不择手段地希望通过互联网来博取名声，进而获得经济收益。近年来，国内类似例子数不胜数，随处可见。

我们的观点，正是由于互联网存在上述各种不正之风，作为百业之师的教师行业，才更应该勇于在互联网上发布正能量，以各种正面的形象来提升网络空间之中的风气。实际上，越来越多的教师们逐渐意识到，那些善于利用各种新技术来宣传自己的教师，或者说，善于在网络上利用文字（微博、微信等）、视频课件（慕课、微课等）等形式来展示自己教学与学术成果，结果真的会逐渐从虚拟的网络空间中的影响力，发展成为现实世界中的真正实力。在这个过程中，这些作为先行者的教师已经逐渐开始摆脱教师群体低调含蓄的传统特征，开始走下讲台，走出教室，其教学行为呈现出越来越强烈的表演性色彩：如像舞台表演者一样在摄像机镜头前从容自如、长袖善舞、侃侃而谈，越来越多地表现出诸多令人耳目一新的群体特征。

实践中，当我们在设计和制作微课或慕课时就会发现，那些在演播室的摄像机镜头前仍然能够如同在教室内学生面前那样满怀激情地讲课的教师，将可能是当今互联网时代最具有潜质的名师：因为他们在具备专业知识的基础之上，同时还有极其重要的吸引学习者的能力，就类似影视界偶像对年轻人的吸引力一样。

简言之，教师正在从教室走向互联网，网络影响力成为其学术影响力的重要组成部分。在教师的职业发展过程中，互联网可助其一臂之力。

第二，除学科专业知识之外，教师正在越来越多地倚重新技术来组织和实施教学，运用技术的能力逐渐成为教师必不可少的专业技能要素。在当今信息科技的冲击下，教师以往通过职前教育所获得的职业素养，已越来越无法满足日益复杂和信息化的教学工作环境，他们必须通过各种各样的在职培训和学习来不断"升级"和"更新"自己的教学技能，以保证自己职业生涯的可持续性，延伸和提高自己的职业生命力。

在这个过程中，教师对于各种新教学技术的设计和开发能力，就是新时期教学技能的核心构成要素之一。所谓"教学技术设计与开发能力"，是指教师根据学科教学的需要，在选择适用的教学技术媒体和工具来组织和设计课堂教学过程时，其所必须具备的规划、组织和技术操作能力。在教师的这种能力之中，不仅包括对于各种技术硬件设备的操作和使用技能，同时更为重要的是，教师以硬件为基础来设计和开发电子化教学材料的能力，即将教学内容通过各种电子化的媒介向学生展示和传递。

在传统课堂教学过程中，教师只需要具备语言、体态、粉笔板书和各种直观教具的使用能力，就可以将教科书中的内容向学生展示和传递，进而引发学生的相应学习过程。而如今，课堂中的教学工具除传统的粉笔黑板、挂图教具之外，还为教师提供了幻灯机、计算机、投影机、多媒体展台系统，甚至包括网上的课程管理系统，无论从可选范围还是从教学表现形式来看，都对教师提出了更多和更高的技能要求。在这种日益复杂和多样化的课堂教学环境中，教师需要根据这些技术媒体和工具来综合性地规划和设计自己的教学过程，通过多种形式来向学生呈现和传递教学信息，以实现最优化的教学活动和教学效果。

总之，当前的教学改革趋势已清楚地表明，互联网不仅为教师的教学提供了诸多改革创新的途径，更重要的，同样也为教师的学术生涯发展提供了全新的上升空间。那些敏锐认识到这种趋势的教师，将会为他们在教学技术上的投入而获得越来越丰富的回报，无论是学术影响力，还是个人职业发展来说，都会如此。

## 1.5 网络时代教师职业专业性发展策略

在肯定和承认互联网对教师职业推动性的前提之下，我们进一步讨论，关于教师如何利用信息技术之便利来获得个人职业生涯之跨越式发展问题。针对这个问题，基于上述所提出的"信息技术革命的群体差异论"，笔者认为，对于教师来说，虽然是作为校园中信息技术革命中的主要"受益者"，然而，这种"益处"并非是无条件获得的，而是需要一些客观和主观的条件。

### 1.5.1 尊重教师的教学信息化守门员地位

首先，从客观条件说，无论教育管理部门的决策者，还是教育技术的研究者，都应首先承认，教师作为信息技术革命首要受益者的必要性和正当性，同时应彻底否定和清算以往那种视教师是信息技术革命阻碍者的错误观点。

以往在谈及信息技术革命时，无论国内还是国外，一些教育技术研究者都喜欢将新教学技术的运用与学生的学习效率或学业成绩直接联系起来，煞费苦心地或别出心裁地用各种各样复杂的研究方法——实验法、跟踪法、比较法、观察法等，想方设法地想证明，采用了新技术的教学，其教学效果要比传统的教学方式更好，或至少要更高明一些。回顾一下，我们不难发现，在这些不计其数的研究中，有的确实在某种程度上证明了其所提出的令人乐观的假设，有些则没有，甚至得出相反的结论。但总的来说，对于这个问题的结论并不统一，争议很多。对此，曾有研究者总结说，无论如何研究结论至少证明，使用新教学技术工具的教学，其效果至少不比传统教学效果差。这种研究结论的表述方式，若要细究的话，其内涵颇值得细细品味和琢磨。

对于上述这种以教学效果更佳来说服教师在教学中接受或采用新教学技术，或去主动设计和制作课件的惯用做法，笔者向来不以为然，或者至少持保留态度。个人觉得，以这种思路来说服教师，实际效果不可能理想——无论国内外，这一点都已在实践中得到了证实。一言蔽之，这种做法实际上是本末倒置，因果颠倒。

笔者的观点是：无论技术本身如何先进，任何新教学技术若想进入课堂教学，都不可能绕过作为"守门者"的教师而直接到达学生。或者说，教学技术要想实现对学生的学习效果积极或正面影响，一个首要前提是，教师首先必须认为这种新技术对自己的影响是积极的或正向的。说得再具体一点，或更通俗一点，新教学技术首先得对教师有"好处"或"帮助"，然后才能谈实现对学生有益。

这里，两者之间的因果关系一定得界定清楚，何为因，何为果，不可因果颠倒，不能因信息技术对学生的学习有帮助，就推论出教师必须在教学中使用——更何况信息技术对学生学习有益性的观点，至今也未得到有效的证实。以往，多数教育研究者都喜欢将新技术对学生的好处视为"因"，而将对教师的好处看为"果"，闭口不谈或甚少提及新技术对教师的益处。相反，许多研究者似乎更喜欢或更倾向于认为，学校是一个保守的行业，故多数教师在教学理念上是因循守旧的，在教学方法上是墨守成规的，对于新教学技术更是本能排斥的。因为新技术不仅威胁到了教师在课堂上的权威性，而且对教师的教学能力和技能提出了更高的要求。这些研究者在轻松地表达这种观点或说法时，就如同谈起19世纪工业革命之初那些因为担心失业而破坏工厂新制造设备的卢德分子[①]一样，无论口吻还是态度，都如出一辙。

但是，实践证明这种论点是错误和有害的。笔者一向认为，这种视教师为信息技术革命阻碍者的观点，实际上反而阻碍了信息技术革命在学校中的顺利实施。因为这种观点想当然或先入为主地把这场革命中的主角教师，推到了革命的对立面上——缺少了主角的革命，哪里还进行得下去呢！

所以在本书中，我们一再强调的一个基本观点是：教师并非是天生的卢德分子，当他们意识到信息技术所提供的发展机遇并具备相应条件后，教师的"革命"积极性与主动性就会被激发出来，迸发出无穷的力量，推动着数字校园向前发展。

### 1.5.2 激发教师的信息技术革命积极性

既然如此，那么激发教师们"信息技术革命积极性"的条件包括哪些方面呢？

最重要的是，当信息技术革命与教师的教学能力和学术能力的评价机制相互结合，并为提供信息技术应用成果的权威性合法展示平台——就如同传统学术成果（论文、教材和专著等）的评奖一样，将教师在教学信息化上所投入的时间和精力，以各种法定奖励的形式来具体表现出来。这时，教师的"信息技术革命积极性"就有可能充分发挥出来。

在当前学校的教师能力评价体制中，基于常规或传统的教学/学术能力的评价体系，已建设得比较成熟和完善，拥有从项目资助申请、效果评价、出版发布、成果评

---

[①] 卢德分子（Luddite）：是在拿破仑战争严酷的经济环境与新纺织工厂的恶劣工作条件中酝酿形成的。该运动的主体被称为"卢德分子"，主要指反对广泛被使用的、造成众多有技术的纺织业者失业的自动织机，这些织机可以由廉价雇佣而没有技术的劳工操作。卢德运动于1811年始于诺丁汉，在1811年与1812年在英格兰迅速蔓延。许多工厂及其中的机器被手摇纺织织工焚毁。在短短的一段时间里，卢德分子集结成了一股强大的势力与英国陆军发生了冲突。在英国政府对卢德分子的镇压运动开展前，众多羊毛和棉花工厂已被摧毁。在当代，"卢德分子"一词用于描述工业化、自动化、数字化或一切新科技的反对者。源自维基百科：http://zh.wikipedia.org/wiki/卢德运动

比及其奖励等级一系列完整的流程。总体看，这个传统的教学/学术能力评价体系的突出特点是：

- 以资历或年龄作为初始门槛
- 以教学经验积累为基本条件
- 以官方科研项目为突破出口
- 以学术出版成果为衡量标准
- 以官方奖项等级为核心指标

在传统的学校环境下，凡有志于通过这条路径来实现自己个人职业发展的教师，只需要以上述准则为指引，循序渐进、按部就班地前进，最后自然水到渠成，功成名就，获得个人事业的最大发展。客观地说，这个传统的教师能力评价体系经过长期不断地发展、修正和完善，到目前确实已经能够比较客观、公正和公平地对广大教师的教学和学术能力进行评价，为那些符合上述标准的教师提供职业生涯的上升空间。此外，这个评估体系很重要的一个特征，是具有广泛的合法性和普遍的权威性，潜移默化地成为绝大多数教师事业发展的认同标准，指导着他们的教学事业的发展方向。

然而，这个评估体系目前最主要的缺陷就表现在，伴随着信息化时代的到来和数字校园的普及应用，信息技术革命对教师的教学和学术能力内容，都相应地提出了新标准和新要求，但这些新内容却迟迟未能反映到这个评估体系之中。换言之，这个教师能力评估体系未能伴随着时代的发展而及时更新内容，或者更新得不及时、不完整。这直接导致了对年轻一代教师的能力评估，不能及时和全面地反映出数字校园时代的教学与学术能力要求。

从某种意义上来说，这是一种误导，同时也对新一代教师的成长与发展极其不利——当教师身处于信息技术革命的数字校园时代，而对其能力评估要求却是工业化时代的，甚至农业时代的标准，结果可想而知。尤其重要的是，虽然在现实的教学实践工作中已提出了对教师的新能力和技能的要求，但这种要求却无法得到正式的官方认可，更无法获得权威性和合法性——结果是，当有教师试图朝着适应信息技术革命新要求的标准去实施教学，却无法获得原来那种传统的教师能力评估体系的认可与承认时，自然更无法获得个人事业的相应进步，积极性备受打击。

### 1.5.3 培养教师的教学技术设计与开发能力

针对上述问题，笔者认为，对于身处信息时代的教师来说，各种基于信息技术的能力与素养，对于数字校园的发展来说，是极其关键的一个影响因素。在传统课堂教学过程中，教师只需要具备语言、体态、粉笔板书和各种直观教具的使用能力，就可以将教科书中的内容向学生展示和传递出去，进而引发学生的相应学习过程。而如今，课堂中的教学工具除传统的粉笔黑板、挂图教具之外，还为教师提供了幻灯机、计算机、投影机、多媒体展台系统，网上的课程管理系统和各种课件设计工具。因此，无论从可选范围还是从教学表现形式来看，都对教师提出了更多和更高的专业化技术要求。在这种日益复杂和多样化的课堂教学环境中，教师需要根据这些技术媒体和工具来综合性地规划和设计自己的教学过程，通过多种形式来向学生呈现和传递教学信息，以实现最优化的教学活动和教学效果。这就是笔者所提出的"教学技术设计与开发能力"①。

图1-14 教师的教学技术设计与开发能力

教学技术设计与开发能力，是指教师根据学科教学的需要在选择适用的教学技术媒体和工具来组织和设计课堂教学过程时，其所必须具备的规划、组织和技术操作能力。在教师的这种能力之中，不仅包括对于各种技术硬件设备的操作和使用技能，同时更为重要的是，教师以硬件为基础来设计和开发电子化教学材料的能力，即将教学内容通过各种电子化的媒介向学生展示和传递（见图1-14）。其中的核心构成因素，就是教学课件的设计与开发技能。换言之，教学课件是直接影响或决定教师的教学技术设计与开发能力的关键因素。

因此，笔者认为，应该在上述传统的教师教学和学术能力评估体系之中，应该再增加"教学技术设计与开发能力"这样的一条评估标准，为年轻一代伴随着数字校园成长起来的教师提供符合其事业发展需求的评估指标和体系，进而为其教师职业生涯发展提供一条新发展路径，打通从数字校园和教学信息化通向教师事业发展的台阶和新发展空间。

具体地说，如同传统的各项教师能力评估标准一样，要为教师的"教学课件设计与制作"活动，也提供一系列相应的项目资助申请、效果评价、出版发布、成果评比及其奖励等级一系列完整的流程，使专注于通过这个途径来实现个人事业发展的教师，也能够有合法的出头之路。譬如，各种基于教学课件设计与制作的研究资助项目申请和课件成果评奖等。

## 1.5.4 强调课件设计在教师职业中的重要性

在教学课件的设计与制作具备了合法和权威性的发展路径之后，更为重要的是，还需要教师个人具有积极主动的态度，并深刻认识到这种设计与开发能力对于自己职业专业性的重要意义。简言之，教学课件能有效地展示教师职业的技术性、专业性和独特性。

如前所述，久遭质疑的教师职业的专业性，是一个困扰教师行业已久的问题，直到现在仍未彻底解决。虽然在20世纪60年代联合国教科文组织（UNESCO）就教师的职业性和技术性问题做出了明确界定②，但实际上在中国，教师职业的专业性问题至今仍未得到有效和彻底的解决。在当今普遍强调专业化的社会环境下，极少有人会质疑律师、会计师、平面美术设计师、医生或建筑师等职业的专业性。相应地，在提及这

---

① 赵国栋. 混合式教学与交互式视频课件设计教程［M］. 北京：高等教育出版社，2013.
② 1966年联合国教科文组织和国际劳工组织提出《关于教师地位的建议》，首次以官方文件形式对教师专业化做出了明确说明，提出"应把教育工作视为专门的职业，这种职业要求教师经过严格地、持续地学习，获得并保持专门的知识和特别的技术。

些职业时，也几乎没人会认为，若不经过专业的受教育过程或培训就能轻松地胜任这些职业的工作。

但与此相反，令人遗憾的是，公众对教师职业的专业性认识和理解，却远非如此。直到今天，当谈及教师职业时，恐怕仍有为数不少的人会认为，只要接受过一定的专业学科教育（数、理、化等）和具备基本的授课技能（语言表达和书写能力等），教师是一个多数人都能胜任的职业。更令人遗憾的是，当前国内教育行业的诸多做法，也进一步加深了公众的这种观点：在各级各类学校招收新教师时，不问是否经过专业师范教育，是否具有教师的技能与素养，只看来自哪里（美国、欧洲等）、所毕业的院校（985类或211类）和毕业文凭（硕士或博士）。进校之后，接受教育学或教育心理学的简单培训之后就直接走上讲台，成为一名教师。至于教学技能，基本凭借在工作过程中听课观摩课去模仿、请教前辈的经验或课余自修来获得。显然，以这种方式培养出来的教师，其职业的专业性水平备受公众质疑，也就不难想象了。

当然，解决教师职业专业性水平是一个复杂的问题，非朝夕或一法可解决。但笔者认为，在如今的信息时代，强调教师职业的信息化水平和技能，是提高这个职业专业化水平的一个重要方向。众所周知，信息化是当今各行各业的共同发展趋势，以信息技术作为行业适应网络时代需求的解决方案，以各种专业的系统和软件工具作为行业工具，是展示和提高一个行业或职业专业化水平的重要表现形式。证券分析师的股市行情分析软件、平面设计师的美术设计软件（Photoshop）、工程师的辅助设计软件（AutoCAD）等，这些软件工具都充分展示了信息时代职业的专业性，并清楚地表明：非受专业教育，非用专业工具，决非专业人士！

那么，对于教师职业来说，他们用来展示其专业性的工具是什么呢？

显然，粉笔、黑板、挂图和实物模型已过于陈旧；同样也不会是Office办公软件，因为这已成为各行业普遍使用的工具性软件；似乎也不太可能是Adobe Photoshop或Premier。这里，笔者提出的观点是，那些用来设计和制作教学课件的相关软件，是目前展示教师职业专业的最佳代表。因为教学课件，是教师用来连接数字校园与学生之间的一个最为核心和关键的"桥梁"，它以电子化、数字化和网络化的形态，容纳和承载着以往教师通过传统方式（板书、文字、声音和体态等）向学生传递的知识、情感和技能，是信息技术进入课堂教学的物化和具体化表现形式。甚至可以说，它是数字校园进入课堂教学的最后一关。在数字校园中，无论多少复杂的管理信息化、教学信息化和科研信息化的系统和平台，归根结底，都需要以教学课件为典型代表形式而呈现在学生们面前，成为学生感受和体验数字校园强大功能的最重要和直接的媒介物。

简言之，教学课件，既是教师职业专业化水平的体现，同时也是数字校园的核心象征，体现了学校以教学为核心的基本职能。

如此说来，教学课件既然如此重要，那么，以往我们在教育信息化建设过程中的重视程度如何呢？

同样遗憾的是，无论从职前教育，还是职后培训来看，教师的教学课件设计与制作能力都是教师教育的一个明显"短板"。实际上，即使在以培养各学科教师为己任的师范类院校中，学生们也很少接受有关教学课件的设计与制作的专业化学习课程，充其量在学习一些教育学、心理学或学科教学法课程基础之上，再加上一些课堂授课技能训练而已。从这一点来看，与教师的能力评估体系类似，师范教育的课程内容体系，同样也已落后于信息时代的发展要求。

因此，重视和强调教师的教学课件设计与制作能力，不仅是当前数字校园应用的核心环节，同时也是体现教师专业化水平的重要表现，亟待得到关注和重视。更为重要的是，伴随着信息技术的不断发展与变化，教师与教学课件之间，课件开发技术与应用模式之间，也相应处于一个动态发展变化的过程之中。简单地说，教学课件设计与开发技术难度的变化，推动着教师自主课件开发能力的不断提高，进而推动着信息技术革命在校园中的不断深入。

总之，在信息技术革命的时代，充分利用数字校园为教师职业所带来的发展机遇，激发教师的信息技术革命积极性，提高他们的教学技术设计与开发能力，以教学课件作为提高教师专业性的有效手段，将是这个职业面临的一个重要挑战，同时，也更是一个难得的机遇。实际上，本书所探讨的核心主题——微课和慕课，就是这个机遇中最有可能为教师带来职业跨越性发展的要素之一。我们相信，对于教师来说，认识和理解微课与慕课，学会自己动手设计、开发微课和慕课，在互联网上展示自己的教学风采，将有可能为这个职业添加更多时代特征。

# 第二章 教师发展之平台——全国多媒体课件大赛

如第一章中所言,激发教师们信息技术革命积极性的重要措施之一,就是将教学技术设计与开发能力列入教师能力评估体系,使信息技术的教学应用成果与传统的学术成果一样,可以成为教师个人事业提升(职务与职称晋升)的重要依据。教学课件比赛,就是这种推动教育信息化发展理念的现实体现。各种形式、层次的课件大赛,为那些愿意钻研信息技术教学应用的教师提供了一个展示设计成果的平台,实践"以竞赛促应用"的理念。

视频公开课、微课和慕课本质上仍然都属于教学课件的范畴,只不过所采用的技术方案和表现形式有所不同而已,或者说,名称不一样罢了。实际上,无论在管理政策,还是实际应用层面,视频公开课、微课和慕课的制作技术和评审标准等方面,都大同小异,差别不大。譬如,自2013年开始,教育部的全国多媒体课件大赛就专门附设一个分赛场,用于微课的评比。这实际上说明,对于教师来说,无论所设计的数字教学资源的名称是什么,其关键之处,不仅要运用于课堂教学之中,更重要的是,要利用它来展示出教师的教学技术能力,并获得相应的回报——教学奖励。

## 2.1 课件大赛推动教师发展

实际上,在过去几十年的教育信息化建设过程中,以上述思路和想法来组织和实施的各级各类的教学课件比赛数不胜数,应该说都在一定程度上推动了学校教学信息化的普及性应用。这些教学课件比赛中,有学校自行组织的内部比赛,有省市相关教育主管部门实施的区域性比赛,也有少数的由教育部主办的全国性比赛。它们的宗旨、目标、标准和流程等既有区别,又相互联系。但从另一个角度来说,并非所有这些教学课件比赛都能被真正纳入教师的教学与学术成果评估体系之中,而能够真正帮助教师实现职业生涯提升的,则更是少之又少。显然,若想通过这个途径来实现教师的事业发展,并非易事,还需要进一步努力。

出现这种情况的原因是多方面的。比赛自身的合法性、权威性、专业可信度、社会声誉、公众认可度、时间延续性、评比指标的严密性与科学性、比赛流程的公开性及评审的公正性,甚至公众口碑等因素,都可能是影响一项比赛能否被广泛认可和被各级教育行政管理部门纳入教师能力评估体系的重要原因。

尤其是如今的互联网时代,网民的声音、网络舆论是推动一项公共事务改革与前进的重要动力。课件比赛主办方的权威性、可信性、公正性和科学性等因素,都会被毫无保留地公开置于互联网的监督之下,那些符合学校教师需要、能反映教师意愿和对教师事业发展真正有帮助的教学课件比赛,自然会受到教师的支持和认可,竞相报名参加;参赛作品数量众多,课件类型多样,技术水平高,参赛者自会感觉收获大;比赛评审标准严格、科学,评审流程公开与公正,奖项的含金量和专业认可度自然相应提高。诸多因素合而归一,这项比赛的结果就会自然而然地被一级接一级地纳入教师能力评估体系之中:先是被教师所在的院系、学校所认可,然后被地区教育主管部门所认识,最后直到成为一个被整个学校教育系统所广为接受和认可的指标。这时,教学技术设计与开发能力,就会与传统的各种教学和学术能力一样,最终成为教师事业前进的可靠依据,他们在信息技术上的努力与付出,最终得到了丰硕的成就与回报。

若以上述为标准,目前符合要求的教学课件大赛显然为数不多,屈指可数。我们认为,以教育部相关部门组织的全国性教学课件比赛为例,目前有代表性的主要有三种比赛,分别是:教育部职业教育与成人教育司所举办的"全国职业院校信息化教学大赛";教育部教育管理信息中心举办的"全国多媒体课件大赛";教育部中央电化教育馆举办的"全国教育教学信息化大奖赛"。从目前的情况来看,这三个可以算得上是国内教育界最为知名和影响力较大的教学课件大赛,其详细情况见表2-1。

表2-1 教育部主办的三个全国性教学课件大赛情况比较①

| 比赛名称 | 主办机构 | 举办届数 | 2013年度作品总数 | 参赛院校类型与分组 | 参赛作品类别 |
| --- | --- | --- | --- | --- | --- |
| 全国职业院校信息化教学大赛 | 教育部职业教育与成人教育司 | 第3届 | 667 | 中等职业技术院校 高等职业技术院校 | 多媒体教学软件、信息化教学设计、信息化实训教学和网络课程 |
| 全国多媒体课件大赛 | 教育部教育管理信息中心 | 第13届 | 3746 | 高校(理、工、文、医);高职(理、文)和中职;普教(高、初、小、幼) | 多媒体课件 网络课程 微课 |
| 全国教育教学信息化大奖赛 | 教育部中央电化教育馆 | 第17届 | 2748 | 基础教育;中等职业教育;高等教育 | 课件、信息技术与学科教学整合课例、学科主题社区、一对一数字化学习综合课例、精品开放课程和教育教学工具类软件系统 |

当然,从表2-1中也能比较清楚地看出,这三项全国性比赛在所针对参赛院校类别和参赛作品类型等方面具有一定的差异性。例如,以参赛院校覆盖范围来看,由教育

---

① 本表格所引的各项数据均为作者在教育部网站上检索获得,数据截至2013年。

部教育管理信息中心所主办的"全国多媒体课件大赛",它表现得最为广泛和全面。这项比赛的参赛院校数量最多,院校类型和级别最为齐全。它同时还根据参赛作品的专业属性进行了分类,如普通高校分为理科、工科、文科和医科4个组,高等职业院校则分为理科和文科2个组。应该说,这种详细的院校类型与作品类别的划分,为比赛的科学性和公平性提供了较好的保证,毕竟不同院校、不同学科专业的信息技术应用方式有较大的差异性。

不过,若从参赛作品类别的角度来看,中央电化教育馆所组织的"全国教育教学信息化大奖赛"中所接收的类别最多(7类),其次为教育部职业教育与成人教育司所主办的"全国职业院校信息化教学大赛"(4类),最后为教育部教育管理信息中心主办的"全国多媒体课件大赛"(3类)。不难看出,后者的参赛作品很聚焦,只集中于教学课件类作品(单机版多媒体课件、网络课程和微课程),显然其核心对象是学科教师;而前两者则比较分散,既包括课件,也包括教学设计、教学案例、网络社区和软件系统等,其对象比较广泛,既有学科教师,也包括学校和技术类商业开发机构等。

从当前国内教育领域对上述三个全国性信息技术类比赛的反响和社会影响力来看,都得到了教师比较广泛的认同。通常,各级各类院校的管理部门对于教师参加这三个教学课件比赛和所获奖项也都持鼓励、支持和承认的态度。换言之,我们基本上可以认为,这三项比赛的结果,均已成为教师教学能力评估体系中的重要组成部分,可以为教师的职业和事业发展提供一定程度的支持作用。如果要说有区别,恐怕主要在于学校层次上的差异了。

## 2.2 课件设计理念和技术方案变化与发展

若20世纪90年代初作为教育信息化和数字校园建设的起始,在过去四分之一世纪的时间里,国内各种教学课件比赛中,参赛作品在指导思想、教学理念和技术特点三个方面存在着明显的阶段性特点,这是分析参赛课件特点的一个重要依据。正如有学者(何克抗)所强调的,"之所以要强调应从指导思想、教学观念、设计制作方法等三个方面进行回顾与评述,是因为这三方面的因素是决定多媒体课件(含网络课程)质量优劣,即设计制作成败的关键所在。"

在本书中,参照何克抗教授的学术观点[①],将课件比赛划分为"模仿""混合"和"移动"三个阶段(见表2-2)。参赛课件在这三个不同阶段中表现出较为明显的设计理念、应用方式和技术特点方面的差异性。

多媒体课件设计与制作的指导思想,也就是通常所说的"教育思想",它是指如何实施教育的根本指导思想。何教授认为,目前在国际上比较有影响的主要有"以教师为中心""以学生为中心"和以"混合式学习"(Blended Learning)为标志的(国内也称

---

① 何克抗. 全国多媒体课件大赛发展历程回顾与评述 [J],教育信息化杂志,2013(12).

表 2-2　教学课件比赛三阶段发展论①

| 阶段名称 | 指导思想 | 教学观念 | 技术特色 | 代表性工具 | 课件设计者 |
| --- | --- | --- | --- | --- | --- |
| 模仿性阶段（2000年之前） | 主要模仿传统课堂的"以教师为中心" | 以展示性的"传递—接受"方式为主 | 以PPT和电子版教科书为代表、单向性、复制化 | PowerPoint、FrontPage、Html | 主要以电教和教育技术人员为主，教师为辅 |
| 混合式阶段（2001—2005年） | Blended Learning（混合式教学）/"主导-主体" | 有意义传递主导下探究 | 网络化、交互式强、动画与视频展示、强调反馈、虚拟实验、3D技术 | Authorware、方正奥思、Flash、3DMAX、Blackboard、Moodle | 学科教师的作用加强，教育技术人员为辅 |
| 移动化阶段（2006年至今） | 基于"无所不在的学习"教育思想 | "探究式学习"、"混合式学习"、移动学习 | 快捷式设计技术、模板化、视频化、微型化、3D模拟、跨平台移动化 | Adobe Captivate、iClone、Adobe Air、方正飞翔Blackboard、Moodle、U-MOOC、THEOL | 以学科教师为主，各学科教师合作组成课件项目组 |

"主导—主体相结合"）教育思想等三种。教学观念则是从观念形态上对"如何开展教与学"活动做出的最高层次的抽象与概括。教学观念与教育思想一脉相承，有什么样的教育思想，就一定会有与之相适应的教学观念。简言之，教育思想与教学观念是一切教育理论、教学设计、教与学方式、教学方法策略、教学评价、教学管理和教学实践等方方面面赖以形成和发展的基础。以此为基础，还有教学课件的设计制作方法，它涉及多媒体计算机和网络通信为标志的信息技术的各个领域，需要教师接受相关培训并掌握一定的设计方法和技能，才有可能开发出质量较高的课件。

## 2.2.1　模仿性阶段

自进入20世纪90年代以来，随着以多媒体计算机和网络通信为代表的信息技术的迅猛发展，基于这类技术的数字化学习或网络化学习在西方乃至全球日渐流行。由于多媒体计算机的交互性有利于激发学生的学习兴趣和体现学生在学习过程中的认知主体地位，网络通信的诸多宝贵特性有利于实现广大学生创新精神与创新能力以及合作精神与合作能力的培养，这就使人们在相当长的一段时间内认为E-learning这种前所未有的学习方式是人类最佳的学习方式。与此同时，"以学生为中心"也就逐渐成为国际教育界占主导地位的教育思想。

但反观国内，情况则有所不同。自古以来，学校教育一直遵循"师道尊严、为人师表"和"传道、授业、解惑"的古训，"尊师重教"成为我们民族的优良传统。长期的耳濡目染，口授相传，使"以教师为中心"的教育思想根深蒂固地影响着学校的

---

① 本表格内容以何克抗教授的观点为基础，笔者又加入了部分新内容。

课堂，教学课件的设计自然也不例外。

**第一，"以教师为中心的"教育思想**。在国内各种课件比赛中，相应地，就这一阶段参赛课件的设计与制作指导思想而言，其中约90%以上是属于"以教师为中心"的教育思想，另有约10%是属于"以学生为中心"的教育思想。在这一阶段，几乎所有参赛课件的设计与制作指导思想都不太理想，都还存在一定的缺陷。主要表现是利用计算机来模仿传统讲授式课堂教学，由"人灌"变为"机灌"。

**第二，"传递—接受"式教学观念**。如上所述，教学观念是从观念形态上对"如何开展教与学"活动做出的最高层次的抽象与概括。就第一阶段参赛课件的教学思想而言，其中绝大部分是在"传递—接受"式教学观念指引下，课件主要通过PPT文档取代口授、板书，来向学生讲解学科知识，并利用CAI功能突破教学中的重点、难点。不过，也有小部分课件是属于和"以学生为中心"的教育思想相适应的教学观念，即"自主—探究"式教学观念，在这种观念指引下，课件一般不强调对教学内容的讲解，也不关注对教学中重点、难点的分析，而是主要让学生通过自主学习达到对学科知识的初步认识与理解，通过自主探究与小组合作去进一步深化对所学知识的意义建构。

**第三，以PPT为主的课件设计制作方法**。就第一阶段参赛课件的设计与制作方法而言，一般比较简单：课件脚本的设计主要是用传统"以教为主"的教学设计，但往往缺少教学目标分析和学习者特征分析。课件制作则主要是采用基于PPT和CAI的方法，只是把文字教材的章节目录和详细内容转化为电子版，顶多再加上导航和超链接就算是网络课件。单机版课件，那就把主要教学内容转化为PPT文档，然后加上适当的图片和动画就成为多媒体课件。

在课件制作工具上，由于这一时期教师的信息素养和信息技能普遍较低，再加上课件制作工具本身功能的局限性，主要以PowerPoint和HTML为主要制作软件。所以，制作出的课件交互性差，单机版主要用于教师的课堂演示，网络版课件也主要是模仿教科书的版式。

虽然在20世纪90年代末期，Authorware和方正奥思等通用性课件设计软件已经开始进入教学课件设计领域，但当时国内教师使用人数较少，尚未大规模推广应用。

尤其值得一提的是，在这一阶段，课件设计与开发的门槛很高，时间成本和技术成本都很高。从课件设计者的主体来看，专业的电教和教育技术人员是课件设计的主要构成者，他们掌握着课件设计所需要的硬件设备和操作技术，主导着大多数课件的设计与开发工作。而学科教师只是作为脚本编写者、内容提供者和授课表演者参与课件设计工作。因此，整体来看，学科教师在整个课件设计过程中主要处于辅助作用，尤其在技术层面基本没有发言权。这与当时课件制作技术的专业性有紧密的关系。

## 2.2.2 混合式阶段

进入新世纪之后，信息技术突飞猛进，计算机和互联网开始进入普及时期。表现在学校领域，数字校园建设已初具规模，教师的信息技术素养普遍提升。教学课件制作也进入一个新发展阶段。从这一时间参赛的课件看，其教育思想、教学观念与设计制作方法等三方面均有较明显的进步。

**第一，以"主导—主体相结合"教育思想为指导。** 在经历20世纪90年代将近十年的网络教育实践以后，国际教育界通过深入总结开办网络学院的经验并认真吸取这一过程中的教训，终于认识到E-learning作为一种全新的教与学方式，具有传统教学方式所不具备的许多优点，尤其是在激发学生学习的主动性、积极性，便于资源共享、自主探究，有利于创新能力培养等方面更为突出；但是，不可否认的是，E-learning也并非人类最佳的教与学方式，其仍有一些难以避免的不足之处。

例如，在E-learning环境下，比较缺乏学校的人文氛围、学术氛围，难以直接感受到教师的言传身教和优秀教师的人格魅力，更无法实现因材施教。传统的教与学方式尽管有许多的弊病，但也并非一无是处，由于它充分发挥教师在教学过程中的主导作用，能因材施教，因而有利于学生对系统科学知识的学习、理解与掌握，有利于学生打下较坚实的知识与能力基础；另外，刚才提到的关于E-learning的主要不足，则正好是传统教与学方式的优势所在。这就表明，在以E-learning为代表的全新教与学方式和传统方式之间具有很强的互补性。

在这种背景之下，"混合式学习"（Blended Learning，简称B-learning）应运而生。所谓B-learning就是要把传统教与学方式的优势和E-learning的优势结合起来；也就是说，既要发挥教师引导、启发、监控教学过程的主导作用，又要充分体现学生作为学习过程认知主体的主动性、积极性与创造性。目前国际教育界的共识是，只有把这两者结合起来，使两者优势互补，才能获得最佳的教学效果。从B-learning的内涵可见，与国内学者多年来所倡导的"主导—主体相结合"教育思想完全相同。

就第二阶段参赛的作品而言，其教育思想的变化正是表现在有一些课件作者开始能够自觉地运用"主导—主体相结合"的教育思想去指导课件的设计与开发。这是一个明显的进步。

**第二，"有意义传递—主导下探究"相结合的教学观念。** 随着教育思想由"以教师为中心"和"以学生为中心"逐渐转向B-learning，相应的教学观念，也逐渐转向兼取"传递—接受"和"自主—探究"这两者之所长而形成的一种全新观念。

（1）对"传递—接受"式教学观念的改进——要做到"有意义的传递"。所谓"有意义的传递"是指：教师在"讲解学科知识，传授专业技能，并释疑解难"的过程中，即在实施"传递—接受"式教学的过程中，应严格遵循奥苏贝尔的理论，真正做到"有意义的传递"。奥苏贝尔认为，若仅从效果考虑，可以将"学习"分为"有意义学习"与"机械学习"两种类型；而要想实现有意义学习可以有"传递—接受"式和"自主—发现"式这两种不同的教与学方式。他认为这两种方式都可以有效地实现有意义学习，关键是要能在新概念、新知识与学习者原有认知结构之间建立起非任意的实质性联系。反之，如果不能建立起这种"联系"，不仅"传递—接受"方式将是机械的、无意义的，就是"自主—发现"方式也不可能达到有意义学习的目标。能否建立起新旧知识之间的这种联系，是影响学习的唯一最重要因素，因而值得我们高度关注。

（2）对"自主—探究"式教学观念的改进——要实现"主导下的探究"。所谓

"主导下的探究",即"教师主导下的自主—探究",其核心是要将"教师要成为课堂教学的组织者、指导者"改为"教师要成为课堂教学的组织者、主导者"。表面看只有一字之差,实际上含义有很大不同:"指导者"强调的是学习者的自主学习、自主探究以及学习者之间的协作交流,只在必要时教师才进行适当的指导;"主导者"则强调在学习者自主学习、自主探究以及学习者之间进行协作交流,在深化意义建构的过程中,教师仍需发挥主导作用,仍需进行必要的引导、启发、分析、点拨,包括适当的课堂讲授,以便使学生少走弯路、节省时间,能够高效地达到学习目标。

将上述两个教学观念结合起来,就形成"有意义传递—主导下探究"相结合的教学观念。这种新型教学观念有其独特的优越性,但它并非是指上述改进后的某一种教学观念,而是同时包含上述两种改进后的教学观念。

**第三,关于课件设计制作方法**。整体来看,就第二阶段参赛课件的设计与制作方法而言,主要有以下进步。

在课件脚本的设计上,不少课件作者比过去更加重视课件的脚本设计。从教学目标分析、学习者特征分析、教学策略的选择、媒体的呈现方式到评价、反馈等环节,都有较全面、认真的考虑;与此同时,还有部分作者开始能运用"学教并重"的教学设计来进行课件的脚本设计,能够把传统的"以教为主"教学设计与建构主义的"以学为主"教学设计结合起来,使两者优势互补,以达到更理想的设计效果。

在课件制作软件上,Adobe Authorware[①]成为国内教师课件设计与制作的代表性工具,越来越多的教师开始学习和使用这个通用性课件制作软件。从技术特点上看,Authorware是一个基于图标导向式的多媒体课件制作工具,能使非专业人员快速开发多媒体软件成为现实,其图形化的操作界面和强大的功能令教师耳目一新,不懂得编程语言的普通学科教师经过短期培训之后,也能较快掌握。这个工具的突出特点在于,它无需传统的计算机语言编程,只通过对图标的调用,就能编辑一些控制程序走向的活动流程图,将文字、图形、声音、动画和视频等各种多媒体项目数据汇在一起,就可达到多媒体课件制作的目的。

同时,教师也开始学习和采用一些国内的课件制作软件,方正奥思[②]是其中之一。通过方正奥思,教师能够将文本、图片、声音、动画、影像等多媒体素材进行集成,使它们融为一体并具有交互性,从而制作出丰富多彩的各种多媒体课件。它具有很强的文字、文本、图形编辑功能,支持多种媒体文件格式,提供多种声音、动画和影像

---

[①] Authorware 最初是由 Michael Allen 于 1987 年创建的公司产品之一。1992 年,Authorware 与 MacroMind-Paracomp 合并组成 Macromedia 公司。2005 年,Adobe 与 Macromedia 签署合并协议。不过,2007 年 8 月 3 日,Adobe 宣布停止对 Authorware 的开发计划。Adobe 公司给出的理由是:由于科技日新月异,电子学习与传统学习模式的界线变得愈来愈模糊。所以,现在学习管理系统已不再适用,反而应该着眼于推广其他可以让教学人员可以作快速学习的工具,如 Acrobat、Acrobat Connect、Captivate 等软件。

[②] 方正奥思多媒体创作工具(Founder Author Tool)是北大方正技术研究院研制的一个可视化、交互式的多媒体课件创作工具。其1.0版本于1996年初推出并上市,1998年10月奥思3.0版本推出。2000年6月,基于新框架的第一个版本问世,针对教育领域增强了很多的功能,并命名为"奥思教育快车2000"。在2000年11月,正式推出了方正奥思多媒体创作工具5.0。2001年7月推出了方正奥思多媒体创作工具5.1版。2002年8月26日正式发布了方正奥思多媒体创作工具6.0版。此后,由于公司商业运营等原因,方正奥思停止更新,再未推出新版本。

播放方式，提供丰富多彩的图文过渡方式和动态特技效果，并具有许多集成和交互能力。但遗憾的是，自 2002 年之后，这个软件停止版本更新。

此外，在这一阶段中，教师也开始逐渐探索各种 Flash 动画、3D 模型软件及一些学科专用软件（几何画板、仿真物理实验室和 Model Chemlab 等）的应用，并用来设计和开发参赛课件。更值得注意的是，随着网络教育的不断发展，各种课程管理系统[①]或学习管理系统也出现在学校教学中，在一定程度上降低了教师的教学信息化的技术成本，推动了数字校园的发展。

在混合式发展阶段，伴随着课件设计技术难度的不断降低，学科教师在课件设计过程中的角色开始发生变化，其地位和作用不断提高。尤其是随着各种模板化技术的逐步成熟，越来越多的课件设计工具的技术操作难度大幅度降低，相关硬件设备成本不断下降，如计算机、数字摄像机和数码照相机的普及应用，这使得部分学科教师在某种情况下，甚至可以自主设计和开发教学课件，而不必受制于电教或教育技术人员。这一变化，为教学信息化应用的推广与普及打下了初步基础。

## 2.2.3　移动化阶段

以上两个阶段为基础，自 2006 年以后，课件设计开始进入移动化阶段，国内参赛课件在教育思想、教学观念和设计制作水平上都有较大幅度的提升。在这一阶段，伴随着移动互联网的迅速发展和各种智能化移动设备（如智能手机、平板电脑等）的不断普及应用，在混合式教学思想的基础之上，移动学习（Mobile Learning）和"无所不在的学习"（Ubiquitous Learning）等教育思想也开始成为教学课件设计的重要发展方向和理论依据。在教学观念上，虽然展示性课件仍然为数不少，但探究式学习和自主学习也正在成为课件应用的重要方式。

在课件设计的指导思想上，课件的交互性、视频化、微型化、移动化和 3D 化成为突出特点，极大地丰富了参赛课件的表现形式，课件设计真正进入了多样化发展时期。

**第一，课件的交互性不断增加**。所谓"课件交互性"（Interaction）是指课件所具备的双向信息传递性功能，即课件不仅可以向学习者演示信息，同时还能够接受学习者所传递来的一些控制信息，并做出相应的反馈。通常，课件交互性的强弱反映了学习者在使用课件时的主动性程度：主动性越高，学习者的学习积极性也就越强，课件的使用效果也就越好。因此，正如操作系统的人机交互功能是决定计算机系统"友善性"的重要因素一样，课件的交互性也是衡量其教学可用性的一个重要标准。

**第二，视频化，尤其是交互视频化**，也正在成为课件设计技术的一个重要发展方向。所谓"交互式视频"是指通过各种技术手段，将交互体验融入传统线性播放式视

---

① 课程管理系统（Course management system）是推动计算机化学习或在线学习的一种计算机程序，特别是通过帮助教师和学习者进行课程管理。这样的在线学习系统也叫做学习管理系统（LMS）、虚拟学习环境（VLE）。简单地说，课程管理系统就是为课程建立网站，教师可以在其上发布课程大纲、教学计划以及每堂课的教学内容，布置作业，批改作业，公布学生成绩。课程管理系统往往还为课程提供一些通信工具，如讨论组、聊天室，支持这门课程师生之间的交流。好的课程管理系统还会采集学生学习时的一些习性信息或做些数据统计，以便教师了解学生对课程内容的喜好，了解学生的用功程度，学习上是否有困难等。

频，从而使它具有一定双向互动效果的新型视频。它的风靡起源于2005年，随着当时宽带接入速度的提升和多媒体播放技术的成熟（主要是Flash），交互式视频越来越多。最初主要是由广告商赞助的广告视频，借用各种新奇的交互方式来吸引人们点击观看。发展到如今，已经诞生了各种专门设计制作交互式视频的公司，甚至个人也可以很方便地在YouTube上制作交互式视频。

交互式视频可以大致分为三类：一是可定制式。这一类的互动视频允许用户在观看时调整一些视频的变量元素，但是视频本身仍然是线性的，这使得每个人看到的视频都一样，又都不一样。最基础的体验是在视频观看时，鼠标移到某物件上能显示该物件信息的标签（tag），这招最常见的就是被用作服装导购。第二类是会话式，指用户可以类似会话的方式直接参与改变视频的顺序甚至结果，视频可以不再是线性的了，视频的设计者准备好多个结局和段落，让观看者自行选择。第三类是探索式，顾名思义，探索式的互动视频一般只提供很少提示，让用户在视频中自行摸索可交互的点和交互方式。这类视频一般会采用现实生活中的场景，在用户操作前，会一直循环播放场景，直到用户发现了交互点，才会继续播放下去。这种交互视频在课件设计中的应用，大大加强了课件的吸引力，对于提高学习者的兴趣有一定帮助。

第三，微课正在成为课件设计的一个备受关注的新生事物。如前所言，当前大家所说的"微课"，实际包括两种基本涵义：一是"微课程"，二是"微课件"。通常情况下，大家所说的"微课"主要是指"微课件"。而从设计上来看，笔者认为，"微课件"是一种基于学科课程的核心内容（难点或重点）设计而成的，注重即时反馈的微型化在线交互式视频课件。其基本特点是：视频化、简洁化、反馈性，交互性。从微课的类型上来看，可分为两种：单播式微课和交互式微课。后者与上述的交互式视频在技术上具有相通之处，强调在视频播放过程中让学习者能够选择路径，强调学习者的参与性。实际上，从技术上来说，目前高校中炒作得很热的"大规模在线开放课"（简称MOOCs，慕课）就是以微课形式设计而成。

第四，移动化同样也是课件设计的发展趋势之一。显然，课件制作的这个发展潮流是当前无线移动互联网（3G和Wi-Fi）迅速发展和移动终端（智能手机、平板电脑等）逐渐普及的必然结果。同时，移动学习在教育领域的兴起，也对课件的移动化设计起了重要推动作用。在这种趋势指引之下，以往主要适用于PC计算机播放的教学课件开始向移动电子设备延伸，以往主要应用于Windows系统下的课件开始向Android和iOS拓展，教学课件的跨终端、跨平台的设计思想开始流行。相应地，一些著名的课件设计工具也顺应了这种发展潮流，开始提供相应版本的制作平台和软件，例如Adobe AIR和方正飞翔等。

第五，3D立体化和虚拟现实技术，开始成为教学课件设计最引人瞩目和最具有发展前景的方向。教学课件的3D立体化主要分三大部分，即3D建模技术、3D显示技术和3D动画技术。最典型的应用方式是3D Flash。3D Flash，也被称为"三维Flash"，是指基于Flash Player播放器播放的，且具备交互功能的实时三维画面。这种三维Flash是利用计算机图形学技术，将需要展示的物品在计算机中先进行逼真的三维模拟运行演示（也可通过数码照片来合成），然后再通过专业软件压缩转换成一个完全适合在网页上流畅运行的 Flash 文件。其次是 3D 动画（三维动画）在教学课件中的应用。目前比较适合学科教师使用的 3D 动画设计软件主要有 CrazyTlak、iClone 和 Eon Creator 等。第三是 3D 显示技术，就是把建立的三维模型描述转换成人们所见到的图像，也就是把课件设计中的 3D 动画和视频制作为 3D 成像输出。无疑，将 3D 技术应用于教学课件设计，开创了课件设计的一个全新的领域，对于今后提高课件的设计和应用效果将会有很大帮助，因此也是未来教师教学技术设计和开发能力培训的一个重点发展方向。

**最后，尤其突出的是，"快课"式理念已成为越来越多的课件开发软件的显著技术特点。**所谓"快课"（Rapid E-learning），就是为便于用户尽快掌握使用方法，降低软件操作的难度和复杂度，而采用旨在提高设计与开发效率的一种软件工程理念。如图 2-1 所示，采用这种理念而开发的课件制作软件，其基本特点是模板化，即将一些常用的功能事先设计为半成品式的模板，在此基础之上，用户可方便地对模板外观进行定制化修改，如文字、主题颜色、多媒体素材（图片、动画和视频等），这样可有效降低开发的难度和节省开发时间。

**图 2-1　快课式设计和开发技术**

快课式设计理念在课件开发软件中的广泛应用，为有效降低这些设计工具的操作难度和掌握成本，为越来越多的普通学科教师直接参与到教学课件设计之中，打下了坚实的技术基础。目前常用的通用性课件设计软件 Adobe Captivate[①] 和 iClone[②] 都属于此类工具之列。

总之，通过以上对教学课件比赛和设计技术三个阶段的介绍，我们不难发现，总体来说，信息技术的不断进步，为教学课件的设计带来了持续不断的发展空间。通用性课件制作工具的发展，为教师的教学信息化提供了越来越多的技术选择和创新应用

---

① 有关 Adobe Cpativate 7.0 相关内容，请参阅赵国栋. 微课与慕课设计初级教程［M］. 北京：北京大学出版社，2014；有关 Adobe Cpativate 8.0 相关内容，请参阅赵国栋. Adobe Cpativate 8.0 交互式视频课件设计教程［M］. 北京：北京大学出版社（待出版）。

② 有关 iClone 相关内容见本书第六章。

空间，从最简单常用的 PowerPoint 开始，到目前的 Adobe E-learning Suit，再到各种基于 3D 的 CrazyTalk 和 iClone 等工具；硬件设备，从传统的 PC，到 PDA，再到平板电脑和智能手机，这些技术的进步，都为教学课件的创新提供了源源不断的推动力，也为教师们在信息时代实现自己教师事业生涯的跨越性发展，提供了更多的选择途径。

## 2.3 全国多媒体课件大赛概述①

正如笔者在导言中所一再强调的，教学课件是数字校园中连接信息技术与教室的最重要的一个桥梁，同时，也是网络时代能够让教师将自己的教学跨出教室，开创个人事业发展新阶段的一个重要中介要素。要想实现这个目标，教学课件比赛扮演着极其关键的角色，它能为教师的教学技术成果提供一个广阔的展示平台，为教师的教学技术创新性应用提供持续不断的动力。

这里，考虑到参赛课件作品的代表性和广泛性，下面笔者将以教育部教育管理信息中心主办的"全国多媒体课件大赛"为案例，来介绍这项教学课件比赛的发展状况、参赛流程、比赛规则、注意事项和培训组织等情况，供教师参考。对于这项课件比赛的作用，我国著名教育技术专家何克抗教授认为，"十多年来，全国多媒体课件大赛在全国各类院校中产生了很大的影响，为我国高校教学的深化改革与教学质量的提升作出了重大的贡献。"② 可见，这项比赛在国内具有相当的代表性，值得教师积极参与。

### 2.3.1 大赛近年发展概况

由教育部教育管理信息中心主办的"全国多媒体课件大赛"创始于 2001 年，迄今已举办 13 届。可谓是国内教育领域为数不多的举办时间最长、奖项级别最高和学术影响力最大的课件比赛之一。根据大赛官方的文件，其基本宗旨是："为推动全国各级各类学校教学理念和方法的更新，推动现代信息技术、网络技术在教学中的应用；充分挖掘各地教育教学单位的优秀课件成果，提高学科教师的课件制作水平，探讨和交流现代教育技术在实际教学中的应用与推广，进一步改进教学方法，提高教学质量。"

自举办以来，这项大赛就秉承"公正公开、引领先进"的原则，每年在全国范围内面向各级各类院校教师和信息技术人员征集参赛课件，并邀请现代教育技术领域和各学科知名专家进行评审。通过权威的专家评审，遴选出一批好的作品，进行表彰和奖励。通过大赛推广新的教学理念与教学方法，提高广大教师应用信息技术进行课程整合的能力。

多年来，全国多媒体课件大赛得到各级教育行政部门和各级各类院校的高度认可，

---

① 教育部教育管理信息中心. 深化高校教学改革引领教学观念变革——第十三届全国多媒体课件大赛综述 [J]，教育信息化杂志，2013.12.
② 何克抗. 全国多媒体课件大赛发展历程回顾与评述 [J]，教育信息化杂志，2013.12.

部分学校以校赛、省赛和全国赛为平台，积极促进教学改革，对评出的优秀课件给予配套的经费与政策支持。大赛获奖不仅成为学校教学信息化成果的证明，同时也作为教师教育技术应用水平的重要参考依据。尤其是近五年来，参赛学校数量逐年增加，从图 2-2 中可以看出，高教职教和普教全国参赛的课件数量，都呈逐年上升趋势，从 2008 年的 1207 件迅速增长到 2013 年 3746 件，每年的增幅稳定在 20% 左右。到 2013 年达到了高教职教组（含微课）参评课件 2261 件，普教幼教组参评课件 1485 件。

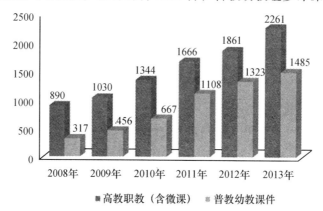

图 2-2　2008—2013 年参赛课件数量变化情况

与此同时，近五年来参赛院校数量和参赛教师数量也呈现出逐年增长的趋势（见图 2-3），从 612 所增长到 1403 所；2013 年参赛教师总数达到 15108 人次（见图 2-4）。

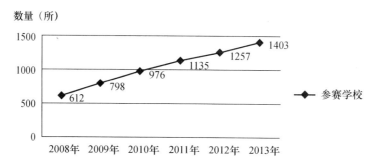

图 2-3　2008—2013 年参赛学校数量变化情况

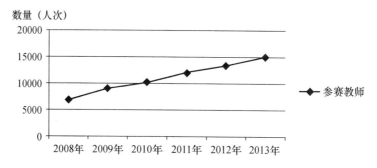

图 2-4　2008—2013 年参赛教师数量变化情况

从历届大赛的总结来看，参赛课件的质量也有了很大的改变。例如从注重资源建设转向注重教与学的活动设计，演示型课件从注重展示转向注重概念交互、思想交互乃至于情感交互、灵感交互，网络课程学习活动特征由顺序学习转向关注学习者的碎片学习，学习目标注重学习者的即时目标，技术应用方面也由微软 Windows 系统一统天下转向 Android、iOS，支持泛在学习，移动学习的作品已经很普遍等。同时在选题内容、艺术性等方面也更加深入细致。

这些都反映出多媒体教学课件设计思想和技术的应用价值取向逐渐向个性化、真正为学习者服务，以学习者需求为中心，设计学习活动即推送学习资源等方向和目标努力发展。在大赛的引领下，越来越多的院校和教师在教学理念和教学模式方面进行了改变，在技术实现上进行了探索，朝着多元化、开放化方向发展，不断为教育信息化增添新的力量。

## 2.3.2 大赛组织方案及参赛流程

从组织方案来看，全国多媒体课件大赛每年从 3 月份就开始向全国各级各类教育行政管理部门和学校下发参赛文件，启动参赛课件的征集工作，见图 2-5。目前，参赛课件的征集工作主要有两种渠道：一是由各省相关教育管理部门统一组织报送，二是由学校或教师个人直接报送。

图 2-5　全国多媒体课件大赛相关通知与文件

为进一步扩大多媒体课件大赛在全国的影响力，完善大赛的组织管理形态，大赛组委会建立了全国指导委员会，负责对大赛进行全面的指导和监督；下设的大赛组织委员会，负责具体的组织工作；有条件的地区设立了赛区指导委员会，负责本地区大赛的组织工作。在全国范围内先后有河北、内蒙古、辽宁、吉林、黑龙江、浙江、湖南、广西、海南、重庆、四川、陕西、宁夏、新疆等省、自治区、直辖市的教育行政部门参与，并分别以分赛区选拔、直接报送、转发大赛通知等形式组织了大赛活动。

省厅通过对内各级各类教育机构下发大赛通知，在规定时间内做好课件的收集、整理工作，并在省内组织专家对征集的课件进行初评，在省内对获奖课件进行表彰，同时把选拔出的优秀课件上交到大赛组委会，大赛组委会再对课件进行复审工作。各级教育行政部门和各级各类院校通过课件大赛的平台，引导参赛学校和教师研究、了解新技术的发展趋势，新技术与现有教学平台相结合的最新应用，提升学校的信息化教学理念，实现创新型教学，促进教师专业发展。

近年来，在多年丰富的比赛经验基础之上，大赛组委会不断在赛事管理流程、评审标准、比赛流程、赛前培训和课件共享等方面进行探索和改革（见图2-6），有效地提高了大赛的水平和学术影响力，为参赛教师提供了越来越完善的培训和支持服务，扮演着信息时代促进教师以赛出成绩，以赛出名师的重要作用。

**图2-6　课件大赛的组织和参赛流程**

**第一，基于网络的专门管理系统有效提高了大赛的管理效率。**为能让大赛的管理更加科学化、规范化、透明化，组委会专门开发了大赛管理系统，对大赛的信息发布、参赛报名、赛区管理、评审过程监督、获奖名单公布等的工作进行网络化管理。以往参赛学校和个人使用电子或纸质参赛回执表作为参赛单位信息和课件信息的报名登记方式，虽然大赛组委会制定了严谨规范的报名工作流程及ACCESS数据库，但仍有大量数据需要人工录入和修正，耗时且规范性难以提高。大赛管理系统的应用很好地解决了这一问题，从而组织单位填报的信息更加全面细致，参赛学校的管理更系统，参赛教师的信息更加准确，使得大赛管理变得高效、快捷、规范。值得一提的是，大赛组委会针对参赛教师的需求，在大赛管理系统上专门设计了"历届回顾"这一板块，对历届获奖课件进行展示。这一功能既满足了一线教师对优秀课件的需求，又能为大赛成果进行积累和展示，有效宣传了大赛。

**第二，不断根据学校需求和技术发展来调整参赛课件类别和评审标准。**自2005年以来，随着课件报送数量的增多，组委会在比赛分组方面进行了多次调整，以适应比赛形势发展的需要。大赛举办伊始，课件只分为：高教组、职教组和普教组。随着课件数量的不断增加，高教组和职教组进一步分别分为文科组和理科组两组；普教组分为小学组、初中组和高中组。而后高教理科组又分为理科组、工科组、医学组；文科组又按照史政经和语言、艺术设计分成两组。同时，近年新技术不断涌现，移动设备不断更新，教学方式也发生了变化，大赛与时俱进，针对高教和职教参赛教师新增加了微课程组，普教组新增加了幼教组。不断细化的分组使得参赛课件能够在更公平的环境中进行评比。

大赛评审标准的科学性和先进性是影响整个大赛水平的关键因素，是整个大赛的核心和指南。大赛最初的评估标准是在大赛评审组组长，北京师范大学何克抗教授的指导下起草，评审专家委员会共同讨论制定的（见表2-2）。评审标准的每个指标的权重分配都是经过专家反复讨论，科学计算得出的，以保证其科学性、规范性。为保证其先进性和科学性，大赛组委会每年会组织专家对大赛标准进行修订。大赛的实践表明，评审标准可以有效地提高大赛的规范化，提高教师专业化水平，加强信息技术与课程整合的深度融合。

表2-2 全国多媒体课件大赛评审标准（简版）

| 一级指标（分值） | 二级指标（分值） | 三级指标（分值） |
| --- | --- | --- |
| 教学内容（20） | 科学性、规范性（10） | 科学性（5） |
| | | 规范性（5） |
| | 知识体系（10） | 知识覆盖（5） |
| | | 逻辑结构（5） |
| 教学设计（40） | 教学理念及设计（20） | 教育理念（10） |
| | | 目标设计（5） |
| | | 内容设计（5） |
| | 教学策略与评价（20） | 教学交互（5） |
| | | 活动设计（5） |
| | | 资源形式与引用（5） |
| | | 学习评价（5） |
| 技术性（25） | 运行状况（10） | 运行环境（5） |
| | | 操作情况（5） |
| | 设计效果（15） | 软件使用（5） |
| | | 设计水平（5） |
| | | 媒体应用（5） |
| 艺术性（15） | 界面设计（7） | 界面效果（3） |
| | | 美工效果（4） |
| | 媒体效果（8） | 媒体选择（4） |
| | | 媒体设计（4） |
| 加分（2） | 应用效果（1） | |
| | 现场答辩（1） | |

如表2-2所示，评审标准有四个一级指标：即教学内容、教学设计、技术性和艺术性，并针对现场评审设有加分项。"教学内容"包括的二级指标由科学性、规范性和知

识体系构成。"教学设计"包括二级指标教学理念及设计、教学策略与评价构成。"技术性"包括的二级指标由运行状况、设计效果构成。"艺术性"包括的二级指标由界面设计和媒体效果构成。每个二级指标相应细化三级指标,通过指标说明对评审标准的分值进行描述。

  第三,规范严谨的比赛流程保证了比赛结果的科学性和公平性。目前,课件大赛分为初赛、复赛和现场决赛三个环节。相对应的评审工作分为初审、复审、现场评审。评审工作是大赛的核心环节,为此大赛设有评审专家委员会。评审专家委员会是由北京大学、清华大学、中国人民大学、北京师范大学、北京航空航天大学、中国传媒大学、南开大学、首都师范大学、北京建筑大学、天津师范大学等国内著名高校的教育技术领域及学科领域的专家组成。为保证评审过程和结果的科学性和公平性,每一组的评审专家都是由来自不同高校的学者组成,通常是由教育技术专家、教育学专家和相关学科专家组成。这样,在给每一个参赛课件评分时,专家们都是从不同的视角来进行评审,保证了结果的科学性和公平性。

  在初审环节,主要是对报送至大赛组委会的参赛课件进行资格审定、技术测试和思想内容审核等。复审环节则是对通过初审的参赛课件进行复赛评审,通过复赛成绩排序按照一定比例圈定各组入围决赛的课件。最终经过初审和复审的课件可以参加北京的现场比赛环节。

  现场决赛是大赛的决定性环节,也是大赛整个流程中的最吸引人之处。在某种程度上,现场决赛是为全国各院校和各学科专业的教师提供了一个既竞争又学习的平台。它采用现场演示、现场打分并公布成绩的形式进行。现场评审的每个分会场都由四位评审专家,两位记分员、一位主持人、一位技术支持人员组成。每位参赛作者的演示时间为 5 分钟,演示结果后随即由四位评委当场严格按照评审标准打分,平均值作为课件的最终成绩并当场公布。比赛结果出来后,各组评委分组讨论根据一定的比例确定一、二和三等奖的获奖名单。同时,为鼓励那些在某一方面有突出表现的课件,每个参赛组还单独设"最佳教学设计奖""最佳创意奖""最佳艺术效果奖"和"最佳技术实现奖"。根据现场决赛的成绩,获奖名单最终确定之后,每位评委在获奖名单上签名后提交大赛组委会。

  第四,以大赛为基础推动获奖课件更广泛的共享和应用。为切实推进教育信息化,促进现代信息技术在教学中的应用,大赛组委会还进一步通过"全国多媒体课件大赛"面向全国高等教育机构,征集优质课件和素材,搭建了全国高校教学资源平台——优课网[①](如图 2-7 所示)。

  作为一个优质教育资源共享的平台,"优课网"以历届全国多媒体课件大赛各学科获奖课件为基础,现已建成优质课件库和教学素材库,收录数千门课件和五万余个教学素材。依据学科知识体系及技术表现形式,将资源划分为五大门类、六十二个学科、十几种素材类型。用户可通过互联网直接下载使用。为方便学校对资源进行有效管理以及教师对资源的便捷使用。平台采用会员制,特别针对学校、院系推出了团体会员

---

① 优课网的网址是:http://www.uken.cn/.

第二章 教师发展之平台——全国多媒体课件大赛

图 2-7 优课网首页

制。团体会员单位内的所有教师都可以通过"优课网"下载自己需要的课件素材资源。目前共有 500 所学校已经成为平台的试用会员,使用效果得到了教师的广泛好评。对于教师个人在"优课网"注册成会员,也可以获得一定的免费积分,通过平台提供的多种搜索方式,找到并下载自己需要的课件资源。

第五,遍布全国各地的课件培训基地为参赛教师提供了多样化和强有力的技术支持。以比赛促进技术的教学应用,以比赛实现教师的事业进步。虽然全国多媒体课件大赛作为一种竞赛、选拔的形式,遴选出很多优秀的课件作品,但全面提高教师信息技术应用能力,进而为教师的个人事业发展提供一个强有力的平台和桥梁,这才是办赛的最终目的。因此,在举办比赛的基础之上,全国多媒体课件大赛组委会还充分利用强大的专家技术资源和长期积累的丰富课件资源,在全国各地积极开展多种形式的教师信息技术和课件设计与制作技能培训。

"全国教师信息技术培训项目"(简称 TITT 项目),这是基于上述目标而启动的一个为课件大赛服务的教师培训项目。为进一步扩大教师的培训规模,提高课件培训的质量,在总结以往教师培训经验的基础上,2012 年教育部教育管理信息中心正式启动该项目。TITT 项目的实施原则是"引领先进,倡导高效"。在教育技术专家所制订的计划基础之上,根据教师教学的需求,设计、制定培训内容;面向不同层次的教师进行分层级教学,统一课程、统一专家、统一教材、统一认证。TITT 项目还将通过最近开通的 www.tel-edu.org 网站(见图 2-8),为参与培训的教师提供在线报名、线上答疑的服务。自启动以来,TITT 项目获得了社会各界的大力支持,截止到 2013 年 11 月在北京、上海、江苏、河北、山东、四川、陕西、广东、江西、辽宁等地建立了十二家基地,培训规模万余人次。

图 2-8 "全国教师信息技术培训项目"（TITT）网站

## 2.4 参赛建议

作为教育技术研究者，笔者多年来一直从事课件设计技术的培训与研究工作，同时也以大赛评审专家和培训专家的身份经常与参赛教师们交流。期间，笔者亲眼目睹了许多教师通过课件比赛的成功进而在个人事业发展中实现跨越性的发展，也看到一些机遇从参赛者指缝中令人遗憾地流失，使人感慨良多。实际上，编写这本书的一个重要目标，就是希望能有机会将这些成功者的经验和失败者的教训与更多教师分享，让更多的教师通过课件大赛来扩大自己的教学影响力，实现自己的理想。通过过去十多年的实践，笔者认为，在参加课件大赛之前，教师应该首先了解一些信息，做好一些准备，有备而来，有的放矢，方可达到事半功倍之成效。与此同时，学校管理者，尤其是主管信息化工作的领导，也应统筹规划，为教师的参赛提供多方面的支持。因此，向准备参赛的学校及教师提出以下建议供参考。

**第一，由学校主管教学信息化工作的领导出面来组织课件大赛的参赛工作，是最理想的方式。**以往参赛的获奖情况表明，由相关部门牵头来组织教师参赛的学校，其获奖的可能性要远远高于教师以个人身份参赛。原因很简单：一是学校组织参赛时通常都会组成一个合作团队，人员多、力量大，其所能动员的资源和技术力量要远远高于教师个人参赛，能够获得在制作经费、设备和相关软件等方面的大力支持；二是学校参赛时通常都会内部进行各种形式的挑选或选拔，反复修改和完善，最终选送那些设计独特、制作精致和技术水平高的课件去参赛。第三，也是最重要的一点，当学校出面组织参赛时，经常会专门组织各种形式的教师信息技术技能培训活动，包括课件设计、视频拍摄等相关内容。这使得参赛团队的教师在课件设计和制作过程中能够获得全方位的发展，无论从教学理念、教学方法，还是技术操作上，都得到系统的提升。这真正起到了"以比赛促进教学改革，以比赛促进教师发展"的目标。这些做法和经验，值得各学校管理者借鉴。

**第二，参加课件大赛时尽量以团队形式参赛，邀请不同学科和技术特长的教师参与课件选题与设计。**通常，课件大赛作品的作者人数最多可允许并列5~8人，因此，建议教师们在决定参赛之后首先要做的一件事，就是组成一个设计团队。团队成员应至少2~3人，最多可以5~8人，其中可有1名教学经验丰富的骨干教师作为团队领导者，由他负责向学校争取各种资源支持，获得学校层面的支持，这对于整个团队的发展很有帮助。同时，再加上若干名技术水平较高并愿意钻研各种软件技术的年轻教师，由他们负责各种新软件、新技术的使用和操作。如果可能，最好也邀请本校的美术或音乐教师参加，他们的美术音乐素养对于提高课件的美工水平将大有帮助。显然，这样一个课件设计团队，不仅在课件主题的选择和教学设计上有其独到之处，同时在技术和美工方面也将别具特点，将很容易在比赛中脱颖而出。此外，这个团队的另一个好处，就是还能起到"传帮带"培养年轻教师的作用，对他们的快速成长将大有帮助。这也会充分体现上述利用信息技术来实现教师职业发展的理念，很值得推广。

**第三，在参赛课件选题时，要选择适合于技术表达的课件设计主题。**技术不是万能的，它有自己的局限性。同样，教学课件也并非适合表达所有学科的全部内容。因此，在为参赛课件选题时，应该尽量选择那些适合用信息技术表达的学科或教学内容。通常情况下，比起数、理、化等理工科的教学内容来说，人文、社会科学的教学内容更容易用通用性课件工具表达出来。因为后者基本上都可以用文字表达出来，而前者则涉及公式、图表、模型等，需要各种专业工具的支持才能实现。实际上，即使在同一学科内部，不同章节的内容在课件表现的技术难易和效果等方面，同样也存在着较大差异性。在这种情况下，教师就必须事先多方面、多角度地认真考虑课件的选题内容，反复斟酌，深思熟虑，再做出决定。对于初次参加比赛的教师来说，笔者的建议是，切忌试图将整门课的内容都做成课件并参赛，试图以数量来取胜。这种选题在制作时耗时费力，内容庞杂，重点不突出，教学应用效果不佳，参赛也很难吸引评委的眼光，因此最终很难取得好成绩。

**第四，在课件设计时，要选择恰当的制作技术与设计软件，跟上信息技术发展的步伐。**从根本上说，课件设计首先是一项技术活儿，其次也是一个精细活儿。所以，选择恰当的课件设计技术或工具，是影响课件能否在比赛中成功的一个重要因素。虽然评委们在评审时并不以课件的制作技术或工具作为唯一的依据，但至少是一个重要的依据。因此，通常情况下，课件制作的工具越普及和简单，课件的最终得分相应就越低。例如，PowerPoint 目前已经是一个最为普及的课件制作软件，它所制作的课件，除非在美工设计、展示界面和动画效果上能达到 Flash 的水平，否则就难拿到高分。另一方面，一些3D或VR（虚拟现实）类制作工具所制作的课件，由于其制作难度和工作量等方面的原因，其得分通常都会高一些。还有，通用性课件设计工具选择的恰当性，也会直接影响到课件的设计质量和水平。可以想象，若所采用的设计工具多年之前就已被淘汰，在信息技术日新月异的今天，所设计出来的课件技术水平可想而知。

当然，上述只是评审的基本原则。课件的最终得分，还在于技术与教学的整合程度，而不单纯在于制作技术性。

**第五，设计课件时，重心要放在"质"而非"量"上，以质取胜，以原创取胜。**课件比赛中教师有一个常见的误区，就是认为所提交课件的数量越大，就越有可能得分高。实际并非如此，课件的质量、原创性和独特性，才是得高分的主要根据。以网络课程为例，有些设计者在自己的课程网站中收集了大量的图片、文档、视频等资源，看起来资源非常丰富。但实际上，这些资源一眼就能看出是从互联网上下载而来，很少是原创作品。在这种情况下，课程网站就变成了一个"大杂烩式的资源库"，既缺少教师自己的原创作品，同时也无法提供其教学实际应用的数据，这样的课件很难获得高分。虽然并不排斥借用现有的网络资源，但在评委眼中，教师自己设计和制作的课件，即使再简单，也体现了教师的原创性，是值得鼓励的；教师自己设计的素材，即使在美观和精细程度上要差于网上现成的素材，但仍然是值得鼓励的。因此，从这一点上来说，课件内容的"量"并非是关键，关键在于"质"。

**第六，参赛课件的"多媒体性"是其得分的重点所在，充分发挥音视频材料的重要作用。**课件并非纸质教案，它能够以丰富多彩的形式展示出多化性的教学素材和内容，这是任何传统面授教学都无法比拟的。所以，在课件设计时，设计者应时刻铭记在心的一些设计原则包括：尽量用多种形式来展示教学内容，通过吸引学生的注意力来实现学习动机的提升。例如，视频呈现、交互操作、分支设计和及时反馈。同时，课件设计的色彩、色调协调性，素材的精美性，互动设计的精巧性和导航指示的明确性，都是评委们在评审课件时重点考察之处，值得提高下工夫准备。近年来，伴随着微课和慕课的盛行，微视频类的应用数量在课件大赛中呈快速上升趋势。然而，许多参赛教师错误地将微课理解为"时间短的微小型视频"，所提出的部分参赛微课设计水平低，制作粗糙，很难获奖。原因就在于，他们只是将原来的教学视频切割为短小视频片断后就匆忙参赛，为"微"而"微"，为视频而视频，缺乏交互设计，自然很难获得理想的结果。

**第七，现场决赛要事前精心准备，团队人员的分工要明确，现场汇报的重点突出。**在课件比赛中，参赛教师常见的另一个误区是，将现场决赛的课件演示环节误认为是授课。这种误解的结果是，许多教师未充分和高效地利用这短短的5分钟来展示出参赛课件的特色和亮点，最终导致成绩不理想。教师需要清楚认识到的是，现场决赛的5分钟，主要是用来展示参赛课件的主要功能、技术亮点、突出特色和教学应用效果，而绝不是用这5分钟来上一堂课。所以，时间的短暂性和内容的复杂性，要求参赛教师在赛前一定要进行汇报内容的"排练"，而且必须是计时性排练。如果有可能的话，建议提前准备讲演稿而非现场发挥性讲述。只有这样，才有可能在所规定的短短5分钟之内，将一个复杂的课件从教学设计、技术特色到应用效果有条不紊地介绍清楚，并给评委们留下深刻的印象。

最后，笔者认为在参赛时最为重要的一点，是在参加课件大赛的整个过程中，不仅要抱着去竞争和获奖的目标，同时还应抱着向其他参赛同行学习的念头。要看一看和学习其他学校、其他教师或其他学科在教学信息化上的新理念、新做法和新思潮，取长补短,相互学习。实际上,在每年的多媒体课件大赛的决赛现场,来自全国各地的各级各类院校的教师聚集一堂,用各种技术、各种方法和各种媒体来展示自己在教学信息化上的新理念、新方法和新课件,这本身就是一个极其难得的学习机会。参赛教师可以从中学到很多在其他场合和培训中都无法获得的新方法和新思路,再与自己的教学经验与学科背景相互结合,设计出新的课件成果。若参赛者都能抱着这样的态度来参赛,那么,无论获奖与否,奖项级别高与否,都可收获多多,满载而归了。

# 第三章 微课与慕课技术解决方案——IVC

信息技术日新月异，教学课件的设计方法也随之不断升级、更新。更重要的是，课件比赛对教师职业发展的重要推动作用，也使得他们愿意花更多的时间和精力去不断探索教学课件设计与开发的技术方案与各种新工具。这样，技术的进步和教师的探索，共同推动着教学课件设计的理念、方案和技术持续进步、不断前进。

在过去数十年里，互联网技术的迅猛发展，为教学课件的设计和开发提供了越来越广阔的技术空间。尤其是近年来伴随着互联网带宽的不断增加，视频成为网络资源传播的重要形式之一。相应的，反映在教学课件的设计技术上，其设计理念、开发技术和表现形式等，都发生了重大变化。移动学习、微课、翻转课堂和慕课等新设计理念和形式，引发了教学课件设计和开发领域的诸多重大变革，同时也成为引领教学信息化发展的一个重要趋势。对于学科教师来说，在自己的教学课件设计与开发过程中了解和把握这个趋势，无论对于教学改革，还是个人事业的发展，皆大有裨益。

## 3.1 教学信息化应用与发展新趋势

在 2012 年和 2013 年期间，EDUCAUSE[①] 在先后发布的《地平线报告》（*Horizon Report*）中，多次着重强调移动学习相关的发展趋势。例如，2012 年的报告指出，"移动应用"（Mobile APP）和"平板电脑化"（Table Computing）将会在未来一年以内在高等教育领域得到大范围应用。2013 年的报告则进一步强调，平板电脑将在未来一年或更短时间内，为学习者提供便利、个性化的学习环境，对学校各学科教学将产生深刻影响。面对新一代的数字原住民，移动学习势必成为未来学习的一种必然选择。

---

① EDUCAUSE 自称是一个在世界范围内居于领导地位的高等教育信息化专业组织。目前麾下拥有来自 43 个国家的 2316 所高等院校，其中美国高校 2040 所，涵盖了几乎所有类型的高等教育机构，因此具有最广泛的代表性。EDUCAUSE 下设"当前议题委员会"，每年都针对高等教育信息化实践进展中的重大问题向各成员院校负责信息化工作的资深专业人士进行大规模问卷调查，迄今已连续进行了十次，在高等教育信息化领域形成了广泛影响。从某种意义上说，EDUCAUSE 当前议题委员会十年来的工作记录了美国高等教育信息化从产生、发展到壮大的整个历史进程，其每年发布的研究报告已成为人们了解美国高等院校信息化发展现状的窗口，指引着世界各国高等教育机构利用信息技术进行大学变革。其官方网站是 www.educause.edu。

与此同时,国内外教育技术研究者也对移动学习表现出了强烈的兴趣。有统计结果显示①(如图3-1所示),自20世纪90年代至2011年,无论国内还是国外研究者都逐渐表现出对移动学习越来越强烈的研究兴趣,研究成果相应随之增加。从文献作者所属国家(地区)分布情况可以看出,共涉及33个国家(地区);发文数量最多的作者分别属于中国台湾、美国和英国,占63.4%,已成为移动学习研究的核心地区。

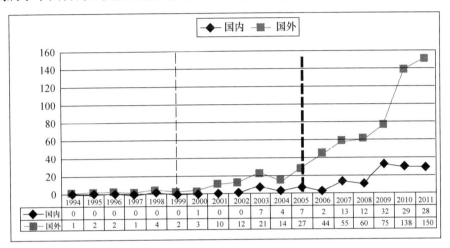

**图 3-1　1994—2011 年国内外移动学习研究论文发表情况**

同时另一项研究②表明,在国内教育技术领域,研究者们对移动学习的兴趣点主要表现为移动学习相关的理论、技术、开发设计、应用模式和系统开发等。其中尤其值得注意的是,移动学习设计与开发研究逐年上升,比例达到22.0%。同时,另外一项统计数据③也表明了国外研究者对移动学习开发和应用方面的浓厚兴趣。研究发现,移动学习研究集中于开发应用方面,涉及移动学习平台系统开发、学习模型及框架设计、移动学习环境建设等,论文数目高达102篇,所占比例为44.9%。研究者对移动学习平台系统开发的研究较多,如科依(Choi)等人介绍了一种基于位置的社会网络和语义建模的自适应数字化学习系统,以支持协作学习。说明目前研究的热点,是将移动学习理论有效地应用于学习生活中,在理论的指导下研发出能积极促进学习的系统平台。其中,移动学习系统平台多采用自适应技术,为学习者提供适合的学习导航和学习材料。这种系统平台多用于支持户外的非正式学习,如博物馆中使用RFID技术或二维码的自助导游系统。这表明在未来移动学习应用领域,支持非正式学习的自适应系统平台仍然是研究热点。

另外,对于移动学习环境建设的研究呈增长趋势,如坦恩(Tan)等人针对小学师生的户外教学活动提出了一种基于RFID技术的教育资源泛在学习环境(EULER),以

---

① 王佑镁等. 近二十年我国移动学习研究现状与未来趋势——基于中西方对比的研究综述[J]. 现代远程教育研究, 2013.1.
② 李楠, 李盛聪. 2006—2011年我国移动学习研究综述[J]. 职教论坛, 2012.18.
③ 华燕燕, 李浩君. 移动学习外文期刊文献统计与定量分析研究[J], 中国远程教育, 2013.2.

解决当前户外教学缺少高效展示信息的问题，提高学生学习的积极性和效率。这说明研究者越来越关注到一个高效的移动学习环境对于提高学习效率的重要性。

看起来，移动学习的时代似乎真的要来临了。

实际上，自斯蒂芬·唐恩（Stephen Downs）于2006年提出E-learning 2.0的概念之后，教育技术研究者们开始对这个所谓第二代数字化学习产生浓厚的兴趣。随后不久，另一位学者Lance Dublin又提出了Learning 2.0的概念，并进一步分析和总结其所涉及的五大领域①（见图3-2）。他认为，这五个方面分别是：快速（Rapid）、移动（Mobile）、沉浸（Immersive）、合作（Collaborative）和非正式（Non-Formal）。简言之，在网络时代，学习过程将向快速化、移动化、模拟化、协作和随时随地化的方向发展。应该说，这个理念模型为我们的教学课件设计提供了一个很好的理论基础，也指明了课件制作的未来发展方向。

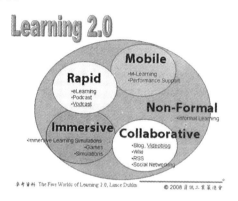

图3-2　Learning 2.0结构示意图

基于以上理念，自本章开始，我们将以数字化学习（E-learning）及其所包含的移动学习（Mobile learning）和混合式学习（Blended learning）为理论基础，以微课和慕课为主要设计形式，以快课为技术手段，构建一个以Adobe Captivate为平台，以Adobe AIR为跨平台与设备转换方案，再辅之以相关硬件所组成的交互式视频课件设计与制作的技术解决方案（见图3-3）。

这个技术方案，将是本书的核心构成要素，指引着整个微课与慕课技术解决方案的设计与实现。同时，还需要强调的是一点是，这个方案是为普通学科教师而准备的，而非电教或教育技术人员。我们在过去数年中的实际培训经验表明，任何一名具有基本信息技能和素养的学科教师，在经过短期培训后，都可以快速掌握这套课件设计方案并运用于自己的教学之中。当然，以此为基础，更鼓励教师利用这套整体设计方案来参加全国多媒体课件大赛，最终实现以比赛促应用，以获奖得发展的目标。

---

① 黄雁萍．学习2.0之五大领域［R］．第五分项数字典藏与学习之产业发展与推动计划资策会数字教育研究所，http：//newsletter.teldap.tw/news/read_news.php?nid=2321.

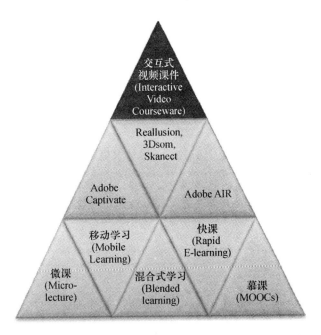

图 3-3 基于移动学习、微课的交互式视频课件设计方案

## 3.1.1 移动设备及其特点分析

在前面第一章中,我们曾提出数字校园的"三阶段六因素"模型,其中第二个阶段中的第 4 个要素是"网络生活"(E-life)。它的基本涵义是:在数字校园的这个阶段中,信息技术将逐渐演变和发展成为校园中师生的一种生存方式,为师生的教与学、娱乐和休闲提供一种虚拟化的数字环境。如果说,这种观点和说法在几年前还被认为是空中楼阁,那么,如今正在变得越来越现实。因为近年来移动互联网技术(Wi-Fi、3G、4G 等)和移动智能终端(智能手机、平板电脑和电子书等)的出人意料的快速发展,使得校园网络生活的情景越来越清楚地展示出来。随之而来的,就是移动学习的兴起,成为教育信息化领域的前沿趋势。

在当今数字校园环境下,无论师生还是管理者,所拥有或使用的 IT 设备恐怕都不止一件,在不同的工作环境和不同的时间里,他们可能会经常交替地使用台式计算机、笔记本电脑、移动电话、平板电脑和电子阅读器。若论使用频率,可能便携式的手机或平板电脑要远远高于电脑;反之,从使用时间上来看,电脑要长于便携式电子设备。

确实,国外的一项研究证明了上述结论。它描绘了这样一种现象:笔记本电脑的使用率虽然每天只有几次,但每次使用时间长,而移动设备的日使用频率比笔记本多,但每次使用时间非常短(如图 3-4 所示)。而从研究者(Clark Quinn)[①] 所提出的区分

---

[①] Clark Quinn,殷蕾译. 移动学习就在当下 [J]. 北京广播电视大学学报,2012.

设备的两个维度"亲密性"和"即时性"来看①（如图3-5所示），各种IT设备的使用则呈现出这样的情况：当处理即时性工作时，我们会使用口袋设备（如智能手机）来完成，因为它的亲密性较高；若要处理较为复杂性的工作时，我们会选择使用亲密性较低的笔记本；若处于两者之间的话，我们可能会使用平板电脑。

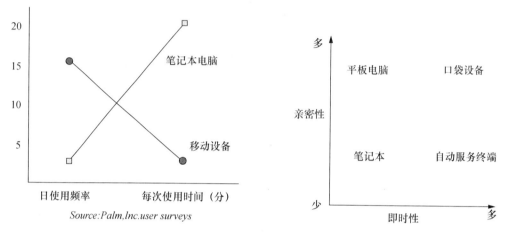

3-4 移动设备与笔记本电脑使用模式对比　　图3-5 区分设备的维度：亲密性和即时性

确实，虽然目前师生们所拥有或使用的IT设备越来越多，但这些设备本身的技术特点使得它们在使用场合、环境和用途等方面具有较大的差异性，因而表现在移动学习上的功能和潜力也各不相同。

显然，人们最喜欢也最方便随身携带的移动设备基本都是智能手机、功能手机或者掌上电脑（PDA，如iPod Touch）。相比较而言，笔记本电脑无论多么轻便，它在随时随地使用方面来看，仍然要比智能手机有所逊色。介于两者之间的则是一种近年来新兴的便携设备——平板电脑（如iPad）。平板电脑介于口袋设备和笔记本电脑之间，但是在用途上它更接近笔记本电脑。不过，正如有研究者（Clark Quinn）所指出的，如果按照区分设备的两个维度"亲密性"和"即时性"来看，实际上，平板电脑更接近袖珍设备，因为它与用户之间具有较好的亲疏关系。譬如，我们用笔记本电脑时会保持至少一臂的距离，但用平板电脑或口袋设备时却会离身体更近，交互也更方便。在这点上，平板电脑确实独具特色，值得关注。

不过，从当前移动类技术设备的发展趋势看，现在的移动设备功能越来越综合，不同设备之间的区别变得越来越模糊。例如，智能手机的屏幕变得越来越大——无论从功能还是外观上都越来越像平板电脑。与此同时，笔记本电脑的屏幕却正变得越来越小，有的甚至屏幕与键盘可分离——导致外形和功能变得越来越像平板电脑。此外，更值得注意的是，目前各种移动设备的操作系统也基本结束了以前那种"战国争雄"式的角逐而归于统一：主要以Android、IOS和Windows Phone为代表，目前市场绝大多

---

① 为了方便区分这两类移动设备，研究者用"平板电脑"一词来指那些不方便携带的设备，用"口袋设备"一词形容体积像口袋一样大小的袖珍设备，如智能手机和掌上电脑。

数的智能手机和平板电脑都是安装这三种操作系统中之一。其中，前两者（Android 和 IOS）都既是智能手机的操作系统，同时也是平板电脑的操作系统。这种情况对于移动学习的应用软件和教学课件的设计与普及，都非常有帮助。

有研究者（Clark Quinn）从所能完成的常见任务的角度，对三类移动设备的功能和用途进行了分类（见表3-1），这对于我们理解和区分不同移动设备在移动学习中的角色有所启发。表中列出的这些应用内容是按照完成时间长短来排序，包括：与人沟通、用相机或摄像机拍照、短时间内建立文件（比如做笔记或速写）、长时间做某事（阅读或看电影）、与应用程序交互、创建新内容（写文章、编辑视频）、组织信息或将文件归档。

表3-1　三类移动设备用途的分析与比较

| 设备用途 | 口袋设备 | 平板电脑 | 笔记本电脑 |
| --- | --- | --- | --- |
| 文本内容 | ★ | ■ | ● |
| 沟通 | ★ | ■ | ★ |
| 拍照和摄像 | ★ | ★ | ★ |
| 短时间内建立文件 | ★ | ■ | ● |
| 消费内容（内容学习） | ■ | ★ | ★ |
| 与应用程序交互 | ■ | ★ | ★ |
| 创建新内容 | ● | ■ | ★ |
| 组织信息 | ● | ● | ★ |
| 将文件归档 | ● | ● | ★ |

注："★"表示在某一项内容中使用量大，"■"表示合理的使用量，"●"表示使用量有限或不太使用。

我们看到，口袋设备多用于快速访问（或方便时打发时间，如上下班时在车里看博客、乘公交车时阅读或看视频），而较少用于富有成效的工作。像平板电脑这样的设备可以根据已有信息进行一些文章编辑工作，但很少用于拍摄照片。当涉及内容创建方面时，平板电脑比口袋设备更有优势，但笔记本电脑才是内容创建最合适的工具，特别是当承担比较正式的工作任务时，笔记本电脑就会发挥其优势。

如表3-1所示，在使用移动设备时，当我们有一些正式的交互任务或数据访问任务，并且对设备体积没有限制的话，平板电脑比口袋设备更实用。比如去参加会议时会更倾向于带着平板电脑而不是口袋设备。出门时，比如去商店购物，便捷性是首先考虑的因素；而数据访问是次要因素，在这样的情况下更倾向于选择口袋设备。

对于正规学习来说，平板电脑更有优势。其更大的屏幕意味着学习者可以更有效地用于呈现课程内容。通常，我们不会把一门课程放在口袋设备里学，但会放在平板电脑里，以确保高质量的触摸屏学习体验。事实上，亲密的体验可能会使学习更加有效。当然，我们更希望移动设备能从简单的学习内容存储角色转变为学习的催化剂，让学习变得更有意义。

总之，通过上述对当前各种常用移动终端设备功能和用途的分析，我们这里希望表达的观点是：在各种信息技术设备和系统所构建起来的数字校园环境下，网络生活已初见端倪，这为学习者随时随地的学习提供了越来越丰富和多样化的条件，移动学习的时代即将到来。当然，这并非是说移动学习将成为教学信息化的主流，而是说，移动学习将可能成为数字化学习的一种重要表现形式，成为学校课堂面授教学的重要辅助形式。

从某种程度上来说，微课的兴起，与移动学习也有着密切的关系，因为从技术上看，微课为移动学习提供了一种恰当的内容表达方式。正如有学者（Clark Quinn）所指出的：

> 这些移动设备使我们的能力得到完善，使我们的工作与学习更有效率，从而使机构工作也变得高效起来。然而，移动学习的本质不在于设备，而在于能力的传授。我们的大脑在模式匹配和意义塑造上确实能力非凡，然而数字设备却很难做到这点。另一方面，大脑对于死记硬背内容的重复和杂乱信息的记忆并不擅长。因此，数字设备的能力与我们的智力能力完美匹配。而移动学习的作用就在于，无论何时何地当我们需要时就可以使这两者之间的相互作用增强。因此，移动学习有着巨大的发展潜力。

### 3.1.2 移动学习和 3D 课件技术

#### 1. 移动学习及其理论发展

目前，国内教育技术界对于移动学习的定义尚有争论。一种观点认为移动学习是继远程教育（Distance education）和数字化学习（E-learning）之后的又一种全新的技术应用于学习的形式，其依据是，从认知学习角度看，移动学习的移动性、情境性等特点使其区别于数字化学习，应该划分为一种全新技术与学习方式（见图 3-6）；另一种观点则认为，移动学习并无新奇之处，只是伴随着移动终端和移动互联网的发展而出现的数字化学习的一种新拓展形式而已（见图 3-7）。

图 3-6　移动学习是一种全新的形式

图 3-7　移动学习是数字化学习的拓展形式

本书中，研究者更倾向于第二种观点。至少在学校教育领域内，无论从哪个角度来看，即使是数字化学习，目前也只是课堂面授教学的一种辅助形式，至少在可预见的未来数十年期间，它将继续保持这种辅助者的角色。在这种情况下，若将移动学习视为一种全新形式的学习方式，无论在理论上还是实践上，看起来都意义不大。从理论角度，基于移动终端设备的学习在学习者心理或行为表现上，与基于PC或笔记本电脑的学习之间有多大本质差异，这一点目前似乎还没有研究成果令人信服地证明。从实践角度，传统教学时代，基于教科书的移动式学习早已存在，只不过现在从纸质的课本变成了智能手机或平板电脑，本质上来说也无出奇之处，只是信息媒介物的变化。

此外，将移动学习视为数字化学习的一种特殊形式，益处还在于，目前即使是数字化学习，本身也是经过多年的研究、推广和宣传而逐渐得到教育界认可的一个新概念和新教学形式，它自身的发展空间还很大，似乎没必要再用一个全新的移动学习概念去替代它。这样"另起炉灶"的结果，很有可能需要在教育领域重新培育认可度，恐怕需要再花费一番工夫。

因此，本书中，我们将移动学习视为是一种基于移动互联网和无线移动终端设备而进行的学与教的活动，是数字化学习的一种拓展形式。移动学习的核心特征在于其"随意性"，即可发生在多种环境和多种时间，并表现为多种形式。从这一点上看，与数字化学习一样，移动学习仍然是面授教学的辅助形式，或者说，是"可移动的"辅助形式。

有学者（焦建利）[1] 认为，学校环境下的移动学习的模式通常包括三种，分别是：

- 一对一数字化学习，也就是国内所谓的"电子书包"。
- 自带设备计划（Bring Your Own Device，BYOD），这是一种源自于IT企业的由用户（学习者）自己携带自己的移动终端进行工作或学习的模式，近年逐渐为国外一些学校所接受。
- 基于移动终端的校园服务和自主学习。

相对而言，一对一数字化学习模式在一些相对欠发达的国家和地区较为常见，BYOD模式则通常是在相对较为富裕的国家和社群中更为普遍，而基于移动终端的校园服务和自主学习则是发展最早和最为迅猛的领域。

从更大范围来看，移动学习更多的是在学校教育情境之外展开的。就全球范围而言，绝大多数移动学习项目是为非正式学习设计的。比如，Nokia Life Tools，就是一个基于SMS和浏览器的订阅服务，它提供包括医疗保健、农业和教育等相关诸多领域的信息。移动技术在教育领域的新近创新主要集中在三个方面：一是数字内容的创建，大部分是适应于电子阅读器的数字教科书的设计开发；二是移动应用（APPs）的开发；三是移动学习课程与系统的设计开发与应用。

2012年7月，澳大利亚阿德雷德大学的一位学者阿兰·凯灵顿（Alan Carrington），提出一种基于移动设备的学习理论，即"iPad教学法之轮"（Pedagogy Wheel for iPads，见图3-8），这被认为是移动学习理论的最新进展之一。

---

[1] 焦建利. 移动学习应用与研究的新进展 [J]. 中国教育网络，2013.6.

在这个理论中，阿兰用 4 个同心圆作为理论的基本结构，从里向外分别是目标、描述动词（Action Verbs）、活动（Activities）和 iPad 应用程序（iPad Apps）。在中心圈，阿兰把教育目标归结为：识记与理解（Remember Understand）、应用（Apply）、分析（Analyse）、评价（Evaluate）、创造（Create）共 5 个。阿兰将识记和理解结合在一起。第二圈是描述动词，分别用来描述和阐释教育目标的。第三圈是活动，这里介绍了大量的数字化学习活动，这些活动能帮助教师和学生达成预期的教育目标。第四圈，也就是最外圈是 iPad Apps，共介绍了 62 个 iPad Apps。

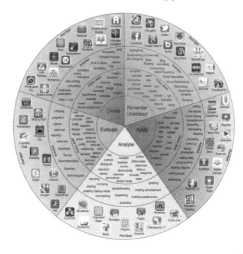

图 3-8　阿兰•凯灵顿提出的 iPad 教学法之轮①

移动学习理论的新进展之一，体现在基于移动终端的学习理论的创建。iPad 教学法之轮以一种新颖的思路描述基于 iPad 的教育目标分类，很有启发，值得研究者进一步思考。但是，基于 iPad 的教学过程如何组织？是否有一些典型的流程和模式？在基于 iPad 的教学环境中，教师如何设计课程组织教学？这些问题仍有待进一步实践和研究。

### 3.1.3　3D 技术在课件中的应用

2012 年，在玛丽•米克尔（Mary Meeker）发布的互联网趋势报告②中，提出了两个直接与教育相关的预言，分别是：学习方式的变革，以前通过课堂教学，如今通过如 iPad 之类的智能设备；教育方式的变革，以前通过课堂、讲座和阅读等，如今通过 Codecademy 和 Khan Academy 等服务就可以随时随地学习。同时，她还提出了两个虽然不直接与学校相关，但未来有可能影响教学的重要技术：一是互动方式的变革。以前通过有线设备、摇杆和按钮等，现在可以使用 Xbox Kinect 等设备，通过声音和动作就能实现控制。二是生产制作变革。以前是标准化的大批量生产，如今是通过 Zazzle 等进行个性化定制，3D 打印也已出现。

---

① Allan Carrington. http：//elearningstuff.net/2013/06/23/the-ipad-pedagogy-wheel/［O/L］. the University of Adelaide.
② 互联网女皇玛丽•米克尔发布 2012 互联网趋势报告. http：//www.36kr.com/p/114468.html［O/L］.

虽然看起来似乎很遥远，实际上，上述所提到的 Kinect 和 3D 技术，目前也正在逐渐进入教学课件设计技术领域。2011 年，英国研究者[①]曾实施一个关于数字光处理（DLP）[②] 3D 投影仪的教学效果的试点研究项目，通过在欧洲 7 个国家的 15 所小学中的测验结果表明，学生在 3D 课堂上可以比在 2D 课堂上记住更多的内容，与 2D 教学的考试成绩平均提高了 8% 相比，3D 教学的考试成绩平均提高了 17%。2012 年，香港理工大学的研究者[③]也做了类似的研究，结果表明，当在课堂上给学生看 3D 图形时，学生的行为会表现得更好，比如更加专注，并能迅速被新颖概念所吸引。

目前在 3D 课件设计技术方面，英国 Gaia Technology 公司[④]比较著名。它从 2002 年开始着手研究 3D 教学课件，迄今为止已开发涵盖从小学一年级到高三（K-12）的 14 个科目，2000 多个 3D 模型。Gaia 3D 课件的特点是：一是 3D 模型的制作精美。Gaia 3D 模型不光追求细节的完美，在技术规格上也毫不逊色，可输出 Full HD 像素的画面，对于像太空漫步、古罗马城漫游、青蛙内脏的细节方面完全可以做到虚拟现实的情景，如图 3-9。二是 Gaia 3D 允许教师以多种方式备课，备课的内容可以是图片、视频、声音及 PPT，这些课件可以是 3D，也可以是 2D，备好课以后教师可以将自己的课件外挂到 Gaia 3D 的任何一个模型中。

图 3-9　英国 Gaia Technology 的天文课 3D 课件

---

① Bamford. The 3D in education white paper, 2011［R］. http://www.gaia3d.co.uk/news/the-3d-in-education-white-paper.

② DLP 采用的技术是，在屏幕上同时产生两个图像（一个投射到左眼中，另一个投射到右眼中），3D 眼镜将两个图像结合后即呈现了 3D 视觉效果。

③ Herbert Lee1 etc. Evaluation Studies of 2D and Glasses-Free 3D Contents for Education—Case Study of Automultiscopic Display Used for School Teaching in Hong Kong, Advances in Education 教育进展, 2012, 2, 77-81, http://dx.doi.org/10.12677/ae.2012.24016 Published Online October 2012（http://www.hanspub.org/journal/ae.html.）

④ Gaia Technology 成立于 1998 年，从 2002 年开始 3D 技术应用于教学的研究，2007 年开始与英国教育部合作开发按照英国教学大纲的 K12 3D 教学课件。到 2012 年针对英国 K12（相当于国内小学到高三）的 Gaia 3D 课件系统已经有 16 门学科，包含 350 门课程和 2000 个 3D 模型，并且每年保持开发 500～600 个 3D 模型。其网站是：http://www.gaia3d.co.uk/。

从当前3D教学课件的表现形式来看，主要有3种：静态展示、动画演示和互动操作。这三种形式的技术核心都是用3D动画软件绘制的对象模型。

第一，静态展示式课件。就是根据课件脚本要求用3D软件制作对象的3D模型，需要展示剖面的要制作模型剖面的3D图形，根据需要渲染出一系列立体表现的图形，将这些图形与说明文字（配音）编辑组合成课件。这种课件制作简单且容量小，仅用于展示对象的多方位外表、内部结构等，是一种直接播放式课件。

第二，动画演示式课件。根据课件脚本要求用3D软件制作对象的3D模型与所需的剖面3D模型，根据课件脚本要求生成对象的运动或对象有关部件相互运动的动画图像，将这些动画与有关图形与说明文字配音编辑组合成课件，用以展示对象的结构、运动规律或对象的工作原理等。这也是一种直接播放式课件，观看3D动画课件就像观看3D动画片一样。

第三，互动操作式课件。这种课件不是播放式的，学习者可根据需求与课件进行互动。简单的互动是学习者通过菜单选择要观看的内容、通过图片上热区选择进入深一层或更详细的内容。高级互动课件增加了虚拟现实技术，学员可在虚拟环境中选任何角度观看对象或进入对象内部观看；可对虚拟环境中的对象进行组装、拆卸、移动等操作，实现虚拟展示、虚拟实验室、仿真系统、虚拟手术等。

相应地，从技术应用状况来看，应用于教学课件设计的3D技术主要划分三大部分：3D建模与显示技术、3D动画技术和3D成像输出技术。

首先，三维模型的实时建模与动态显示是虚拟现实技术的基础，其方法可以分为三种。一是基于几何模型的实时建模与动态显示[1]，最常用的软件就是3DMAX和Maya。二是基于图像的实时建模与动态显示[2]，常用的技术方案是数码照相机（或高清摄像头）＋合成软件（如3DSom）；三是三维扫描成型技术[3]，常用的技术方案是3D合成软件（如Artec Studio，SCENECT）＋硬件（3D描述仪、Kinect体感摄像机等）。

上述技术方案应用于课件设计中，最常用的应用方式是3D Flash。

3D Flash是指基于Flash Player播放器播放的，且具备交互功能的实时三维画面。这种三维Flash是利用计算机图形学技术，将需要展示的物品在计算机中先进行逼真的

---

[1] 基于几何模型的实时建模与动态显示技术：在计算机中建立起三维几何模型，一般均用多边形表示。在给定观察点和观察方向以后，使用计算机的硬件功能，实现消隐、光照及投影这一绘制的全过程，从而产生几何模型的图像。这种基于几何模型的建模与实时动态显示技术的主要优点是观察点和观察方向可以随意改变，不受限制，允许人们能够沉浸到仿真建模的环境中，充分发挥想象力，而不是只能从外部去观察建模结果。因此，它基本上能够满足虚拟现实技术的3I即"沉浸""交互"和"想象"的要求。基于几何模型的建模软件很多最常用的就是3DMAX和Maya。3DMAX是大多数Web3D软件所支持的，可以把它生成的模型导入使用。

[2] 基于图像的建模技术：自20世纪90年代，人们就开始考虑如何更方便地获取环境或物体的三维信息。人们希望能够用摄像机对摄物拍摄完毕后，自动获得所摄环境或物体的二维增强表象或三维模型，这就是基于现场图像的VR建模。在建立三维场景时，选定某一观察点设置摄像机。每旋转一定的角度，便摄入一幅图像，并将其存储在计算机中。在此基础上实现图像的拼接，即将物体空间中同一点在相邻图像中对应的像素点对准。对拼接好的图像实行切割及压缩存储，形成全景图。基于现场图像的虚拟现实建模有广泛的应用前景，它尤其适用于那些难于用几何模型的方法建立真实感模型的自然环境，以及需要真实重现环境原有风貌的应用。

[3] 三维扫描成型技术：是用庞大的三维扫描仪来获取实物的三维信息，其优点是准确性高，操作方便。不过目前专业的3D扫描设备十分昂贵。所以目前利用Kinect体感摄像机等替代设备也是一个较好的技术解决方案。

三维模拟运行演示(也可通过数码照片来合成),然后再通过专业软件压缩转换成一个完全适合在网页上流畅运行的 Flash 文件。实际上,3D Flash 不是真正的视频,但可设置一些常用的功能按钮,点击各个按钮可对物品操作不同的功能演示;而一般三维动画是以视频文件通过播放器观看,无操控功能。3D Flash 在网页上运行很流畅,浏览者无需下载插件,打开网页就可看到产品演示。3D Flash 优势在于:可跨平台在线浏览 3D 模型;比较自由的浏览模式,可通过鼠标、键盘实现放大缩小浏览或全屏浏览等;能实现对模型中的灯光、地面等元素进行灯光照射、地板反射效果。

其次是 3D 动画(三维动画)在教学课件中的应用。三维动画是近年来随着计算机软硬件技术的发展而产生的一种新兴技术。三维动画软件在计算机中首先建立一个虚拟的世界,设计师在这个虚拟的三维世界中按照要表现的对象的形状尺寸建立模型及场景,再根据要求设定模型的运动轨迹、虚拟摄影机的运动和其他动画参数,最后按要求为模型赋予特定材质,并打上灯光。当这一切完成后就可以让计算机自动运算,生成最后的画面。三维动画技术模拟真实物体的方式使其成为一个有用的工具。由于其精确性、真实性和无限的可操作性,目前被广泛应用于医学、教育、军事、娱乐等诸多领域。在课件设计领域,目前比较适合学科教师使用的 3D 动画设计软件主要有 iClone[①] 和 Eon Creator 等。

第三是 3D 成像输出技术,就是把建立的三维模型描述转换成人们所见到的图像,也就是把课件设计中的 3D 动画和视频制作为 3D 成像输出。从技术上说,3D 成像是靠人两眼的视觉差产生的。人的两眼之间一般会有 8 厘米左右的距离,要让人看到 3D 影像,必须让左眼和右眼看到不同的影像,两幅画面实际有一段小差距,也就是模拟实际人眼观看时的情况。这样的才能有 3D 的立体感觉(见图 3-10)。当运用到视频制作时,利用上述原理,摄像机模拟人的生理结构,对于同一个场景为左右眼分别拍摄一幅图像;专用摄像机分别进行"左眼用""右眼用"摄影。所以,显示 3D 画面时,无论何种显示技术皆利用人眼的成像原理,在视频播放时,针对左右眼分别显示之前为左右眼分别拍摄制作的节目,以达到立体成像的目的。

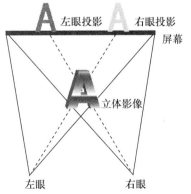

图 3-10　3D 成像的原理

---

① iClone 相关内容见本书第七章。

当前 3D 显示技术可以分为眼镜式和裸眼式①两大类。从目前在教学课件设计领域内的应用来看，主要集中于色差式 3D 显示和眼镜式 3D 显示。而在眼镜式 3D 技术中，又可以细分出三种主要的类型：色差式（色分法）②、偏光式（光分法）③ 和主动快门式（时分法）④，详见表 3-2。

表 3-2  3D 显示技术的类型及特点

| 观看方式 | 采用技术 | | 应用方式 | 成熟度 | 特点 |
| --- | --- | --- | --- | --- | --- |
| 佩戴眼镜 | 主动式 | 时分式（快门方式） | 3D 电视、影院 | 最高 | 优点：3D 图像全高清，视角不受影响<br>缺点：眼镜造价较高 |
| | 被动式 | 光分式（偏振方式） | 3D 影院 | 最高 | 优点：3D 眼镜便宜、轻便<br>缺点：分辨率减半、2D 显示是亮度的 1/2，受垂直视角制约、图像显示分割线 |
| | | 色分式（红蓝滤光片） | 早期初级 3D 影院、碟片 | 较高 | 优点：造价相对低廉<br>缺点：3D 效果较差，色彩丢失严重，图像边缘有彩色重影 |
| 裸眼观看 | 光栅式、柱状透镜式 | | 户外广告、手机 | 较低 | 优点：不需要配戴眼镜，方便<br>缺点：分辨率下降，观看角度受限制，亮度下降（光栅式） |

将 3D 技术应用于教学课件设计，开创了课件设计的一个全新的领域，对于今后提高课件的设计和应用效果将会有很大帮助，因此也应是未来教师教学技术设计和开发能力培训的一个重点发展方向。

---

① 裸眼式 3D 技术可分为透镜阵列、屏障栅栏和指向光源三种，每种技术的原理和成像效果都有一定的差别。裸眼式 3D 技术大多处于研发阶段，主要应用在工业商用显示市场，所以大众消费者接触的不多。从技术上来看，裸眼式 3D 可分为光屏障式（Barrier）、柱状透镜（Lenticular Lens）技术和指向光源（Directional Backlight）三种。裸眼式 3D 技术最大的优势便是摆脱了眼镜的束缚，但是分辨率、可视角度和可视距离等方面还存在很多不足。

② 色差式 3D 技术（Anaglyphic 3D），配合使用的是被动式红-蓝（或者红-绿、红-青）滤色 3D 眼镜。这种技术历史最为悠久，成像原理简单，实现成本相当低廉，眼镜成本仅为几块钱，但是 3D 画面效果也是最差的。色差式 3D 先由旋转的滤光轮分出光谱信息，使用不同颜色的滤光片进行画面滤光，使得一个图片能产生出两幅图像，人的每只眼睛都看见不同的图像。这样的方法容易使画面边缘产生偏色。

③ 偏光式 3D 技术（Polarization 3D）也叫偏振式 3D 技术，配合使用的是被动式偏光眼镜。偏光式 3D 技术的图像效果比色差式好，而且眼镜成本也不算太高，目前比较多的电影院采用的也是该类技术，不过对显示设备的亮度要求较高。偏光式 3D 是利用光线有"振动方向"的原理来分解原始图像的，先通过把图像分为垂直向偏振光和水平向偏振光两组画面，然后 3D 眼镜左右分别采用不同偏振方向的偏光镜片，这样人的左右眼就能接收两组画面，再经过大脑合成立体影像。

④ 主动快门式 3D 技术（Active Shutter 3D），配合主动式快门 3D 眼镜使用。这种 3D 技术在电视和投影机上面应用得最为广泛，资源相对较多，而且图像效果出色，受到很多厂商推崇和采用，不过其匹配的 3D 眼镜价格较高。主动快门式 3D 主要是通过提高画面的刷新率来实现 3D 效果的，通过把图像按帧一分为二，形成对应左眼和右眼的两组画面，连续交替显示出来，同时红外信号发射器将同步控制快门式 3D 眼镜的左右镜片开关，使左、右双眼能够在正确的时刻看到相应画面。这项技术能够保持画面的原始分辨率，很轻松地让用户享受到真正的全高清 3D 效果，而且不会造成画面亮度降低。

## 3.2 交互式视频课件（IVC）概述

根据以上教学新技术的应用与发展趋势，笔者在本书中提出一个新的教学课件设计概念——交互式视频课件。

交互式视频课件（Interactive Video Courseware，简称 IVC）是一种旨在实现微课和慕课设计与开发的整体技术解决方案。简单地说，IVC 并不仅仅是一种新的教学课件类型，实际上，它更多地表现为一种新的课件设计理念和策略。其特点在于以混合式学习为指导思想，以"快课"为技术方案，目标是为学科教师提供一种实用的，可操作性的课件设计与制作的整体技术解决方案。

若单纯从技术上看，"交互式视频课件"，主要是指一种基于多种软件工具开发出来的综合性、模块化和结构化的多用途电子教学资源包。它强调"快课"式设计方式，突出"流水线装配式"开发与制作理念，即先以不同工具制作出音频、视频、动画等形式的素材，然后以统一平台为基础进行组装，以预测分支、自动计分测验等路径跳转方式，来实现学习者与课件之间的交流与互动。在技术上，以通用性课件开发工具为基本平台，交互式视频课件是以绿屏背景抠像微视频摄制与虚拟场景变换为基础，以模板化动画人物及语音旁白为支持，强调多学习路径和互动式学习，再辅之以各种模块化素材构建而成。

在本书中，交互式视频课件将为微课、翻转课堂或慕课提供一个可操作性的整体技术解决方案，从技术上实现这些新教学理念、组织形式的教学应用转换。具体从技术结构上来看，交互式视频课件的技术结构如图 3-11 所示，它主要由六个部分组成。

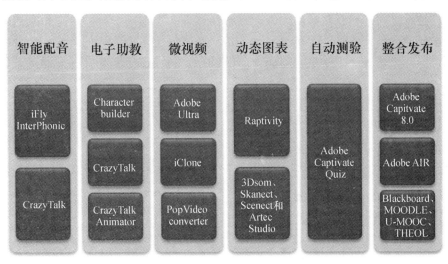

**图 3-11 交互式视频课件的技术结构**

需要强调的是，交互式视频课件的设计与开发，并非是一个单纯技术解决方案，而是一种与"混合式教学"理念密切结合的产物。具体地说，本书中所倡导的是一种基于交互式视频课件的混合式教学组织模式，强调以课件开发为切入点，以技术操作方案为抓手，从设计、开发到发布、应用，都将会充分体现出传统教学与新教学技术之间的多层次结合，体现出技术环境下学科教师自己的教学理念和方法。我们相信，只有落后的技术，没有落后的教学，教学既是一门技术，同时也是一门艺术。运用之妙，存乎一心，教学技术的运用，不在多，而在于巧；不在于复杂，而在于恰当。当掌握了新技术工具的教师来主导设计自己的教学过程时，其实际效果通常要远远优于技术工程师所设计出的方案。简言之，课件的设计与混合式教学的恰当结合，将为教师设计出自己个性化和具有创新特点的教学提供一个强有力的支持。

交互式视频课件的核心设计理念有三个方面。

一是突出强调课件设计中的交互性、视频化和拓展性的原则，注重利用各种技术工具来实现教学信息传递和展示的多样化、智能化和自动化，使学生能够在一个多样化的信息呈现空间中进行学习和探究，适应不同学生的学习风格和习惯，为之创造出个性化的学习环境。

二是在选择课件设计软件和工具时遵循"快课"[①] 的指导思想，强调开发工具的简捷性、快速化和模板化。换言之，交互式视频课件所选用的开发工具都具有功能独特、操作简单和适用于那些具有基本计算机素养的教师使用。通常情况下，教师只需要经过数天的培训就可以比较熟练地掌握这些开发软件的基本操作方法。这样，就可以使教师将更多的时间和精力置于能够体现自己教学需要的规划和设计上，而不是技术层面的应用上。

三是强调尽量采用让学科教师自己动手来设计和开发教学课件的，而不是以往那种让专业技术人员包办整个技术设计和开发的工作模式。教师自己动手设计课件的突出优势，是可以将学科知识、教学设计与课件开发密切结合起来，最大限度地实现课堂教学与技术之间的相互整合。此外，教学实践证明，不同学科的教师相互协作成立一个跨学科的课件开发小组，如文、理、信息技术、美术等学科的合作，充分发挥不同学科、不同年龄教师在知识、技能方面的特点，同样也是交互式视频课件开发的一个很好的方案，值得推荐和推广。

目前，交互式视频课件的主要应用领域包括学校教学和各种职后培训活动，可分为"单机版"（应用于课堂面授教学环境）、"网络版"（应用于在线学习和课外辅导）和"移动版"（应用于手机等移动终端）等。

"交互性""视频化"和"自主性"是交互式视频课件的突出特点。

- 注重课件的整体与综合化设计，运用多种技术工具实现表现效果的多样化。
- 以虚拟背景抠像视频为表现形式，强调视觉形象的突出性、美观性和展示性。

---

[①] 根据伯森（Bersin）的报告指出快课有几个特性，分别是：内容开发时间短于三周；SME 为主要的内容来源；内容产出通常是运用相当简易的工具或样板产出的；内容会设计简单的评量、回馈及追踪功能；内容包含简易的媒体元素，而非高技术的媒体；内容的学习单元通常不超过 1 小时的长度，大多是 30 分钟为主，而且可以利用同步或异步传递。其实最重要的两个关键就是"开发时间短""开发容易"为快课的重要特色。

- 以动画人物授课和智能语音技术为核心，突出教学信息传递的形象性和多样性。
- 根据教学需要，在抠像视频播放过程中添加各种互动或展示环节。
- 在设计中强调学习路径和分支，以适应不同学习者的需要。
- 强调教学内容展示和表现的多样性，辅之以各种互动内容，如讨论、作业、测验等。
- 在设计上突出强调教学过程的完整性，如教学内容展示、师生互动、作业、测验和评估等，充分利用网络教学平台的功能作为课件的发布平台或载体。
- 使用多种快捷型技术工具来多样化表现课件内容和形式，有效降低技术开发成本。

## 3.2.1　IVC 构成模块

具体而言，从技术实现方案上来看，交互式视频课件采用了模块化的技术组织方案，课件的整体框架是基本固定的，但可以根据主题、任务和对象需求的不同而有所调整，据此而实现用途的多样化。换言之，在规划好整个课件的整体结构的基础之上，利用不同的软件工具来实现不同模块的功能，以达到不同模块功能的最优化表现。这一点，与以往基于单一软件的课件设计技术方案有明显的区别。正基于此，与传统课件相比，交互式视频课件在功能上和表现形式上都有了显著变化，能以较低的技术成本实现多样化的内容呈现方式。同时，尽管不同模块采用了不同的软件工具，但对于教师来说，并没有过多增加他们的设计和开发成本，因为这里所采用的软件和工具全部都是基于图形化的操作界面或模板化的工作方式，不需要教师额外学习程序编制语言等复杂技能。简言之，教师只要具备基本的计算机操作技能，就可以在较短时间内学习和掌握交互式视频课件的基本使用方法，并根据自己所授学科的内容来自行设计出形式多样的教学课件。

从组成模块上看，交互式视频课件如图 3-12 所示。以课程管理系统作为基础的核心发布平台，它主要由 6 个要素组成，分别是：智能语音解说、动画人物授课、虚拟背景微视频、在线电子测验、动态内容展示和课程管理系统。

第一，**智能语音解说**：也称为"课件旁白"，就是对课件中教学文字内容的语音讲解和朗读。正如在面授教学中教师的讲课声音是教学必不可少的组成因素一样，交互式视频课件的设计同样也强调课件中对文字教学内容的语音讲解，尽可能为学习者提供一个模拟课堂教学的虚拟学习环境。与传统课件中用人工配音方式来实现此功能

图 3-12　交互式视频课件的组成模块

不同的是，在交互式视频课件的设计过程中，采用的是智能语音合成技术[①]来实现教学内容的朗读和讲解。与人工配音相比，这种技术方案无论从成本还是效果上来看，都已达到较为完善的程度，是一种极有发展前景的课件制作方式。这个功能，对于解决课件设计过程中教师普通话不标准问题，是一个简单易行的方案。技术上，将选用 iFly Tech InterPhonic（讯飞语音生成软件）[②] 来实现。

**第二，动画人物授课**：也称为"虚拟学习助理"。教师在讲台上讲课，是课堂教学中最常见的情景。这能否也表现在电子课件之中呢？答案是肯定的，通过动画人物制作软件的帮助，在交互式视频课件的制作中，可以很轻松地实现这一功能。利用国外的多款专门进行动画人物形象制作软件，就可以照片、图片为基础来实现动画人物的形象在性别、外貌、衣饰，甚至人种（白种人、黑种人和黄种人）等方面的定制设计。进一步再通过语音合成技术，为动画人物增加语音功能，使动画人物能够用中文和英语讲课，而且软件也能够自动实现语音与动画人物口型的一一对应，惟妙惟肖地展示授课过程。此外，更为方便的是，动画人物的背景和情景也是可以定制的，只需要更换不同的模板就可以方便实现，无需设计者花费太多的时间去进行操作。该模块分为初级版和高级版技术方案，前者选用 Semantics Character Builder[③] 来实现，后者则采用 Reallusion 的 CrazyTalk[④] 和 CrazyTalk Animator[⑤] 来完成。

**第三，虚拟背景微视频**：也称为"抠像[⑥]视频"。该功能实际上是动画人物授课的另外一种视频化形式，就是利用相关的虚拟演播室系统来把拍摄下来的教师的授课视频进行抠像编辑，更换虚拟的动态背景，实现教师授课视频的虚拟化，使之更加独特和吸引学生的注意力，同时也可以有效提高视频的艺术感染力和表现力。以此为基础，也可以利用其他软件工具为虚拟视频添加各种动画效果，如图片、文字和板书等，使得教师的讲课视频更加形象生动，富有表现力。在交互式视频课件设计中，虚拟背景视频通常被用于表现教师授课视频的某些片断，如开始时的课程介绍、重点、难点讲解等，时间长度通常在 5～10 分钟左右。或者根据教学设计的需要，与上述的动画人物授课交替使用，以拓展课件的内容表达形式，吸引学生的注意力。

该模块同样也分为初级版和高级版方案，前者选用 Adobe Ultra[⑦] 来实现此功能，它能够帮助教师在绿屏背景视频的基础上，实现一键式抠像并替换为其他模板化虚拟场景。后者则选择 iClone + Popvideo Converter 视频插件[⑧]来完成，可实现动态虚拟背景

---

① 语音合成技术，又称"文语转换"（Text to Speech）技术，能将任意文字信息实时转化为标准流畅的语音朗读出来，相当于给计算机装上了人工嘴巴。它涉及声学、语言学、数字信号处理、计算机科学等多个学科技术，是中文信息处理领域的一项前沿技术，解决的主要问题就是如何将文字信息转化为可听的声音信息，也即让电脑像人一样开口说话。

② 有关讯语音生成软件，请参阅赵国栋. 微课与慕课设计初级教程［M］. 北京：北京大学出版社，2014：9.

③ 有关 Character Builder，请参阅赵国栋. 微课与慕课设计初级教程［M］. 北京：北京大学出版社，2014.

④ 关于 CrazyTalk，请参阅本书第四章。

⑤ 关于 CrazyTalk Animator，请参阅本书第五章。

⑥ 抠像（Key），是指吸取视频画面中的某一种颜色作为透明色，将它从画面中抠去，从而使背景透出来，形成二层画面的叠加合成。这样在室内拍摄的人物经过抠像后与各种景物叠加在一起，形成独特的艺术效果。

⑦ 有关 Adobe Ultra，请参阅赵国栋. 微课与慕课设计初级教程［M］. 北京：北京大学出版社，2014.

⑧ 关于 iClone，请参阅本书第六章。

与真实教师授课视频的叠加,视频效果更加出色。

它分为两种技术方案,一是"虚拟场景视频",二是3D动画视频。

第一种方案是虚拟场景视频,就是利用虚拟演播室软件Adobe Ultra把拍摄下来的教师的授课视频先进行抠像编辑,然后导入所提供的数百种虚拟场景模板中,更换为各种虚拟的动态场景,形成"真人视频+虚拟场景"的特殊效果,以有效提高教师授课视频的艺术感染力和表现力。

第二种方案是3D动画视频,就是利用快速模板化3D动画制作软件iClone来设计和制作教师授课视频,最终生成3D版动画视频。利用iClone来设计授课视频的技术方案有两种:一是"仿真教师法",就是直接调用和选择iClone中的3D动画人物模板库,然后通过"照片生成3D头像"(换头)功能[①],生成一个带有授课教师"形象"的3D动画人物(即所谓"仿真教师")。接着可给这个仿真教师定义相关的教学动作[②]、授课语音和虚拟场景等元素,导出为3D动画视频。二是"抠像视频法",即先在绿屏背景布下拍摄教师带语音的授课视频,然后通过iClone配套的抠像视频工具PopVideo converter,导出为透明背景的视频。接着导入iClone所提供的虚拟场景中,添加各种道具和效果,最终形成"真人视频+3D动态虚拟场景+3D动态道具"的独特效果。这两种方式最终都可以导出并生成普通3D动画视频、红蓝格式3D动画视频[③]和偏光格式(左右/上下布局)3D动画视频[④]。

上述两种视频制作方案,还可以将视频导入其他软件中进一步编辑。例如,利用Adobe Captivate 7.0或8.0[⑤]为虚拟视频添加各种动画效果,例如图片、文字和板书等,使得教师的讲课视频更加形象生动,富有表现力。在交互式视频课件设计中,虚拟背景视频通常被用于表现教师授课视频的某些片断,如开始时的课程介绍、重点、难点讲解等,时间长度通常在3~5分钟左右,最长不超过10分钟。或者根据教学设计的需要,与上述的动画人物授课交替使用。这种设计实际上就是当前流行的"微课程"概念。

**第四,在线电子测验**:也称为"在线考试"。正如在实际课堂教学中测验与考试是教学的重要环节一样,在交互式视频课件的设计中也需要具备在线测验的功能,用来随时检查学生对所学知识的掌握情况,随时发现问题,随时解决。与传统的基于印刷试卷不同的是,电子测验可以实现客观试题的自动评分,具有多种题型,包括正误题,

---

[①] 照片生成3D头像:即所谓"换头"功能,是iClone的一个独特功能,只需要导入一张符合要求的真实人物的头像照片,软件就可以据此自动生成基于该照片的3D头像模型,略加修改后,可将之替换为人物库中的已有角色头部,实现"换头"效果。

[②] 仿真教师的动作编辑时,可采用iClone所提供的连接Kinect(微软的体感摄像机)后实时采集教师授课动作的方案。这种方案更加快速和逼真,技术成本也更低。

[③] 红蓝格式3D动画视频,可以通过戴上红蓝眼镜来观看视频的方式获得3D立体视觉效果,播放时直接用普通投影机即可,不需要通过专门的3D显示器。但通常视频图像颜色有失真的现场。

[④] 偏光格式3D动画视频,需要相应的硬件设备支持才能显示3D立体视频效果,包括偏光3D眼镜和偏光式3D显示器(电视机)。这种方案的3D效果明显,通常包括2种格式:左右或上下布局的3D视频。

[⑤] 有关Adobe Cpativate 7.0相关内容,请参阅赵国栋.微课与慕课设计初级教程[M].北京:北京大学出版社,2014;有关Adobe Cpativate 8.0相关内容,请参阅赵国栋.Adobe Cpativate 8.0交互式视频课件设计教程[M].北京:北京大学出版社(待出版)。

单选题，多选题，填空题，匹配题，排序题，数字题和热区点击题等。学生完成测验之后，课件可以自动统计和生成成绩。该功能通常可用于检查学生的知识点学习情况，随时发现问题让学生及时补习。在本书中，选用 Adoeb Captivate 的 Quiz 功能来实现。

**第五，动态内容展示**：也称为"动态交互"（Interaction）。在实际课堂教学过程中，利用图表和示意图来向学生展示和讲解教学内容中的重点或难点，是一种常用且很富有成效的教学方式，能够有效地帮助学生理解那些抽象难懂的定理或概念，加深学生的印象。在交互式视频课件的设计中，同样也具备类似功能。不过，比常规图表更具有优势的是，可以利用软件来快速地设计和生成具有动画展示效果的电子图表或动画示意图。教师所需要做的是，只是在动态模板库中找到一个合适的模板，然后将相应的文字内容输入后就可以自动生成。在教学时，教师可以根据教学需要来向学生动态地展示某一知识点的结构或运行规律，使原来抽象晦涩的概念和理论变得直观易懂。同时，学生也可以在课外利用这些动态图表进行进一步的自主学习，深入理解这些学习难点内容。技术上，主要选用 Raptivity[①] 或 Adobe Captivate 来实现此功能。

**第六，课程管理系统也是交互式视频课件的重要组成部分**。从目前世界各国教育领域数字化学习、混合式学习的应用和发展趋势来看，课程管理系统通常被当做整个学校的教学信息化和混合式教学的基础应用平台。无论是课程网站，教学视频和各种教学资源都会统一发布在课程管理系统之上，这样做不仅可以有效降低数字化学习的技术成本，同时也可有效地降低教师的使用成本，便于教师快速创建课程网站和组织实施混合式教学，并进行教学资源上传和下载，在线讨论，作业布置和作业提交。在本书中，选用 U-MOOC（文华在线）[②] 来实现此功能模块。这是一个适用于普通院校的网络教学平台，操作简单，适用性好，可作为交互式视频课件的发布和展示平台。

此外，还需要强调的是，上述所介绍的交互式视频课件的技术结构的 6 个组成要素，仅仅是它的基本构成，为学校或教师提供一个参照框架。在实际设计中，交互式视频课件的结构是完全开放的，管理者和教师在规划、设计时可根据本校的实际情况灵活对待，选择应用，视需要或增加删减，或另辟蹊径，可不必拘泥于上述框架。

### 3.2.2 微课与慕课技术解决方案

在设计和开发微课和慕课时，一个很现实的问题是：由于开发工具很多，经常令学校或学科教师无所适从，难以取舍。尤其是受传统教学课件开发观念的影响，以往课件设计类教材，基本都是选择以某一种软件来进行培训，倡导教师用单一的课件制作工具来设计和开发课件。这种模式看似减轻了教师的技术学习负担，但实际上却导致了一个严重的后果：那就是当前课件表现形式的单一化和同质化。由于软件本身功能的局限性，只要是用同一个制作软件设计出的课件，无论是哪种类型学校，或哪个学科的教师，所设计出的课件都是千篇一律，缺乏个性化。也正是这个原因，当教师学会某个课件制作工具并使用一段时间后，当最初的"技术新鲜感"过后，通常容易

---

① 有关 Raptivity，请参阅赵国栋．微课与慕课设计初级教程［M］．北京：北京大学出版社，2014（9）．

② 有关 U-MOOC（文华在线），请参阅本书第八章。

产生一种无法深入之感，觉得用自己所设计的这种千篇一律的课件，对自己的教学工作促进作用不大，最终因"技术倦怠"和"审美疲劳"而逐渐对课件设计失去兴趣。若以这种思路来设计和开发微课、慕课，结果可想而知。

因此，我们认为，应该改革原来这种以单一制作软件为主的课件设计教材，代之以综合性的教材设计模式，采用"快课"模块化的课件设计理念，根据教学或科研需求来采用各种开发软件。这样就不仅可避免课件设计同质化的弊病，同时还可以充分发挥学科教师的创造力，让他们根据各自学科的教学需求来设计出形式丰富多彩的课件。同时，在选用设计软件时，还应遵守快课设计的理念，尽量选择那些模板化、操作简便和相互兼容性强的工具。这样就不会增加教师的技术学习负担，更容易被他们学习和掌握。

以软件为基础，我们也需要一些相关硬件设备的支持，如摄录及相关辅助设备。这样，软件和硬件相互结合则构成了交互式视频课件设计的技术解决方案，如图3-13所示。软件包括基础平台和制作软件两类，前者包括课程管理系统，如 U-MOOC（文华在线）、Blackboard 和 THEOL 等。后者包括 CrazyTalk、CrazyTalk Animator、iClone、Adobe Captivate、EZClick 等。而硬件设备则包括四大类，分别是：通用类设备，视频编辑工作站、摄像机和数码相机；拍摄辅助类设备，如蓝绿屏抠像幕布、补光板及相应支架及照明灯光，手写板和高拍仪等；3D 类设备，如电动转盘、Kinect 体感摄像机等；最后还包括课堂现实反馈类设备，如 IRS 互动反馈投票器。总之，这些软、硬件设备共同构成了微课与慕课的硬件设计平台。

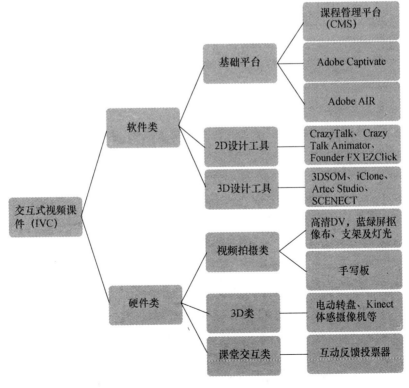

**图 3-13　微课与慕课设计所需的软件和硬件**

基于以上理念,研究者在考察和测试了当前国内外数十种课件设计软件,并经过多年的实际应用之后,选择多种软件和硬件工具,作为设计和开发微课和慕课的整体解决方案(见图 3-14)。这个方案包括四个组成部分,分别是:设计团队、硬件设备、软件工具和发布平台。根据配置和型号的不同,投资和建设这样一个交互式视频课件设计室所需要的全部经费总额大约在 10 万~20 万元人民币。对于一般院校来说,应该是可以承担的。

图 3-14 微课与慕课整体技术解决方案

## 1. 硬件设备

工欲善其事,必先利其器。在设计和开发微课、慕课之前,首先需要购置和拥有一系列相关的硬件设备。在经费允许的情况下,学校可考虑建立一个专门的"课件设计室",供各个学科教师教学时使用,这是最佳方案,利用率高。根据以往的应用经验,我们认为,这不仅是提高教师的教学信息化的应用兴趣,同时也是提升教师整合技术的学科教学知识(TPACK)的一个重要途径。

在设计室中,除了必不可少的计算机(为提高效率,建议使用高性能的媒体工作站)和摄录设备(如高清摄像机或高清 DV 等)之外,根据研究者长期积累的课件开发经验,还需要购置相关的专门硬件设施,如用于录制屏幕板书的手写板、手写屏和绿屏抠像演播套件等硬件设备。

例如,可汗学院的录屏手写板书式微课,是当前被认为是最具有代表性的微课设计方案。要想实现这种效果,开发者应事先准备好相应的屏幕板书设备——手写板,如图 3-15 中可汗手中所使用的用于录屏的手写板。在打开相关录屏软件(如 Adobe Captivate 8.0[①])后,利用这个手写板,就能方便地将教师的板书内容和语音等内容都自动录制下来。

除上述可汗的这种录制方案之外,目前国内还有另外一种流行的微课录制方式,是利用一种名为"高拍仪"的录像设备连接到电脑之后,来直接录制教师在纸上的手写内容,见图 3-16。这种方案类似直接用 DV 来录制教师手部的书写过程,能够将教师的板书过程直观地录制为视频,操作更加简单。对于学习者来说,学习的临场体验感

---

① 赵国栋. 交互式微课设计教程 [M]. 北京:北京大学出版社(待出版)。

图 3-15　微课用的手写板

较好，实际效果也相当不错，技术成本也更低一些。

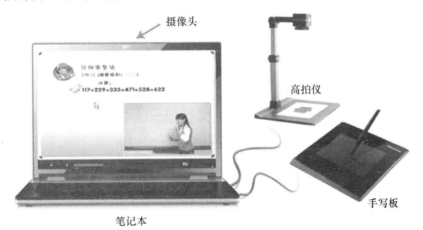

图 3-16　利用高拍仪和手写板来录制微视频

此外，还有一种效果很好但成本较高的微视频录制方案：直接利用带有手写触摸屏功能的笔记本电脑来录制。目前市场上 IBM、HP 和 DELL 等品牌都能生产带有手写触摸屏功能的笔记本电脑，如图 3-17 所示的一款 HP EliteBook Revolve 810 G2 笔记本电脑，就能够直接用专用的手写笔来进行屏幕书写，用来录制微课也是一个很好的技术方案。

图 3-17　用手写屏笔记本电脑录制微课

上述三种手写板书式微课录制方案，通常只包括教师的讲课语音，但不包括教师的授课形象视频。如果要想实现当前 MOOCs 中常见的带有教师讲课形象的微课，那么就需要拍摄教师的讲课视频。但与以往精品课的那种在教室现场拍摄方式不同的是，这种微课通常都是在演播室里拍摄完成的。因此，需要其他一些相关设备，如演播室。相对于上述板书式录制方式，这种方案录制的授课视频质量更高，效果更好，当然技术成本也相应增加。

如果学校已建有标准的演播室，当然最好不过。但实际上并非所有院校都具备这样的条件。如果没有演播室，而且经费有限的情况下，我们建议购买一套可移动式绿屏抠像演播套件，对于多数教学经费有限的院校来说，是一个经济可行的方案，见图3-18。它通常包括可移动式灯光、可拆卸式抠像支架与绿屏背景布。

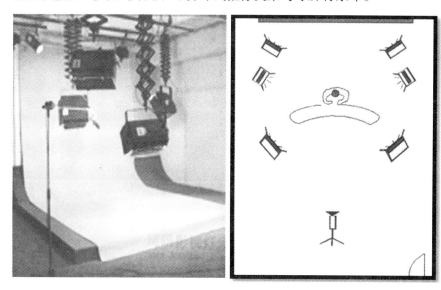

图 3-18　移动式绿屏视频的拍摄设备及其摆放位置示意图

这套系统所用的设备价格低廉、携带方便，主要用于课件中视频素材的采集和编辑，为微课和慕课提供数字化资源，可广泛应用各级各类教育和培训机构的课件设计工作。它的设备清单如表3-3所示：

表 3-3　移动式绿屏视频拍摄设备的组成

| 设备名称 | 数量 | 功能和使用 |
| --- | --- | --- |
| 4*55W 三基色柔光灯 | 2套 | 背景光：用来把人物身后的背景打亮，消除人物的阴影 |
| 6*55W 三基色柔光灯 | 2套 | 轮廓光：分别置于人物的侧后方，提供自高向下方向的光源，使人物头发及肩膀衣服边缘产生亮边，便于后期抠像时实现人物与背景之间的脱离，产生立体感，避免过于平面化 |
| 轮廓光500W 聚光灯 | 2套 | 面光：分别置于人物前方45度角位置，使人物面部能够均匀受光 |
| 铝合金大背景架 | 1套 | 3*3米可调节支架，用于固定抠像幕布 |
| 绿屏抠像布 | 1套 | 3*6米蓝色或绿色背景幕布 |

注：本表格的设备适用于10-25平方米空间的小型演播室。

从实践角度说，这套可移动式设备的优势是，在某种程度上能够替代演播室的功能，具有可移动性，可利用较简单的硬件来制作出具有专业水平的视频素材。这对于那些目前缺乏演播室等设施的普通院校来说，是一种比较经济的替代方案。设计者可以利用这套设备在很短的时间内就在普通的办公室或教室中搭建出一套符合抠像视频拍摄要求的简易演播室，并投入使用，拍摄工作结束后则可以快速拆除并移动至其他位置。

2. 软件工具

在具备上述硬件设备的基础之上，微课和慕课还需要一系列的软件工具。根据上述对交互式视频课件技术结构的设想，同时在遵循"快课"技术理念的基础之上，我们将所需要的软件共分为以下五大类。

- **动态图表类**。用来实现课件中各种教学信息的互动性动态呈现与展示，如示意图、图表、在线测试和网络问卷等。此类软件主要包括 Raptivity、Adobe captivate 的 Interaction 和 Quiz 等。所生成的课件素材都是 Flash 格式，交互性强和便于在互联网上传播。
- **语音动画类**。用来实现课件中模拟教师语音授课和语音合成，为学习者创建一个尽量接近现实教学环境的虚拟情景。此类软件主要包括 iFlyTech InterPhonic、Character Builder、CrazyTalk、CrazyTalk Animator 等。
- **视频抠像类**。用来实现课件中的教师授课视频的编辑与发布，通常采用抠像和虚拟背景技术来实现，为学习者展示各种具有独特艺术效果的视频短片。同时，也包括在线的视频课堂教学或课堂教学实录视频。此类软件主要包括 Adobe Ultra、iClone 及其视频抠像插件 Popvideo Converter 等。
- **交互设计类**。用来将上述三种软件所生成的素材加以设计和整合，生成各种学习路径和互动设计，最终形成一个结构化的电子资源包，以便学习者在各类终端设备（PC、平板电脑、智能手机等）上学习。推荐使用目前国际上最流行的通用性课件专用设计软件 Adobe captivate 8.0。
- **网络发布类**。即课程管理系统（CMS）或学习管理系统（LMS），或称之慕课平台，主要用于所生成的微课或慕课的网络发布。通常具有各种在线互动功能，如视频点播观看、师生提问答疑、作业布置与提交。同时，这类系统通常还具备对学习者的学习过程记录功能，以便于教师对学生的学习过程进行监控和问题分析。其通常分为两大类：国际产品以 Blackboard 和 Moodle 为代表，国内则以 U-MOOC（文华在线）和 THEOL 等为代表[①]。

---

[①] 有关课程管理系统或慕课平台的选择与建设，请参阅赵国栋. 微课与慕课平台建设教程[M]. 北京：北京大学出版社（待出版）.

需要强调的是，上述这些软件或平台，从在微课和慕课开发与设计过程中所起的功能来看，其相互之间具有密切联系，每一个软件所设计出来的素材都在格式、功能和形式等方面具有互补性和支持性，具体如表3-4所示。这样，利用一个整合的技术结构，将各种素材有条不紊地相互结合在一起，最终实现整个微课或慕课的诸多功能，向学习者呈现一个形式多样的综合性学习资源包。

表3-4 微课与慕课的设计软件和平台（初级与高级方案）

| 类型 | | 名称 | 功能介绍 |
| --- | --- | --- | --- |
| 动态图表 | | Raptivity | 著名快速课件生成工具，带有12种类型300多种动态的交互式模板，每年还不断发布新模板，可方便快捷地自动生成单文件的Flash格式课件，并可方便地插入到多种工具中，如Adobe Captivate等 |
| 语音动画 | 初级方案① | iFly Inter-Phonic | 最先进的汉语文字语音转换引擎，可方便地将任何中文内容转换为Wave格式的诵读语音文件。最新版本可支持64位操作系统，具有6个可选语音模板库，包括标准普通话和若干方言库（粤语和台语）。在输出语音时，可变换语音、语调、语速 |
| | | Character Builder | 智能人物动画生成工具，提供了丰富多样的人特和肢体动作模板库，可快速定制和生成Flash格式的动画人物，并可对人物的表情、运作、语音进行个性化定制开发 |
| | 高级方案 | CrazyTalk | Character Builder的升级工具，可利用头像图片或照片来快捷生成动态人物头像，具有丰富的眼睛、牙齿、嘴巴和面部表情的模板库，方便地赋予头像各种面部表情动作。可以通过语音文件导入，或自带语音转换引擎来为头像导入语音，并自动匹配唇形 |
| | | CrazyTalk Animator | CrazyTalk的升级工具，可利用人物的全身图片或照片来快捷生成动态全身动画人物，并具有各种面部和身体各部位动作模板库，方便地为人物生成各种动作，同时也可配音并自动匹配唇形。此外，还可快速搭配各种虚拟场景 |
| 视频抠像 | 初级方案 | Adobe Ultra | 模板化的虚拟演播室系统，以绿屏抠像背景视频为基础，可快速实现授课视频人物的抠像与虚拟场景的叠加，构建多样化场景的微课视频。该软件提供47种类型200余种虚拟场景，从教室、机房、讲堂到校园外景，应有尽有，可方便调用。最终可方便地将授课视频编辑和切割成为小段的具有丰富多样虚拟场景的微视频来发布 |
| | 高级方案 | iClone | CrazyTalk Animator的升级产品，模板式的动画视频设计工具，具有多达数十G的人物、景物、道具和物件模板库，可方便地搭建各种虚拟动画场景与人物动作情节。同时配有多种插件，可实现模板导入、人物动作捕捉、地貌景色设计、各种物理现象模拟等。尤其是利用其抠像视频插件，可实现真实视频与虚拟景物的融合，构建丰富的微课场景。该软件可生成真正的3D动画视频，包括红蓝3D视频和偏光3D视频，后者需要配合专门的3D眼镜和显示器 |

---

① 有关表格中初级方案相关内容，请参阅赵国栋.微课与慕课设计初级教程[M].北京：北京大学出版社，2014（9）.

续表

| 类型 | 名称 | 功能介绍 |
|---|---|---|
| 交互设计 | 初级方案 Adobe Captiviate 8.0① | Captivate 是一个功能强大的通用性课件设计和制作工具，能够快速生成软件录屏模拟演示教程，设计和开发出带有复杂分支学习路径的学习课件，并且能够加入自定义的文字说明、音效（旁白、背景音乐、及声音效果）、视频、Flash 动画、文字动画、图像、超链接等电子素材。最终生成跨平台的交互式微课，通过 Adobe AIR 平台，可实现课件的跨平台播放，兼容 Windows、MAC、iOS 和 Android，并能够自适应终端显示尺寸，包括 PC、平板和手机 |
| | 高级方案 Adobe Captiviate 7.0 | |
| 网络发布 | Blackboard Moodle U-MOOC THEOL | 课程管理系统或学习管理平台，可让教师快速创建自己的课程网站并管理教学内容，其功能主要包括上传文档、论坛、在线测试和提交作业等，最终实现微课与慕课的发布与管理。目前分为两大类，国外产品以 Blackboard 和 MOODLE 为代表，国内以 U-MOOC（文华在线）和清华教育在线（THEOL）为代表 |

## 3. 经费预算

根据各院校的实践经验，我们建议各院校建设一个统一的供各学科教师使用的"课件设计室"，为全校的微课和慕课建设提供专业化的服务。对于校方来说，通常只需要投入 20 万元左右的经费，见表 3-5，就可以为全校教师提供一个自助式课件设计室，对于学校整体的教学信息化工作推动作用相当大。

表3-5 设计室的建设经费预算表

| 项目 | 内容 | 经费数额（万元） |
|---|---|---|
| 硬件设备 | 高清摄像机 1 台<br>移动式演播室（幕布、灯光）1 套<br>可折叠式绿屏抠像幕布板 1 个<br>高性能媒体工作站 1 台<br>手写板 1 套 | 8 |
| 软件工具 | 初级版：Raptivity、iFly InterPhonic、Character Builder、Adobe Ultra、Adobe Captivate 7.0 | 10 |
| | 高级版：CrazyTalk、CrazyTalk Animator、iClone、Adobe Captivate 8.0 | |
| 人员培训 | 3～5 名学科教师和技术人员参加初级和高级培训班费用 | 2 |
| 总计 | | 20 |

---

① 有关 Adobe Cpativate 8.0 相关内容，请参阅赵国栋. 交互式微课设计教程：Captivate & Presenter [M]. 北京：北京大学出版社（待出版）。

## 3.3 交互式微课设计和开发流程

具备上述软、硬件设施之后，随后便进入设计与开发阶段。

在本书第三章中，我们曾提出一个交互式微课的设计方案，认为它至少由四个环节组成（见图3-19）：一是"概念导入"，主要以各种形式的交互式动态图表或预备性测试来简约地向学生展示学习内容和目标；二是"授课视频"，主要以虚拟场景式视频方式来表达核心教学内容，时间通常在5~15分钟左右；三是"巩固测验"，主要以在线测验方式来检验学习者的知识理解和掌握程度，并以自动计分等方式来即时反馈；四是"反馈总结"，通常以作业练习或协作项目学习等方式来让学生将所学内容进行应用性操作，通常以在线方式提交。

图3-19 交互式微课的基本结构

以这个结构为基础，随后我们就可以正式启动微课的设计与开发工作。

整体来看，交互式微课可划分为三个基本环节：设计、开发和发布。其中又包括若干具体实践步骤和环节（见图3-20）。

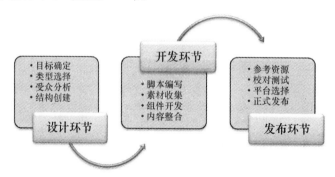

图3-20 交互式微课的设计与开发流程图

### 3.3.1 设计环节

第一件事是目标确定，即设计这个课件的核心目标有哪些，受众在学习完或浏览完这个课件后，将获得哪些知识、信息或技能。对于设计者来说，考虑通过哪些形式和方法向对象清楚和有效地表达出这些知识、信息或技能，将是目标确认环节中最重要的工作。一般情况下,根据教学设计的基本要求,行为目标①表述法是一个比较通行的方式,即学习或浏览完该课件之后,受众可能表现出的行为或技能,可用列表的文字描述方式来完成。

实践上,确定微课的目标并不是一个很复杂的过程,因为通常教学计划和教学大纲对于各个教学单元知识的目标、难点和重点都已有清晰的表述。教师在设计课件时所需要做的,就是将这种为课堂面授教学所表述的目标进行修改,使之适用于教学技术辅助下的混合式学习环境。确定之后,这个目标将会成为指导整个后续课件设计的核心指南,起着引导整个课件设计和开发过程的重要作用。

随后便进入下面两个环节:"受众分析"和"结构创建"。这是整个设计步骤中最为重要,同时也是难度较大的两个环节。

受众分析。就是对课件所指向的特定对象的原有认知水平、群体特点、学习风格、阅读习惯等因素进行剖析和了解,为后续的课件结构设计确定指导思想。众所周知,不同年龄、不同群体的受众对信息的呈现方式是有差异的。一般来说,年龄和受教育程度与信息呈现的形象程度呈反比。也就是说,年龄越小,受教育程度越低的受众群体,其对信息呈现的形象性要求越高,更喜欢图形、图片、语音、视频等易引起感觉器官反应的媒体形式。反之亦然,年龄大和受教育程度较高的群体则更容易接受文字、图表、公式等媒介表达的内容。因此,在受众分析环节中,事先调查和了解课件指向对象的基本特征、喜好和态度,是一个重要的和必不可少的准备工作。

结构创建。就是为课件构思整体的技术结构和框架,提出课件的基本模块构成及其相互关系,包括学习或阅读路径、超链接及内容跳转等。虽然在前面已介绍交互式视频课件包括五个基本构成要素。但在实际的课件设计中,由于学科内容、课件类型、受众群体和设计者技术能力等方面的差异性,不同课件的结构各有特色。从实际的角度来看,交互式视频课件的结构创建应该形成一个结构化的层次框架,形式大致如图3-21 所示:

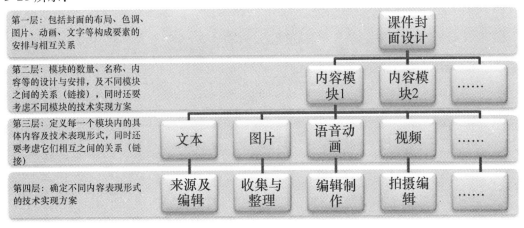

**图 3-21 课件结构的基本表现方式**

---

① 行为目标:也称作业目标,是指可观察和可测量的行为陈述的目标。表现在教学上,是指对学生学习的终结行为的具体描述,也就是说通过教学活动学生应该学到哪些知识和获得哪些能力。

### 3.3.2 开发环节

微课的开发步骤,共包括"脚本①编写""素材收集""组件开发"和"内容整合"4个基本环节。从重要性和实施难度来说,"脚本编写"和"组件开发"是最值得关注的两个环节。

脚本编写。就是在参照课件结构的基础之上,进一步对微课内容的选择、版面布局、视听表现形式、人机界面、解说词撰写、音响和配乐等进行周密考虑和细致安排,其作用相当于影视剧本。通常分为"文字脚本"和"编辑脚本"两种。这里向读者强调,脚本编辑可以说是直接影响到课件开发的核心环节之一,磨刀不误砍柴工,在这一环节多下工夫,多方讨论,认真设计,仔细撰写,可以为后续的工作打下坚实的基础。就如同大楼的设计图纸一样,脚本编写就是为大楼后期的施工提供图纸,重要性自不待言。

脚本编写的基本原则是清晰、全面、指导、可行。清晰的原则,要求脚本编写过程中要采用简洁准确的语言,这样在制作课件的过程中就可以直接将脚本提炼为解说词或提示词。全面和指导的原则,要求脚本编写对于课件所需的布局、文字、图片、声音、音乐、视频和动画等各个方面的制作过程和设计全部包含,为后续的课件制作提供完整的制作指导。可行的原则,要求脚本编写以现有的素材和制作工具与技术为基础,合理进行地课件效果设计。

在脚本编写时,首先要完成关于课件基本信息的描述,包括课件名称、作者、教学目标、教学对象和主要开发平台等信息。其次要重点完成课件系统框架结构流程图的设计与绘制,并说明模块设计与制作的相关信息,而且还要绘制出课件系统首页入口设计略图。最后,也是脚本编写的关键,就是要清晰全面地完成对课件所有模块制作的分页面内容,所需的布局、页面过渡方式、文字、图片、声音、音乐、字幕、按钮、视频、动画等搭配组合与实现方式进行详细描述。总之,如图3-22所示,脚本编写过程可以概括为"二阶段八步骤"。

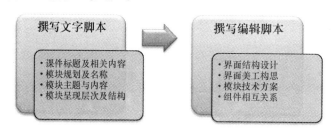

**图 3-22 交互式视频课件脚本编写流程图**

素材收集。当脚本编写完毕之后,就进入"素材收集"环节。此环节是微课正式

---

① "脚本"一词原用于电影、电视剧本的拍摄制作,其含意是指电影、电视拍摄过程中所依据的文字稿本,在课件制作中,我们也引入了"脚本"一词,既要表现教学内容,教学过程,又将一些细节,诸如内容的呈现顺序、呈现方法等进行描述。类似电影制作中的"分镜头脚本"。

进入开发状态的起始点，教师开始真正动手去做课件了——为课件准备形式多样的素材。从技术属性来说，微课的素材主要划分为：文本、图片、语音文件、动画、视频及各种辅助性材料。形象地说，这些素材就是课件这幢大楼的"建筑材料"。可想而知，建筑材料质量的好坏，直接影响到大楼的整体质量。

这里，我们提出一种新的素材制作思路：充分利用版权法中的"合理使用"原则①来直接使用互联网的海量网上资源，即尽量利用网上的现有素材来满足自己课件开发的需求，而不是个个自己动手，过分强调所谓的"原创性"。既然如此，在根据脚本来收集和整理各种素材时，我们建议遵循"合理使用网上现有素材"的原则。当需要各种课件素材时，首先考虑通过以下方式来获得。

- 通过各种网络搜索引擎来检索所需要的各种素材，包括谷歌、百度、必应等，尤其是充分利用这些搜索引擎的图片和视频检索功能，为自己收集各种图片和视频素材。不过，需要强调的是，在收集这些网络素材时，应认真记录素材下载的原作者、网址和时间，并在以后正式发布课件时注明这些素材的来源。换言之，在学校教育环境下，作为教师有权利免费下载和使用这些素材，但必须注明素材的来源，以表示尊重原作者并表示感谢。
- 通过与国内外同行的交流来获得各种课件素材，并引用在自己的课件中。由于有了互联网的支持，即使是普通学科教师，也有可能看到或下载到国内外学科同行的相关电子资源。在这种情况下，本着"没有必要再一次发明车轮"原则，在标明原作者信息的前提下，应该鼓励相同学科的教师通过互联网来发布和共享自己的课件成果，这样其他同一学科的教师就不必再重复制作相同的课件素材，直接引用，互利互惠，充分体现当今国际上"开放教育资源"（OER）的理念。

组件开发中所谓"组件"实际上是素材的一个上位概念，当若干个素材以某种方式关联为一个集合时，就构成一个组件。换言之，组件就是素材的结构化表现形式。再进一步说，以某种结构或关系为基础，组件与组件形成相互关联之后，则构成微课。

从实用角度来说，在微课开发过程中，无论是网上收集到的现成素材，还是教师自主制作的素材，通常都是以若干个素材相互结合的形式被应用于课件开发之中，孤立的素材则很难应用于结构化的课件开发之中。因此，从这个环节开始，实际上就开始进入设计者自己动手来"丰衣足食"的阶段。

根据交互式微课的特点和构成要素，组件开发通常包括以下方面：

---

① 合理使用原则（Fair Use）通常是指为了学习、引用、评论、注释、新闻报道、教学、科学研究、执行公务、陈列、保存版本、免费表演等目的，可以不向版权人支付报酬而使用其作品。这是为了在保护版权人利益、加强对版权限制的同时，又不至于减慢信息传播速度和增加社会成本。美国在1976年修订的版权法对"合理使用"有如下定义：使用任何方法复制各种材料，将这些材料用于批评、评论、消息报道、教学（包括用于在教室内使用的多本复印件）、学术及科学研究不违背版权法。它允许教师、学生、学者及艺术家们使用持有版权法的各种资料，不必取得作者和出版商的许可，也不必付任何使用费，这对促进知识的进步和提高教育质量是至关重要的。

对各类原始素材的二次开发与组合应用。经过前面"素材收集"环节的工作，教师已通过互联网或与同事共享等方式获取了诸多原始素材。很难设想，这些原始素材都是能不加修改就能直接运用于设计者的课件开发之中的。相反，实际情况通常都是，设计者不得不对所收集到的这些原始素材进行"改编""二次开发"或"组合应用"，然后才能用于自己的课件之中。这时，设计者就需要通过多种工具对素材进行再加工，以使之符合自己的设计要求。这样的工作通常包括：文本的增删与修改，图片的格式、尺寸、颜色及内容的修饰，语音和视频文件格式的转换、内容和时间的剪辑等。

应该说，尽管各种各样的网络素材并非教师的原创，但它们经过再加工之后，就开始带上了设计者的"烙印"，体现出了设计者的理念和想法。同时，通过这个过程，也就实现了从"素材"向"组件"的转变。这里，研究者提醒，为尊重设计者所使用的各种素材的原作者，建议对这些素材的作者和来源进行整理，如同学术论文的参考文献一样，将之列入课件最后的"素材来源"之中。换言之，当设计者将课件的设计和开发视为与学术研究类似的工作时，并遵循学术研究的基本规范，这样的课件开发才是具有可持续发展潜力的，也才会从长远角度为"开放教育资源"发展提供更大的空间。最终的受益者将是教师自己。

根据课件脚本的要求来开发原创性的素材并构成组件。从技术难度来说，以原创性素材为基础，进一步构成组件，显然是整个交互式视频课件之中技术成本最高，开发时间最长和最能体现出设计者综合信息素养水平的工作。在这个环节中，前面所介绍的各种软、硬件就开始正式登场，显示其用武之地。应该说，在动态图表类、语音动画类、视频抠像类和交互设计类这四大类软件中，每一种都会在课件的开发中发挥各自的功能和作用，如果设计者都能够熟悉应用的话，肯定会有效地提高交互式视频课件的开发效率。

当然，需要指出的是，考虑到不同教师在学科、学校环境和教学设计等因素方面的个性化需求，这四大类软件在某些情况下未必完全能满足交互式视频课件的开发需求。这时，可能就需要设计者根据实际情况来发挥出自己的主动性，去选择其他一些相关工具或软件来实现。

内容整合。这是交互式视频课件开发过程中的最后一个环节，就是将上述各个环节所完成的素材和组件进行组装，根据脚本的设计目标和思路来实现整个课件结构和内容的最后结合。这个环节看似简单，但在实际操作过程中可能会遇到诸多技术和操作问题。例如，由于交互式视频课件的开发中采用了多种软件工具，多数都是国外不同软件公司的产品，这样在使用时容易出现不同软件所生成的产品之间的相互兼容性问题，即一个软件所生成的素材有可能无法插入另一个软件所生成的素材之中，或无法相互结合组成一体化的组件，或者由于不同软件版本差异而产生的兼容性问题等。在这种情况下，就需要设计者采取一些技术方法来予以解决，最常见的方法，就是设计者通过修改素材的格式、形式、版本属性来解决兼容性问题。不过，有时也会出现这样的情况，设计者所面临的问题其他设计者实际上以前也同样遇到过并且已经解决，有些热心的教师甚至可能将解决方法发布在互联网上供其他后来者参考，在这种情况下，直接借鉴这些经验，显然是最好的解决方法。

总之，交互式微课的内容整合环节的核心，就在于实现不同素材、组件及所形成的不同课件模块之间的相互组合和协调，这要求教师在此环节的工作中设计缜密、思路清晰，具备较强的技术动手能力和问题解决能力。只有这样，才能实现脚本所设计的目标。

### 3.3.3 发布环节

这是交互式微课设计的最后一个阶段，包括"参考资源""校对测试""平台选择"和"正式发布"四个环节。其中，"参考资源"环节的主要任务就是整理在前面素材和组件开发阶段所参考的各种非原创性课件素材，如文本、图片、视频等，将这些资源的出处一一整理和注明。建议以学术出版物参考文献的基本要求来列出，包括以下内容。

- 作者姓名，若无法查证则可注明"佚名"。
- 资源标题，就是所使用资源的名称。
- 资源类型，可根据资源的类型来标出，如论文、专著、图片、视频或其他形式。
- 资源出处，通常以网页链接形式表示。
- 参考时间，考虑到网页可能随时由于故障而无法访问，需注明参考或下载的时间。
- 其他内容，可根据所参考素材的特点来加注。

最后，将上述内容整理为一个 TXT 文本文件，命名为 References，复制至课件的文件夹中保存。

在功能测试环节中，主要是测试课件内容的可用性。所做的主要工作包括如下。

- 文字内容校对，对整个课件的文本内容进行校对，以防止出现错别字或语句不通顺之处。根据以往的经验，建议由设计者之外的人员来承担，这样更容易发现其中的错误。
- 链接路径测试，对课件中的全部链接进行点击测试，以检查链接路径是否正确。
- 其他相关测试，包括链接文件、点击后的显示时间等。

平台选择需要做工作包括如下。

- 发布形式，主要是指交互式微课的发布格式：通常包括可执行文件格式（EXE），Flash/Html5、视频和 app 等。
- 发布平台的选择，所生成的某种格式的交互式课件必须通过某种平台来向受众发布和展示，通常包括：PC、课程管理系统。

最后正式发布于网络教学平台，完成整个交互式微课的设计与开发工作。

# 第四章 用照片生成动画头像——CrazyTalk

正如我们在第三章中所阐明的,交互式视频课件采用的是一个流式线装配式技术方案,各个工具各司其职,各有其用。如 Adobe Captivate 8.0 实际是一个结构创建和素材整合工具,主要功能在于为微课提供一个课件框架,但同时并不具备素材的设计和编辑功能。若想为交互式微课创建设计一些具有特殊功能的素材,如各种动画,那么就需要使用其他工具。

以视频和动画来呈现教学内容,无疑是当前网络教学课件的重要表现形式之一,在交互式微课的设计中更是一种常用表现方式。对于那些伴随着动漫成长起来的"网络一代"(Net generation)学习者来说,活泼有趣的动漫风格的视频与动画,是最能吸引他们眼球的网络内容表现形式。在初级教程[①]中,我们曾经介绍过多个模板化的动画快速生成工具,如 Raptivity、Character Builder 和 Adobe Ultra 等,利用这些工具,学科教师可以较低的技术成本快速生成各种具有交互功能的动画和抠像视频,使他们自主设计和开发课件的能力上了一个台阶。

作为这本高级教程中,我们将进一步为那些追求课件呈现形式更加个性化和独特性的学科教师,提供更加先进和多样化的动画与视频制作工具。与初级版的解决方案类似,这些动画与视频软件仍然都是基于模板化的理念设计而成,向教师提供了大量形式多样且操作简便的模板库,鼠标点击之间便可以自动生成能够充分展示出教师个人风采的动画与视频素材,为学科教师教学技术设计与应用能力的提升,提供了一条更实用的发展路径。

## 4.1 Reallusion 课件工具概述

自本章开始,将向大家介绍一个基于模板化和快课的设计理念而形成的,从 2D 动画到 3D 动画的个性化课件解决方案,即甲尚(Reallusion)科技的系统软件产品。甲尚是一家台湾的软件公司,主要致力于角色动画与多媒体人机互动核心技术之应用,以其 3D 实时演算技术及"动作捕捉"(Motion Capture)设计开发经验,整合 3D 特殊成像效果、脸部动态仿真、肢体动态仿真等技术而著称。以往该公司的产品主要面向欧美市场,故

---

① 请参阅赵国栋. 微课与慕课设计初级教程[M]. 北京:北京大学出版社,2014.

其软件产品主要以英文版为主。但近年来，随着中国大陆市场的扩大，其产品也开始向中国大陆扩展，逐渐开始提供简体中文版的产品，这就为大陆用户提供了更好的使用体验。

Reallusion 产品的优势，不仅在于操作简洁的模板化 2D 和 3D 动画实时生成技术，更在于，它为学科教师提供了一个完整的从低到高的全面动画与视频解决套件：既有适合于新手使用的基于图片、照片的二维动画头像生成工具，如 CrazyTalk，也有基于照片的全身动画生成工具，如 CrazyTalk Animator。更有适用于熟练用户的三维动画生成工具 iClone 及其辅助插件①（见图 4-1）。这样，从简单至复杂，就形成了一个功能较齐全且系列化的动画课件设计与制作体系，为学科教师提供了较完整的微课和慕课的工具选择。

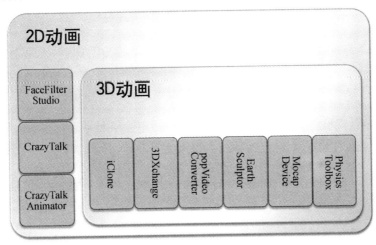

图 4-1　Reallusion 动画课件开发技术方案

正如本书第一章中所阐述的，在互联网朝代，以微课和慕课来扩大个人的学术影响力进而实现个人教师职业的跨越式发展，追求课件设计水平的不断提升，对于那些学科教师来说，正在越来越成为一个值得投入时间和精力去努力的方向。可以毫不夸张地说，作为学科教师来说，如果愿意花费一周的时间来掌握本书所提供的这套动画与视频课件解决方案之后，那么，其微课和慕课设计水平将在国内无疑能够名列前茅。

## 4.2　CrazyTalk 介绍

以往在设计课件时，把自己的真实形象插入教学课件中，这恐怕是许多教师一直想做而难以实现的工作，因为要想用 Flash 等工具设计出一个自己逼真的动画形象，这对多数教师来说都是一项无法完成的技术难题。但是，当设计者掌握 CrazyTalk 这个工具之后，这个梦想就能够轻易实现了。

CrazyTalk 是一款由台湾甲尚公司推出的模板化动画头像制作软件。通过它，我们只需要一张普通照片或图片就能制作出栩栩如生的头像动画（如图 4-2）。在生成的动

---

①　CrazyTalk 和 CrazyTalk Animator 和 iClone 的试用版，请访问 Reallusion 官方网站下载 http：//www.reallusion.com/download.aspx.

画中，除了嘴巴会跟着语音开合之外，眼睛、面部肌肉等也都会跟着动，表情非常自然。而且 CrazyTalk 支持 TTS（Text to Speech，文字转语音技术），也就是说，设计者只要输入文字，软件即可自己生成语音和口形。

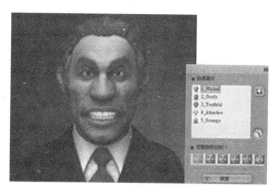

图 4-2　快课式动画头像生成工具 CrazyTalk

CrazyTalk 除了自带的十余个动画角色模板库外，还能让使用者自行制作角色，用自己、动物、朋友、明星的照片制作成会说话的动画角色。这样，教师不仅可以把 CrazyTalk 中输出的动画放在自己的多媒体课件中，也可以让学生自己动手操作，引发兴趣与参与感。

目前，CrazyTalk 分为 Windows 版和 iOS 版，同时它也加入了 CrazyTalk app。CrazyTalk 主要功能包括以下内容。

- 可将任何图片转换成有声的动态角色：教师可以使用 CrazyTalk 自带的角色或人物、动物图片来进行编辑。
- 声音或文字自动匹配动态口型：可以使用 WAV、MP3 格式的声音文档，或者教师自己录制声音文档，同时还可使用 TTS 将文字转成语音；导入的声音将会被声音数据库依次分析，来产生相应的角色动态唇形。
- 自动动画生成：利用这一功能可以分析声音的音调，以便在套用不同语调模板至任何声音情境时能自动产生头脸动态。
- 自定义脸部操控：设定角色脸部时可以通过移动鼠标来预览效果，同时也可以控制特定的脸部肌肉，来达到更好的表情效果。
- 时间轴编辑与调整：可以拖动表情、动作到时间轴上来进行脸部、唇部、肩膀等各个部位的具体编辑，比视频编辑软件更加简洁的操作界面可以让教师迅速上手。

当教师设计自己的交互式微课时，有了 CrazyTalk 这样动画工具的支持，所设计出来的微课自然更能吸引学习者的眼球，激发其学习动机。

## 4.2.1　安装与基本功能

若想试用 CrazyTalk，教师可直接去甲尚公司的官方网站[①]下载。下载的安装程序约

---

[①] 甲尚公司的软件下载网址是 http：//www. reallusion. com/download. aspx。

占 150MB，安装完毕后单击桌面上的 CrazyTalk 可启动该软件。安装完成后，应在体验软件前先注册成为甲尚会员，这样可以获取 15 天的免费体验时间。

CrazyTalk 启动之后，如图 4-3 所示，它的界面大致分为三块：角色编辑栏、左侧工具栏和类别栏。

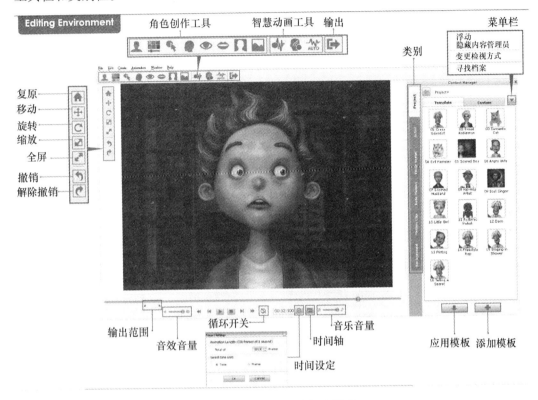

图 4-3 CrazyTalk 的操作界面

菜单栏下方的角色编辑栏，主要用于角色的设计。左侧工具栏则用于载入图像的调整，右侧的类别栏又叫做内容管理器。要预览或应用其中的内容，可以用鼠标左键拖动或双击。

"角色创作工具"从左到右依次是：建立新演员、调整颜色、脸部辨识编辑器、侧面轮廓类型、眼睛设定、牙齿设定、背景遮罩编辑和背景设定。通过这些操作能够给角色输入灵气，为下一步的动作设计做好铺垫。

"智慧动画工具"从左到右依次是：输入声音档、脸部操控和自动动态设定，这些功能赋予角色基本动态。

"类别栏"从上到下依次是：专案、演员、声音脚本、自动动态、动作片段和背景。每一类别都分为范本和自订，范本是软件安装时自带的内容，而自订则是由自己购买添加的。

点击界面下方的"时间轴按钮"可以打开时间轴窗口（如图 4-4）。选中调整按钮中的关键帧可以插入帧，更改角色位置和大小，形成动画。声音、动作片段和自动动态分别来自类别中的声音范本、动作片段和自动动态，双击类别中的内容即可呈现在时间轴中。点击声音和动作片段右边的下拉箭头可以打开更详细的内容，其中，唇形栏中的小方块可以删除或双击更改，动作片段中的小关键帧也可以双击添加或更改。

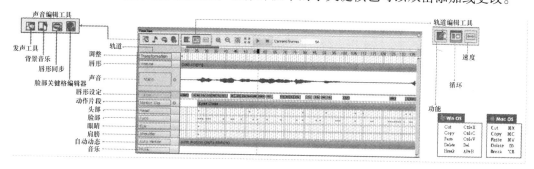

图 4-4　CrazyTalk 时间轴

### 4.2.2　操作流程

从使用角度说，CrazyTalk 的基本操作流程如图 4-5 所示，包括 5 个基本环节：导入图片、角度设定、插入语音与表情、时间轴调整和输出。具体地说，包括以下步骤。

- 选择输入影像，选择电脑中的一张角色图片。
- 角色设定，影像处理、脸部辨识、设定侧面轮廓类型、设定眼睛、牙齿、背景。
- 加入声音和动作：输入声音、脸部动态、自动状态设定。
- 在时间轴上做细节工作：编辑声音、动作片段。
- 输出：部分输出、整体输出、输出方式选择。

图 4-5　CrazyTalk 操作流程

想象一下在课堂中，当教师在讲到某一定理或历史事件时，如果能够以作者本人的动画来讲述，对于学生们来说，该是一件多么有趣的事儿啊，肯定能给学生们留下更深刻的印象。下面我们以"设计马克思讲述《共产党宣言》"为例，介绍CrazyTalk的基本操作步骤。

1. 建立新演员

首先，单击 CrazyTalk 图标启动软件。其工作界面中分别包括如下菜单：文件（File）、编辑（Edit）、创建（Create）、动画（Animation）、视窗（Window）和帮助

(Help）六项。菜单栏下面是角色创建工具栏，包括角色创作工具、智慧动画工具和输出工具。

直接单击角色创作工具中的建立新演员（Create New Actor）（如图4-6），菜单弹出，给出我们三种输入方式：输入图片（Import Image）、使用摄像头（Camera）、输入模型（Import Model）。这里我们使用输入图片（Import Image）。随后选择计算机中的马克思的图片可以将其导入软件中。

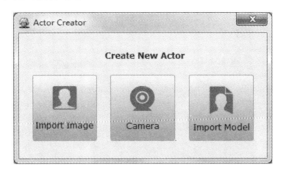

图4-6　创建新角色

2. 设定角色细节

选择窗口左上角的剪裁按钮，为图片选择合适的大小（如图4-7）。这里我们截取了角色的近景画面，选择应用（Apply），点击下一步（Next）。

图4-7　角色图片的处理

此时，图片中出现很多可拖动的控制点，对照右边的示例图将控制点放在相应的位置上（如图4-8）。这里我们选择脸部识别菜单栏中第五个按钮"细节"（Detail）添加控制点，将会使人物的表情动作更加细致。单击一整条线，当其颜色变红后可以拖动，框取几个点可以同步调整。此时应注意，调整时应尽量确保眉毛与眼睛的控制线同宽，鼻子与嘴唇的中心点并齐。点击示例图下方的 按钮进行预览，点击下一步（Next）。

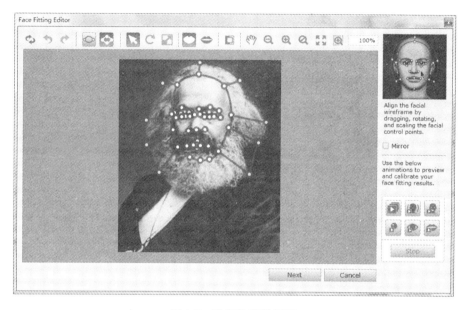

图4-8 脸部位置的识别

在窗口右侧选取人类的侧面轮廓类型（如图4-9），并根据角色头部方向旋转网纹。角色是正面朝向我们的，所以不需调整。预览时只要移动鼠标就可以看到角色的头部动作了，点击OK。

图4-9 选择侧面轮廓的类型

显然，使用角色原本的眼睛会使他做表情动作时双眼无神，说话时没有牙齿，因此我们可以选择为角色设定新的眼睛和牙齿。

单击角色创作工具中的👁"眼睛设定"（Eye Settings）按钮（如图4-10）进行眼睛设定。在右边的内容管理框中选择"人类"（Human），我们可以看到眼睛细分为三类：男性、女性和带妆，双击男性的眼睛进行预览，这里我们可选择"Male_03"。随后，所选择的眼睛将自动进入角色的眼部。

通常，新的眼睛与角色结合在一起时会显得有些过于突兀，这时设计者可以进行调整。再次单击👁"眼睛设定"（Eye Settings）按钮进行具体调适。这里选中"眼白"（Eye Ball-White）等按钮，在"颜色"（Color）中把各项系数稍稍调低，并把"化妆"（Make up）前面的对号点掉。

随后，可单击👄"牙齿设定"（Teeth Settings）按钮（如图4-11）进行牙齿设定，选中合适的人类牙齿，我们将"改变"（Transform）中的几个系数做细微调整，将牙齿调到最佳位置，再对"颜色"（Color）中的系数进行微调，使牙齿更加逼真。调整完毕关闭窗口。

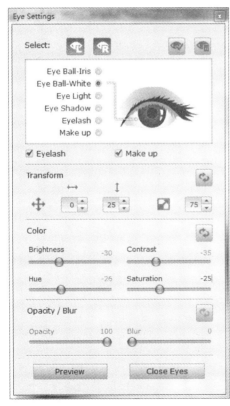

图4-10 眼睛参数的设定

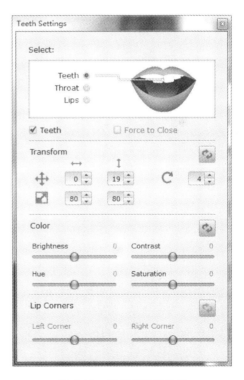

图4-11 牙齿参数的设定

最后，单击"背景编辑"（Mask Editor）按钮（如图4-12），把角色中需要的部分擦出原本的颜色，如果不小心擦过头，可以选择（背景刷），将背景还原。

微课与慕课设计高级教程

图 4-12　背景编辑

到此，我们得到了一个完美加工的人物，完成了人物头像的基本设计。下一步就该进行语音设置了。

3. 语音和表情设置

单击智慧动画工具中的 （输入音频）按钮，选择"音频文件"（Audio File）导入电脑中已配好的解说音频，选择说话模式（Talk Mode）。点开 （时间轴）按钮调出时间轴界面，这时唇形和自动动态条会分别自动生成与声音相对应的唇形和表情。

不过，这时的唇形和表情并不十分准确，我们可以手动调整。点开"声音"（Voice）旁边的小箭头，调出"唇形"（Lips），双击其中一个条形块或双击唇形条中的某一空白处打开"唇形设置"（Lip Sync）（如图 4-13）。每个图例下方都有其相应的发音，设计者可以根据所需字的发音选择合适的唇形；或者自己对着镜子念出需要的词，对照唇形设置中的图例选择最恰当的嘴型。最后选择一个"空白"（None）保证嘴巴闭合。预览时，有时会发现人物的嘴巴动得太快了，这时可以删除其中一两个嘴唇动作。此外， （发声工具）可以改变声音的粗细，也可以使角色变成类似机器人的声音。

如果我们想要让角色在说完课程标题后变小并移动到左下角，这时只要把进度条拖动到相应的位置，用左侧工具栏中的移动和缩放按钮调整角色至左下角合适的位置，系统就会自动在"调整"（Transformation）轨上新建一个关键帧，移动则生成

第四章　用照片生成动画头像——CrazyTalk

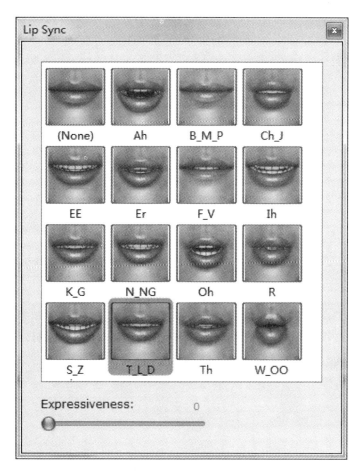

图 4-13　唇形的设置

下面，单击 "脸部动态"（Face Puppet）（如图 4-14）按钮，可对角色脸部动作进行进一步完善。这里我们选择"男性"（Male）脸型，微笑（Smiley）表情。在右边的示意图中我们可以看到脸部各个细节部位的重量分布，重量高（即黄色部分）则运动时这一部位动作大，如果需要某个部位的夸张效果，单击图中的部位使其变黄。更加细致的调节在"高级设置"（Advance Settings）中，为需要部位后的"重量"（Weight）中输入 0 到 100 之内的数字。调整好后点击"预览"（Preview）按钮，单击空格，移动鼠标开始预览，同时也可以点击"录像"（Record）按钮，通过移动鼠标录制一段动态视频。

双击"动作片段"（Motion Clip）右边的空白条，或单击右侧类别栏中的"动作片段"（Motion Clip）来打开动作，选择合适的动作拖入空白条中。如需更加细致的设置，单击声音编辑工具中的 "脸部关键格编辑器"（Face Key Editor）按钮（如图 4-15），我们可以看到它分为"肌肉"（Muscle）、"模板"（Template）、"修改"（Modify）三部分。Muscle 的操作步骤与前面的 Face Puppet 中肌肉设置相同，在此不多赘述；Template 中有各种常见动作的不同模板，双击即可预览；Modify 则是将各种脸部细微动

105

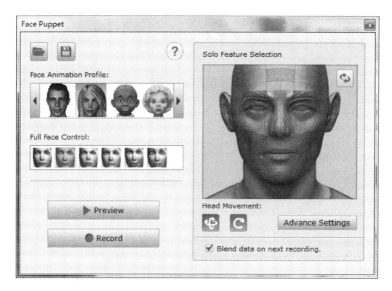

图 4-14　脸部表情动态设置与调整

作具体到量,通过拖动各个部位的进度条来进行表情的微调。角色做得越细致,表情动作就会越自然。

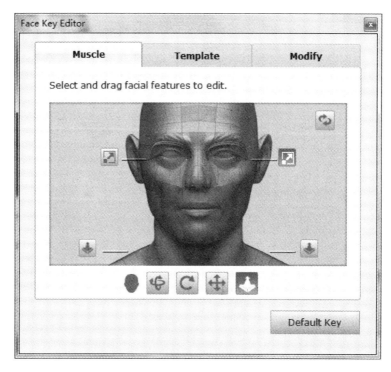

图 4-15　脸部关键格编辑器

如果角色动作或声音时间大于软件中的时间线,可以单击 00:14:500 （时间设置）按钮,为时间线添加时间。

4. 输出视频

最后，经过多次预览确认无误后，则可点击 ➡ "输出"（Export）按钮，选择适当的视频格式、清晰度等，点击输出，动画完成。

## 4.3 CrazyTalk 设计案例

为使教师进一步熟练掌握 CrazyTalk 的设计和使用方法，本节提供另外一个更加详细的设计案例，以"社会认知理论中的自我效能"教学为例（如图 4-16），通过制作一段简短的头像动画来帮助大家熟悉其主要功能和操作流程。

图 4-16 自我效能理论讲解案例效果图

### 4.3.1 编写脚本和准备素材

就如教师在上课前要备课、准备课件，导演在拍片之前要准备剧本和寻找演员一样，我们在使用 CrazyTalk 制作头像动画之前，也要做好相应准备。

首先是准备动画脚本，动画脚本的写作一般分为两步。与传统备课类似，第一步是教师自己以文字或示意图的形式将知识点理顺、讲清楚；第二步则是结合软件的功能，考虑文字脚本在软件中以何种形式体现出来，就像传统备课时考虑以何种课堂形式来传授这些知识。在使用 CrazyTalk 情形下，我们写出来的动画脚本类似于电影脚本，当然比电影脚本要简单许多。以下是关于自我效能教学[①]视频的 CrazyTalk 脚本内容。

---

① Bohlin, L., Durwin, C. C. Reese-Weber. 教育心理学，【M】. 连榕等译. 北京：机械工业出版社，2012：1.

**第一幕：**

班杜拉大头像，讲话，并配以丰富的表情。

教师讲话内容为引入知识点，讲解自我效能的概念。

Hi，大家好！我是班杜拉~。

你们知道，根据我的"三元交互决定论"，个人、行为、环境这三个方面的因素双向作用，共同影响学习的过程和结果。而在个人层面，"自我效能"是最受关注的因素之一。

那么，自我效能到底指什么呢？它是指个体对自己是否具备成功所需能力的信息。自我效能感高的个体相信他们能够成功，自我效能感低的个体则不相信自己有成功的能力。

那为什么人的自我效能感会有高低之分呢？科学家们经过大量的研究发现，自我效能感的建立受到四个因素的影响。它们分别是……

**第二幕：**

镜头拉远，显示出全幅的背景图，背景图上四个节点分别标注出了四个影响因素，并且每个影响因素旁边都有一些帮助理解和记忆的图片。班杜拉图像在四个影响因素之间移动，移动到某个因素就对某个因素进行具体的讲解。

一，过去的行为。个体过去在某个特定领域中获得成功则很有可能拥有对此领域较高的自我效能感。例如一个学生数学学得不错，他就有可能预期日后在数学领域获得成功。相反，一个对数学苦苦挣扎或者是有很多失败体验的学生则会预期日后在数学上再次失败（素材图片：数学考试满分的试卷）。

二，榜样作用。当个体看到与他相似的人取得成功时，他们可能拥有较高的自我效能感，相信自己也能成功（素材图片：小孩戴大红花）。

三，言语说服。当个体被告知他们将会成功时，他们也会相信自己能成功，从而产生较高的自我效能感。被告知会失败的学生则会形成较低的自我效能感并认为自己将会失败（素材图片：奥巴马 Yes，we can！的图片）。

四，生理状况。身体的强弱会影响到自我效能感的水平。一个身体较差的学生在运动领域的自我效能感比身体较强的学生要低，经常感觉到疲劳的学生不太相信自己能成功（素材图片：小孩运动）。

另外，不同的文化也会影响自我效能感。比如少数民族学生可利用的相似榜样很少，所以他们的自我效能感很低，当让他们预测自己的标准测验表现时，他们的预测都在平均线以下。女性也是如此，在美国传统文化里，她们拥有极少的事业成功的榜样，所以劝说她们加入某种学术领域（数学、科学）并不能鼓励她们，反而会使他们沮丧，不过随着社会的发展，这种情况正在逐步好转。

以上述动画脚本为纲，我们还需要搜集所需要的各种素材。主要包括动画角色图片、人物说话内容的文字或音频材料、各种音效声音以及舞台的背景和道具图片等，不过有时候我们并不需要自己去找素材，因为 CrazyTalk 自带了丰富的模板库，这大大节省了我们制作动画的时间。

在操作时我们还需要做些说明：首先，对于教师来说，脚本不一定非要落实到文字或文档上。对于熟练用户来说，胸有成竹即可；其次，一开始准备的素材可能并不合适，在操作 CrazyTalk 制作动画的过程中，再临时去寻找合适的素材也是很正常的。

在准备好脚本和素材之后,我们便进入 CrazyTalk 开始制作动画。其界面的功能模块分布如图 4-17 所示,主要有菜单工具栏、变换工具栏、预览窗口、素材管理器、播放工具栏以及时间轴工具。

图 4-17　CrazyTalk 操作界面

### 4.3.2　定制演员

首先新建项目,然后点击"创建新角色"(Create New Actor)按钮(如 4-18)。

图 4-18　创建角色工具

如图 4-19 所示,选择"导入图片"(Import Image)。此外,还可以使用"摄像头拍摄照片"(Camera)和"导入模型"(Import Model)两种方法。

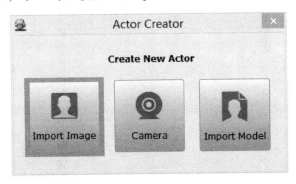

图 4-19　导入图片创建角色

接下来就是根据提示一步步地完成角色的创建。首先是在图片中框选出任务头部所在的区域，见图4-20。

图 4-20　创建角色步骤之一

然后是定位出眼睛和嘴的边界，见图4-21。

图 4-21　创建角色步骤之二

如图4-22，接着就是精确地定位人物头部的各关键点，包括头部轮廓、脸形边界以及眉毛走势、眼睛轮廓、鼻头形状、嘴唇形状等。

有时候，我们选择的照片可能并不是正面的标准照片，人物的头部会存在歪斜、偏向的情况，这个时候我们就需要告诉CT照片上人物头部摆放的信息，以便CT通过算法做出补救调整，见图4-23。

图 4-22　创建角色步骤之三

图 4-23　创建角色步骤之四

如图 4-24 所示，这样角色就创建好了，点击播放，我们能看到演员已经有了一些轻微的表情。

当然之后，还能通过工具栏上的按钮重新对以上几步中的操作进行调整。图 4-25 中高亮圈出来的几个按钮分别是"颜色调整"（Adjust Color）、"脸部细节调整"（Face Fitting Editor）、"脸部旋转"（Face Orientation）、"眼睛设置"（Eye Setting）和"牙齿设置"（Teeth Setting）。

其中眼睛和牙齿调整很重要，通常不能略过这两步，因为如果不给角色加上活动的眼睛和牙齿的话，角色的说话和表情效果都不会太好。所以，如图 4-26 所示，我们点击眼睛设置工具，在右边的素材管理器中选择合适的眼睛给演员换上。

图 4-24　角色创建初步完成

图 4-25　角色头部调整工具组

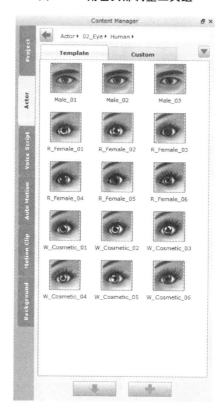

图 4-26　眼睛参数的设置

然后点击牙齿调整工具,在右边的素材管理器给演员换上合适的牙齿,在牙齿调整窗口中再进一步调整嘴唇和舌头的细节,详见图4-27。

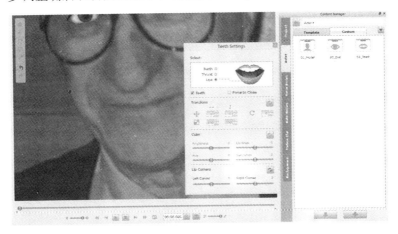

图 4-27　牙齿参数的设置

换上活动的眼睛和牙齿后的效果如图4-28,至此,角色设定便算完成了。

图 4-28　角色设定最终效果

### 4.3.3　背景设置

角色设定完成之后,我们能看到之前所用照片的部分背景还在,所以接下来我们需要将原有的背景去掉,换上我们自己的背景图片。首先,如图4-29所示,点击"蒙版编辑"(Mask Editing)工具进入。

图 4-29　蒙版编辑工具

在图 4-30 之中，选择"手工模式"（Go to Manual Mode），使用"笔刷"（Brush）、"橡皮擦"（Eraser）区分出演员和不需要的背景，使用"模糊"（Blur）工具将分界线刷一遍，以保证从背景中抠出来的演员显得不是那么生硬。

得到去掉多余背景的角色效果如图 4-31。

图 4-30　蒙版编辑

图 4-31　角色去背景后的效果

某些情况下得到这样的只有演员的画面就可以了，但我们还可以导入自己所需要的背景图片。如图 4-32，点击"背景设置"（Background Settings）按钮。

图 4-32　背景设置工具

选择"导入图片"（Import Image），选择本地准备好的背景图片，见图 4-33。

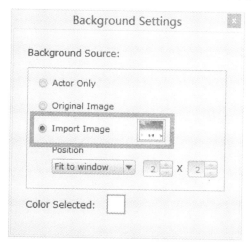

图 4-33　背景设置

图 4-34　自定义背景效果图

此时演员相对背景来说略大,所以我们选择缩放工具来对人物大小进行调整。如图 4-35 所示,选择移动和旋转工具来对人物的位置和角度进行调整。至此,舞台布置完成,最终效果如图 4-35。

图 4-35　舞台设置的最终效果

接下来,我们便让演员开始演出教学内容。根据之前撰写的脚本,此段动画主要分为两幕,第一幕显示班杜拉的大头像,班杜拉在向观众打招呼后向大家讲述"自我效能"的概念;第二幕则是班杜拉在四个点之间移动,依次讲述影响自我效能的几个因素。

### 4.3.4　让角色开口说话

首先,我们将影片的长度做一些调整:如图 4-36 所示,在播放工具栏的"时间设置"(Time Settings)按钮,在弹出来的窗口中将视频长度设置为 6000 帧(见图 4-37)。

图 4-36　时间设置工具

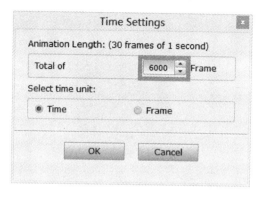

图 4-37　时间设置

然后，我们要依据脚本的内容让"班杜拉"说话。如图 4-38，我们点击"导入音频"（Import Audio）按钮。

图 4-38　导入音频工具

如图 4-39，导入音频时，我们可以现场录一段语音——"录制声音"（Record Audio），或导入现有的音频——音频文件（Audio File）。也可以使用 CrazyTalk 自带"文字转语音功能"——TTS（Text to Speech）[①]。同时使用 CT 声音脚本文件（Import Script）也是可以的。读者可以根据自己的情况选择最方便或合适的方法，这里本案例选择直接导入班杜拉向我们打招呼的语音。

图 4-39　导入音频

导入音频之后会跳出一个窗口（见图 4-40），对于舞台上的角色如何自动与音频配合做出表演动作。我们有三种模式可以选择："说模式"（Talk Mode）——嘴形与语音配合，并辅以面部表情微变以及头部的轻微起伏；"听模式"（Listen Mode）——有轻微的

---

① CrazyTalk 默认简体中文只有女声，需要我们添加其他语言合成引擎，或者也可以使用讯飞语音等软件单独生成语音文件。

面部表情，但嘴形不会变化，看起来就像是在专心地听别人讲话；"仅嘴部同步"（Lips-Sync only）——仅嘴形与语音配合，无面部表情和头部变化。这里我们选择 Talk Mode。

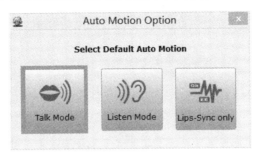

图 4-40　自动的动作选项

音频导入成功之后，预览窗口将自动播放，我们能看到班杜拉很自然地向我们打招呼了。为了方便我们掌握演员的说话情况，我们可以调出时间轴面板，按快捷键 F3 或在播放工具栏上点击"时间轴"（Timeline）按钮（见图 4-41）。

图 4-41　时间轴按钮

如图 4-42 所示，我们能看到时间轴上有"变换"（Transformation）、"视位"（Viseme）、"声音"（Voice）、"动作剪辑"（Motion Clip）、"自动动作"（Auto Motion）、"音乐"（Music）这六个轨道。Voice 轨道是我们的语音片段，在导入语音的同时，CrazyTalk 除自动为演员加上了嘴部的动作外，还加上了"默认说话模式"（Default Talk Mode）的动作表情，这可以在 Auto Motion 轨道上观察到。

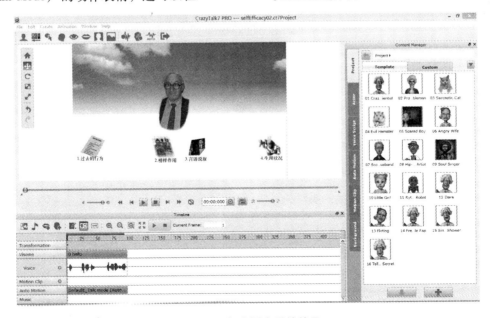

图 4-42　加上语音后的效果

需要说明的是，CrazyTalk 自动加上的嘴部动画，设计者也可以对其进行深度编辑：点击 Voice 轨道的小三角，会出现 Lips 轨道，将时间轴的缩放比例缩小之后，我们能看到嘴唇一个一个的动作细节（见图 4-43）。设计者可以进一步对这些动作元素进行剪切复制，以及前后移动改变嘴唇动作的时间等操作。

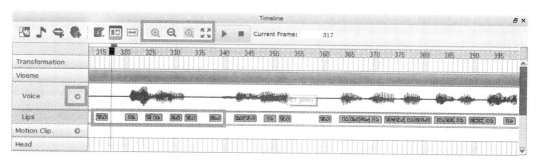

图 4-43　编辑嘴部动作细节

并且，我们也可以点击时间轴上的嘴唇同步（Lip Sync）按钮调出口型库，根据我们的需求进一步调整演员的口型（见图 4-44）。不过通常情况下，CrazyTalk 根据语音自动生成的口型已能满足我们的需求。

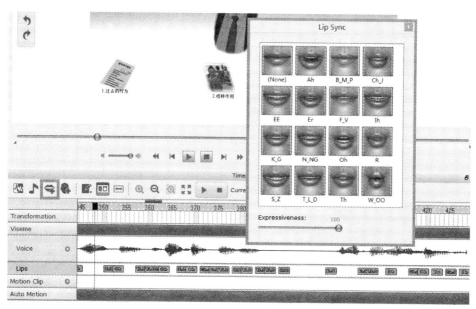

图 4-44　嘴部动画同步设置

对于导入的语音，我们还能通过时间轴上的"声音变形"（Voice Morph）工具对其进行高级修改，比如改变音调和音效等，如图 4-45 所示。

然后，将播放点定位到合适的时间位置，同样的操作我们依次导入第二、三、四段语音文件。声音文件导入之后，我们可以通过在音轨上拖动语音片段来改变演员说话的起止时间。

# 第四章 用照片生成动画头像——CrazyTalk

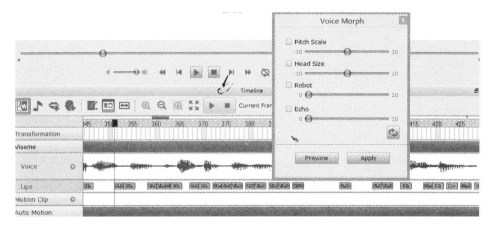

图 4-45 声音变形设置

另外，如图 4-46，我们还可以通过"背景音乐"（Background Music）工具为制作的动画视频插入背景音乐，并对声音的大小和淡入淡出效果进行设置。

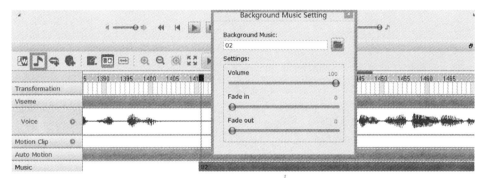

图 4-46 设置背景音乐

## 4.3.5 为角色添加表情动作

为了使演员的表演看上去更生动真实，我们希望 CrazyTalk 除了能自动添加的说话动作之外，演员还能有一些幅度稍微大一些的动作和表情，或者在演员不说话（空闲）的时候，脸上也能有适度的表情。如图 4-47 所示，空闲时候的表情可以在模板库的"自动动作"（Auto Motion）分类下找到，双击可应用。

幅度稍大的动作有两种添加方式：一是在素材管理器中双击应用自带的"动作片段"（Motion Clip）素材，这里我们为班杜拉加入一个眨眼的表情（Rolling Eyes）。二是点击菜单工具栏中的"脸偶"（Face Puppet）工具按钮（见图 4-48），打开脸偶面板进行表情的预览和录制。

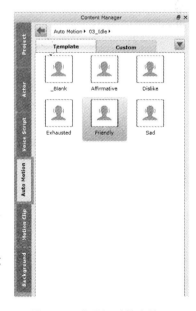

图 4-47 应用闲时的表情

图 4-48　脸偶工具

如图 4-49 所示，脸偶工具的录制办法，是先选定特定的脸部肌肉，然后按下"录制"（Record）按钮、通过上下左右晃动鼠标来控制所选定肌肉的运动。

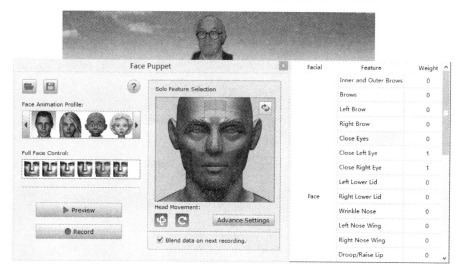

图 4-49　脸偶表情录制

加入表情之后，点击小三角图标展开动作片断（Motion Clip）轨道，在子轨道上我们能看到演员的头、脸、眼睛已经被定义了许多关键帧（见图 4-50），通过拖动这些关键帧，可以改变演员做出某动作的时间。

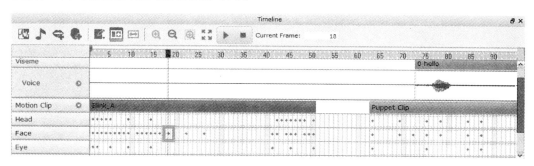

图 4-50　Motion Clip 子轨道

另外，我们还可以进一步对演员的表情进行精细调整。具体的做法如图 4-51，把播放点放置在需要编辑的时间点上，点击"脸部关键帧编辑"（Face Key Editor）按钮调出面部表情关键帧编辑面板。

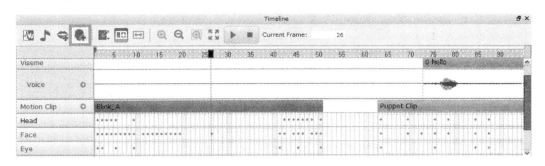

图 4-51　脸部关键帧编辑工具

在调出的面板上可以看到，我们有三种具体的微调方式可选。
（1）选中面部部分肌肉之后对其进行旋转、移动、缩放（见图 4-52）。
（2）选择某种表情模板直接应用（见图 4-53）。

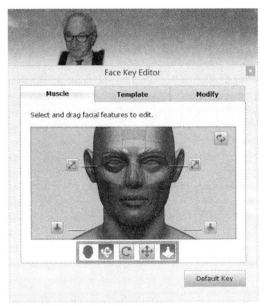

图 4-52　脸部微调方法之一

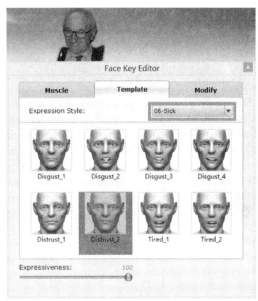

图 4-53　脸部微调方法之二

（3）针对脸上各个部位动作的幅度直接进行调节（见图 4-54）。

如图 4-55 所示，对于制作好的表情，我们还可以复制粘贴对其进行重复使用，通过"功能"（Function）工具的几个子菜单，或使用"循环"（Loop）工具使其自动重复循环或使用"速度"（Speed）调速工具调节动作演示的速度。

至此，我们整个小动画的第一段已经完成，班杜拉教授已可以讲述"自我效能"这一概念的含义，并且还配有丰富的表情动作。

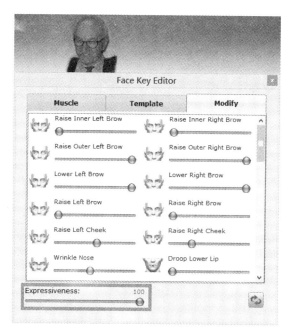

图 4-54　脸部微调方法之三

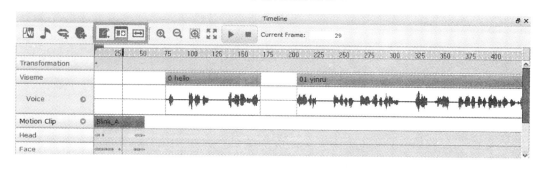

图 4-55　动作编辑工具

### 4.3.6　让角色移动起来

接下来我们进入第二段的制作，第二段涉及班杜拉在几个点之间的移动。

在 CrazyTalk 中，如果想要演员在一段时间内发生位移，我们只需确定两个关键帧、调整好演员在关键帧上的位置和大小属性，软件会自动在关键帧之间插入动画，使得演员位置变化是一个连续的过程，而不是生硬的跳跃突变。因此，演员的移动需要我们结合"Transformation"变换轨道上的关键帧和变换工具栏上的移动、旋转、缩放工具来进行。

具体的做法是。

- 将播放点定位到某一帧上，通过"移动"工具使演员发生细微的变化，但要以肉眼观察不出来为宜。这么做的目的是使这一帧变为一次位移变化的起始关键帧，同时又保证了在这一帧之前的时间段内演员的位置属性不发生变化,因为在 CrazyTalk 中,一旦演员图像的大小、方向、角度在某一帧发生了变化,那这一帧就自动成为关键帧。
- 将播放点定位到我们希望某一变换结束的位置,在这里将演员的位置等属性调整到合适的状态,使这一帧成为这次位移变化的结束关键帧。在这个案例中,我们先让班杜拉移动到代表第一个因素的背景图片处。

完成这两步之后,我们再把播放点定位到起始关键帧处,点击播放按钮(或按下电脑键盘上的空格键),如图 4-56 所示,我们便能看到演员正在以我们期望的方式发生位置移动。在移动到位之后,按照前面所讲的导入语音的方式为班杜拉加上讲解第一因素的声音。

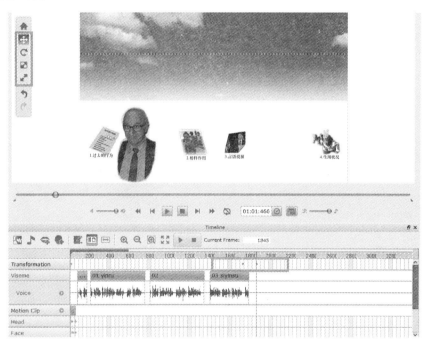

图 4-56 通过关键帧定义角色的移动

同理,后面我们依次让班杜拉移动到第二、三、四个因素处并为其加上讲解的语音、配上合适的表情动作。当班杜拉说到最后一段话时,我们再设置一个关键帧,将班杜拉的头像放大为画面的主体。这样,班杜拉在动画中的表演结束。

需要说明的是,CrazyTalk 主要是制作人物大头像的说话表演,亮点在于人物惟妙惟肖的表情。只是有时候为了让画面更生动一些我们也会让人物在画面上进行适度的移动,或者对演员进行一定的缩放,制造出演员在走动或者摄像镜头在变换的感觉。这样整个动画短片的画面就不会显得太单调。

## 4.3.7 导出视频或图片

最后,我们将制作好的动画导出。可以导出为当前帧图片或整个影片的图片序列,也可以导出为视频（一般导出为视频比较常用）。如图 4-57、图 4-58 和图 4-59 所示，点击工具栏上的"导出"（Export）工具，在弹出的窗口中选择需要的形式，并且设置好导出文件的尺寸、质量等。

图 4-57　导出工具

图 4-58　导出为图片或图片序列　　　图 4-59　导出为视频

待设置完成后，点击"导出"（Export）按钮，CrazyTalk 便会开始导出我们指定格式的作品。从微课或慕课设计的角度来说，对于导出的动画头像，我们可以图片或视频的方式插入 Adobe Captivate 之中，作为微课的组成部分，可有效地增强课件的生动性和对学生的吸引力。

### 4.3.8　操作流程小结

让我们再来回顾一下使用 CrazyTalk 制作动画头像的流程：首先是准备好动画脚本和必须的素材，之后打开 CrazyTalk 开始动手操作。主要的步骤包括：布置舞台背景，定制演员，为角色定制表情和说话等动画，适当调整角色位置和大小，导出视频或图片，见图 4-60。

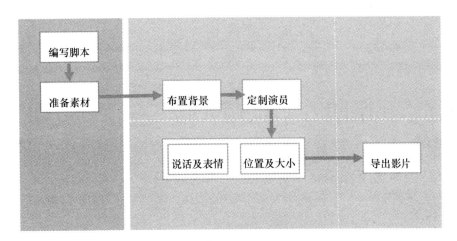

图 4-60 CrazyTalk 设计与制作流程图

总的说来,CrazyTalk 的操作简单,可让教师快速地制作出比传统文字和图片更生动有趣的教材,尤其是它能使用真人的照片定制对学生们有意义的动画形象,这无疑能更进一步地加强视频的表达效果。

# 第五章　用图片生成动画人物——CrazyTalk Animator

微课设计的一个核心理念，在于教学内容传递的生动性与互动性。在掌握了快速生成个人动画头像利器 CrazyTalk 之后，相信教师的微课表现形式相应会变得更加生动形象。不过，即使如此，恐怕还会有一部分教师更期待有一个能生成完整的全身动画的设计工具。确实，Reallusion 如大家所愿地提供了另外一个工具 CrazyTalk Animator。教师以模板来快速生成自己全身动画形象的愿望，下面就可以实现了。

作为 CrazyTalk 的升级产品，CrazyTalk Animator 其独特之处在于，能够在 2D 角色上套用 3D 动作，使得教师全身动画形象更加生动有趣。利用这个工具，教师能通过输入照片或是图像创造角色，并通过自动脸部表情及创新的操偶动态让角色栩栩如生。除此之外，这款软件还能任意拖曳场景或道具来创造舞台，并利用摄影机及时间轴轨道的编辑来完成适用于课堂教学的 2D 小动画课件。显然，CrazyTalk Animator 同样也是一个符合我们前面所倡导的"快课"理念模板化设计工具。

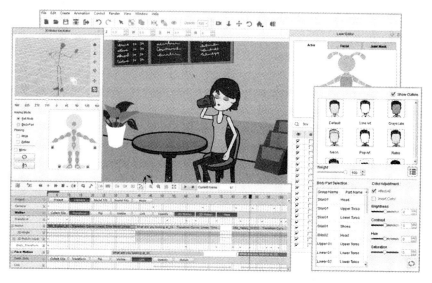

图 5-1　CrazyTalk Animator

## 5.1 CrazyTalk Animator 功能介绍

若想试用 CrazyTalk Animator，教师可直接去访问 Reallusion 的官方网站①，它提供 CrazyTalk Animator 安装程序②及附属模板包的免费下载，可全功能试用 15 天。

与前面的 CrazyTalk 类似，利用 CrazyTalk Animator 制作教学动画的基本操作流程包括 6 个环节，分别是：设置背景或场景、创建角色、设计角色动作、设计场景动画、添加声音、输出（如图 5-2）。

图 5-2　CrazyTalk Animator 操作流程图

如图 5-3 所示，CrazyTalk Animator 的操作界面划分为 9 个基本工具栏（Tool Bar）。按照图中所标数字顺序，这些工具栏的名称分别是：项目（Project）、通用（General）、摄像机（Camera）、属性（Property）、功能（Functional）、播放（Play）、时间轴（Time Line）、内容管理器（Content Manager）和场景管理（Scene Manager）。

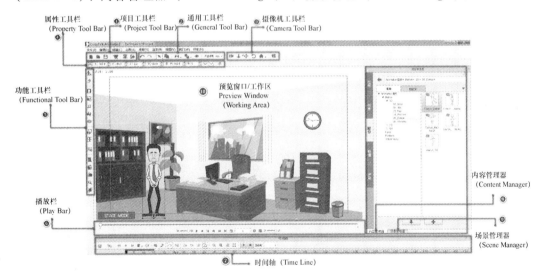

图 5-3　CrazyTalk Animator 各种工具栏

以下是各工具栏中相应按钮的基本功能说明。

---

① Reallusion 公司的官方网站是：http://www.reallusion.com/。
② 在 Reallusion 官方网站下载的程序都是英文版，并未提供官方的简体中文版汉化包。不过，有网友自己动手制作了非官方汉化包，可去网上检索和安装。

第一，项目工具栏（Project Tool Bar）中的按钮功能如图 5-4 所示。

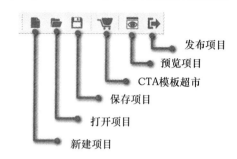

**图 5-4　项目管理栏的功能说明**

第二，通用工具栏（General Tool Bar）中的按钮功能如图 5-5 所示。

**图 5-5　通用工具栏的功能说明**

在设计过程中，当设计者选中某角色后，点击复制或者按住 CTRL，向其他方向拖拽，就可以复制出一个相同的角色。链接适用于比较复杂的场景，当我们需要两个物体一起移动时，先选中其中一个物体，点一下链接按钮，再选中另一个物体，拖动后者它们就可以一起移动。透明度也是一个很实用的功能，比如我们需要某个物体在 100 帧才出现的时候，可以把这个物体的透明度调为零，移动时间轴到 100 帧，再把它的透明度调到 100，就可以看到一个渐渐出现的过程。

第三，摄像机工具栏（Camera Tool Bar）用于控制摄像机的视角变化，其中的按钮功能如图 5-6 所示。

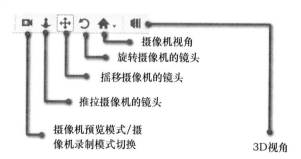

**图 5-6　摄像机工具栏的功能说明**

第四，在舞台状态（Stage Mode）下，属性工具栏（Property Tool Bar）用于设置某一对象的位置移动、大小或旋转的精确数值。属性工具栏中的按钮功能如图 5-7 所示。

图5-7 属性工具栏的功能说明

第五，在舞台状态下，功能工具栏（Functional Tool Bar）可用于创建角色和对象，为角色添加语音片断和生成肢体动作，也可用于修改文本内容。其功能说明见图5-8。

它主要用于角色创作、音频载入和动画创作。以下介绍几个常用功能。

- 角色编辑器（character composer），选中角色后，可以任意改变角色的每一个部位，包括脸型、鼻子、耳朵等。调整好之后按左边第一个箭头按钮返回。
- 创建脸部（create face），这个功能跟CrazyTalk一样，可以在脸部创建完成后在character composer里面给他加一个身体。
- 创建声音（create script）主要用于给角色添加声音。
- 渲染风格（Render style），角色和场景都可以通过这个功能随意变换颜色风格。
- 3D动作编辑器（3D motion key editor），可以通过调整滑块来改变角色面向，也可以选择身体的各个部位，拖动紫色方块来给他创建动作，最下面的default（默认）按钮可以让他恢复最初的站姿。

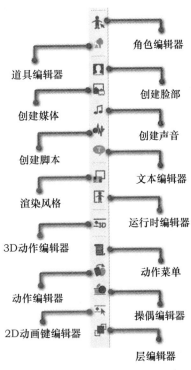

图5-8 功能工具栏的按钮说明

- 动作编辑器（sprite editor），我们可以选择角色的某个部位来改变造型：鼠标选中哪里，右侧窗口里就会出现相应的可以替换的部位，比如选中他的手，可以任意更换成其他的手势。另外右边还有一个FACE（脸部）按钮，也就是说角色脸上的每个部位也可以任意更换。这个功能一般用于动画制作，比如他从握拳到松开、从微笑到大笑。
- 操偶编辑器（puppet editor），这里有一些不同于Animation（动作）里面的一些自带动作，比如演讲、指责、描述等，窗口右侧的滑块都可以拖动，我们可以根据需求自行调节动作幅度，比如exaggeration（夸张）、Speed（速度）等。调整完成后可以把需要的动作通过Record（录制）录制下来，这段动作就会自动在时间轴上生成了。另外点击窗口上部的body animation profile（身体动作形象）的下拉菜单可以从

Base Motion（基本动作）切换到 body parts（身体部位），body parts 里面有很多更细致的动作，比如伸展手臂、抬腿等。窗口左上角 Switch to Face Puppet（转换到脸部编辑）按钮可以转换窗口到脸部编辑。

- 层编辑器（layer editor）也是一个十分实用的功能。在角色做某些动作的时候，他的身体部位会互相遮挡，比如角色在举手的时候，他的手被头部遮挡，这时就应该打开 layer editor，点一下他的手，再选择左下角的 sent to front（向前），再点一下他的头部，这样就能改变两个部位的图层关系。

第六，播放栏（Play Bar）用于控制场景、角色和道具的播放。其功能说明见图 5-9。

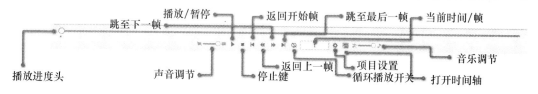

图 5-9 播放栏的按钮说明

第七，时间轴（Time Line）用于编辑各种对象的动作帧和片断，如人物、道具、摄像机、图层、声音和音乐。其功能见图 5-10。

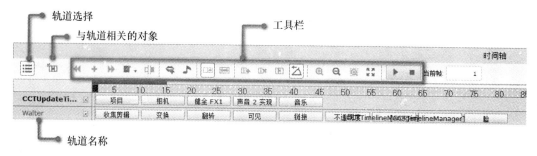

图 5-10 时间轴的功能说明

时间轴可通过时间轴按钮或 F3 打开。通过勾选时间轴窗口左上角的 Track List（轨道菜单）来添加需要操作的人物、道具或场景，添加完毕后单击第一行某一个条形块（比如 Transform）来打开该项目的编辑轨道。其中 Loop（循环）按钮可以用于复制一段动作或音频，单击 Loop，光标移动到某一动作或音频条形块的最右端，按住鼠标左键向右拖动即可。Speed（速度）按钮的用法与 Loop 相似，点击 Speed 后鼠标放在条形块最右端，向左或向右拖动即可改变这一段的速度。

界面中央实线框是输出范围，做动画的时候要把内容控制在这个范围之内。想要改变这个范围可以在最上方菜单栏的 Edit（编辑）里面选择 Project Settings（工程设置），拖动 Safe Area 下方的小滑块。

第八，内容管理器（Content Manager）用于管理各种文件模板，包括角色、动画及与内容相关的项目。其功能见图 5-11。

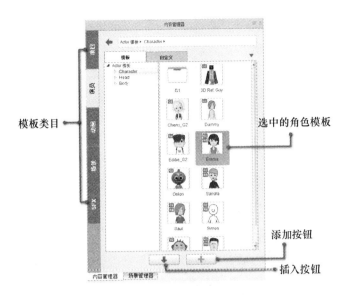

图 5-11 内容管理器的功能说明

内容管理器从上到下依次为"项目"(Project)、"演员"(Actor)、"动画"(Animation)、"场景"(Scene)和"特效"(Special FX)。单击每一个选项,其内容都会出现在类别栏中,拖拽或双击即可应用。另外,单击 Actor 会在菜单栏下方出现角色(Character)、头部(Head)和身体(Body),教师可以通过这些选项来进行更加细致的操作,Animation、Scene 和 Special FX 同理。

第九,场景管理器(Scene Manager),用于显示当前项目之中所包括的全部对象和角色。在舞台状态(Stage Mode)下,设计者可以就对象进行各种操作,如选择、显示/隐藏,或锁定在所选中的工作区。在编辑状态(Composer Mode)下,设计者不仅可以看到任何内容细节,而且包括各种动作。其功能见图 5-12。

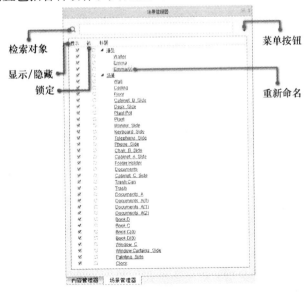

图 5-12 场景管理器的功能说明

从上述关于CrazyTalk Animator的操作界面可以看出，相对于CrazyTalk来说，这个软件的功能要复杂一些，但设计出的课件也会更加精彩，值得我们花费时间和精力去学习和掌握它。

## 5.2 设计案例

本节中，我们将以"探索太阳系"为题来创作一个简单的教学动画。这个动画大概分为两部分，即制作开场白和内容讲授。

脚本如下。

讲师从教室左侧走向中间，站定后做开场白。

讲师：大家好，我是讲师爱玛。今天我们来了解一个美丽的星系，太阳系。

背景慢慢由教室变为太阳系图片。

太阳系是以太阳为中心，和所有受到太阳的重力约束天体的集合体：8颗行星、至少165颗已知的卫星、5颗已经辨认出来的矮行星和数以亿计的太阳系小天体。（配以动作，镜头随之慢慢拉近至近景画面）。

### 5.2.1 制作开场白

开场白主要包括教室场景和讲师，我们还将为其添加解说词和音乐音效。

第一步，设置教室场景。

打开教室图片所在文件夹，单击图片直接拖拽到CrazyTalk Animator操作界面，这时程序弹出一个小窗口（如图5-13），出现三个选项：道具（Prop）、图层（Image Layer）和背景（Background）。这里我们选择最常用的Prop，它可以变换形状并任意拖拽。

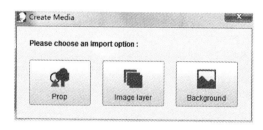

图5-13 选择要导入的媒体类型

将载入的图片拉伸到合适的大小，注意保证主画面在蓝色实线框内（如图5-14）。

我们每次添加一个新的角色或道具时，都要保证时间正处于第一帧，因为在添加完成后我们需要移动或者缩放它，有任何的改变都会使它产生变化。比如，如果我们在第100帧插入一个图片，然后把它移动到画面中央，可以看到图片自动生成一条绿色连接线，线的两头分别是插入的位置和移动的位置，这时从头播放一下我们会发现图片产生了一个移动的动作，这显然并不是我们想要的效果。这一点应充分注意。

第五章　用图片生成动画人物——CrazyTalk Animator

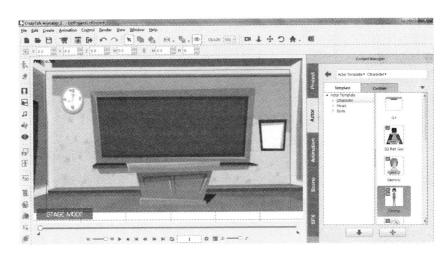

图 5-14　背景的设置

第二步，创建角色。

CrazyTalk Animator 可以直接使用软件自带角色来制作动画，也可以用图片来创建角色的脸部或全身。后者又分为两类：第一类是用图片创建脸部，使用软件自带身体；第二类是用图片创建全身。

通常，软件自带角色的动作表情比较流畅、操作比较容易；而基于图片的角色则比较复杂，动作表情较为生硬。尤其是用图片创建全身的角色，它需要先用 PS 等图片处理软件把角色的每一个关节截取并擦除背景，再一一导入角色中去。我们在下一节详细讲。

这里，我们选择软件自带角色来做创建教师角色。

选择右侧类别栏中的"演员"（Actor），单击"角色"（Character），双击或拖拽爱玛载入角色。如果不喜欢角色的样子，我们可以通过单击角色并点击左侧角色编辑栏中的组合角色（Character Composer）进入组合角色界面（如图 5-15）。

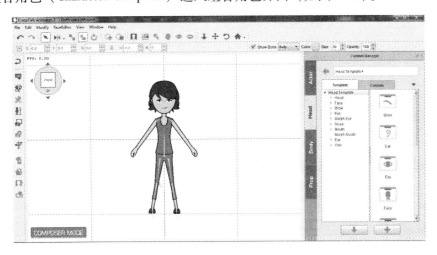

图 5-15　组合角色

133

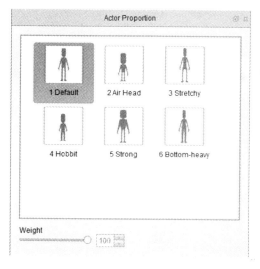

在右侧的类别栏，我们可以看到有"角色"（Actor）、"头部"（Head）、"身体"（Body）和"道具"（Prop）四个选择项。每一项下面又细分了许多选项，我们可以根据需要替换角色的各个部位，来做出一个新的角色。

另外，在 CrazyTalk Animator 中，角色还可以任意改变体型。单击界面左侧的第四个按钮"角色比例"（Actor Proportion），在弹出窗口中选择适当的体型（如图 5-16）。

同时，我们还可以设置角色的风格。点击左侧的"渲染风格"（Render Style），单击"线条艺术"（Line Art），角色就变成卡通式的黑白人物（如图 5-17）。这一功能也

图 5-16  选择角色的比例

适用于所有的 Props。我们可以用 Render Style 改变整个场景的风格（只需选中某一个道具，再选择风格）。通过右上角的滑块来调整色彩度。点击左侧箭头"回到舞台"（Back to Stage）回到主操作界面。

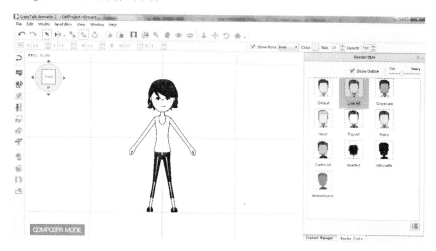

图 5-17  改变角色的色彩风格

第三步，设计角色动作。

如果想要一个角色从门外走进来的动作，这就要先改变角色的面向，再让她走动起来。那么，首先就需要把角色放在画面左侧，选中角色并点击左侧编辑栏中的"3D 动作键编辑器"（3D Motion Key Editor），拖动滑块至角色右转 90 度。单击"动作"（Animation），打开其子菜单下的 Motion→3D→Move，双击 Walk_ Female（行走_ 女性）。我们预计让她从左侧走到讲台前，大概三次动作可以走到，因此还要再双击两次。这时时间轴上的时间会自动前进，在动作完成的那一帧停止，鼠标选中角色并拖动到讲台前方。这样我们就完成了一个简单的行走动画（如图 5-18）。

第五章 用图片生成动画人物——CrazyTalk Animator

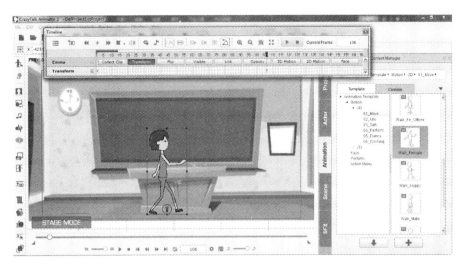

图 5-18 设计角色的行走动画

接下来，我们还需要让角色开口说开场白。

先在角色动作的最后一帧进入"3D 动作键编辑器"（3D Motion Key Editor），把角色面向调整为 0 度，并点击下方的"默认"（default）按钮让角色恢复正常站姿。然后选中角色，点击左侧编辑栏中的"创建声音"（Create Script），选择"文字转语音"（TTS）按钮（如图 5-19）。

这时，设计者可以直接输入开场白："大家好，我是讲师爱玛。今天我们来了解一个美丽的星系，太阳系"。在输入框下方的"声音状态"（Voice Mode）中选择"中文"（Chinese），单击下方"试听"（Hear It）来试听效果。右侧三个小滑块分别是音量（Volume）、音调（Pitch）和语速（Speed）。我们可以通过调节滑块的位置来改变声音，这里把速度调到 40。确认无误后点击 OK。

图 5-19 文字转语音（TTS）功能

这时，可以看到角色的嘴巴随着声音自动开合，这就是强大的自动对嘴形的功能。通常情况下，这种自动对嘴形所生成的动画效果，已基本能够满足一般的设计需要。但是，如果想要更加精确和逼真的嘴型动画，那么，也可以通过手动来调整：通过 F3 打开时间轴窗口，选中爱玛的"脸部"（Face）条形块，点击"声音片段"（Voice Clip）左侧的小三角打开"唇形"（Lips）（如图 5-20）。双击某一个唇形块或选择空白帧可以改变或添加唇形。这一操作与 CrazyTalk 基本一样。

另外，我们也可以自己录制或直接插入一段音频。只需在点击"创建声音"（Create Script）后选择"录制声音"（Record Voice）或直接专稿"声音文件"（Wave File）按钮。

135

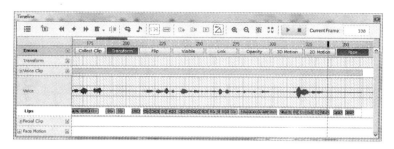

图 5-20 调整语音和唇形

当然，角色在说话的时候，我们还可以进一步为之配以相应的动作，使其形象更加生动和逼真。如何实现呢？我们可以继续这样操作：把时间轴调到角色开口说话之前的一帧，在"动作"（Animation）里面打开 Motion→3D→Talk，选中角色，双击 Normal_ Female（正常_ 女性）。如果看到开场白还没说完，那么再双击一个讲话动作比如 Happy_ Female（开心_ 女性）。最后在"3D 动作编辑器"（3D Motion Key Editor）中点击"默认"（Default）让角色回归站姿。

现在，如果设计者把开场白回放一遍，可以注意到一个小问题：角色转身过来之后没有衔接，直接就开始随着音频做动作，看起来效果不理想。要想解决这个问题，只需在时间轴中把动作条和音频条向后拖动一点即可。

具体操作是：按 F3 打开时间轴，选中"3D 动作"（3D Motion）条形块，按住两个 Talk 条形块和音频条形块向后拖动一小块，并把它们对齐（如图 5-21）。然后把时间调到空白之前，选择 Animation 中的 Motion→3D→Idle（空闲），双击 Normal_ Female（正常_ 女性）。这样就可以通过角色的空闲动作来填补空白。

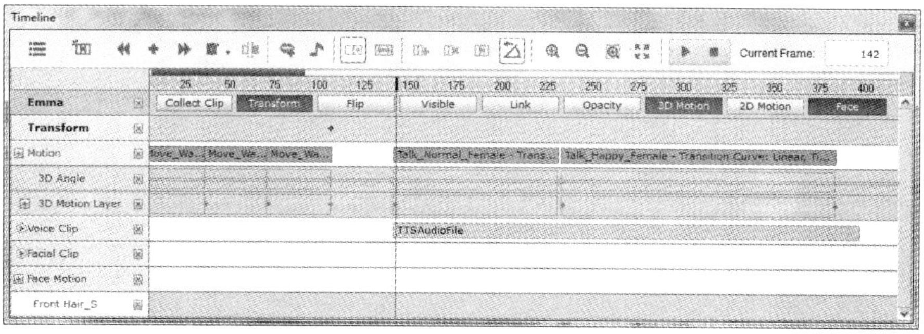

图 5-21 时间轴中动作和音频的调整

### 5.2.2 内容讲授

为了使讲授内容更加直观和生动，我们还可以用太阳系图片和视频来辅助讲师。下面我们用"透明度"（Opacity）功能来切换场景。

把时间轴上的小滑块拖回第一帧的位置，打开太阳系图片所在文件夹，把图片直接拖拽到软件操作界面中，并为图片选择"道具"（Prop）模式，把图片缩放到合适大小。然后，按 F3 打开时间轴，从"轨道菜单"（Track List）中勾选教室和太阳系图片，在打开的轨道中点选"透明度"（Opacity）。随后，将时间移动到开场白结束后 20 帧，选中教室图片，在上方工具栏的 Opacity 中把数值调节为 0，然后回到开场白结束的那一帧，把数值调节为 100。

这样设置之后，在播放时，教室这张图片就会在开场白结束后慢慢消失。不过，为了使太阳系图片在开场白期间保持不可见，一定要在图片的第一帧把 Opacity 调节为 0。同理，我们在教室图片消失的那一帧把 Opacity 调为 0，在消失之后 20 帧把数值调为 100（如图 5-22）。

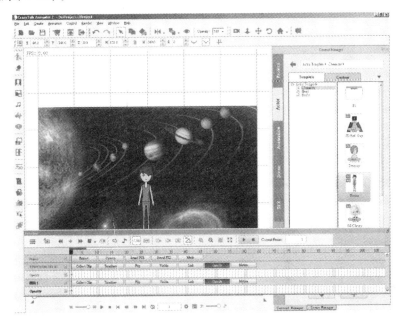

图 5-22　利用透明度功能来实现场景切换

接下来，我们继续插入声音，可以用 TTS，也可以提前录制好声音文件，通过"插入媒体"（Import Media）导入。如果需要使用视频来讲解，只需把需要的视频拖入操作界面，选择 Prop 并把它放置在合适的位置。

另外，我们还可以为角色设置一些自定义动作。自定义动作的设置主要通过 3 个功能来实现：3D 动作键编辑器（3D Motion Key Editor），人物编辑器（Sprite Editor）和操偶编辑器（Puppet Editor）。其中 3D Motion Key Editor 和 Sprite Editor 主要是设置静态动作，通过拖动时间轴滑块来实现两个静态动作的变化和衔接。比如第一帧无动作，在第二帧用 3D Motion Key Editor 拖动角色左手来做一个抬左手的动作，第三帧拖动角色右手来做一个抬右手的动作。那么连续播放时，就形成了一个角色抬手的小动画，如图 5-23。

教师在讲话的时候，我们可以通过"摄像机录制模式"（Camera Record Mode）为她做一个缓缓拉近镜头的动画。点击 Camera Record Mode 打开录制模式，注意操作界面右上角会出现 REC 字样。我们假设这一拉近镜头动画的开始位置为第 A 帧，结束位

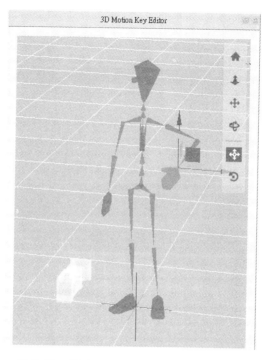

图 5-23　利用 3D 动作键编辑器来设置动作

置为第 $B$ 帧。把时间轴滑块调整到角色开始讲话之后的某一帧，即 $B$ 点。点击 Camera Record Mode 右侧的"摄像机镜头推拉"（Camera Zoom）按钮，在操作界面中按住鼠标左键并向上拖动，直至画面只显示角色上半身。然后，我们需要设置 $A$ 点的位置（如果想要拉近动画从第一帧开始至最终位置，则无须设置）。在时间轴中，点开"项目"（Project）中的"摄像机"（Camera）一栏（如图 5-24），右键点击第一帧的小圆点，选择"复制"（Copy），把时间轴滑块移动到 $A$ 点，右键空白帧并选择"粘贴"（Paste）。这样就能保证拉近动画开始前画面始终保持不变。

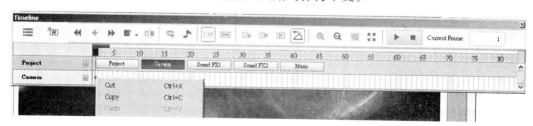

图 5-24　关键帧的复制和粘贴

设置好拉近镜头动画之后，再次点击"摄像机录制模式"（Camera Record Mode）退出录制模式，并点击工具栏中的"选择"（select）按钮来恢复鼠标功能。

制作完成后，点击工具栏中的第六个按钮"输出"（Export），可以导出多种格式的图片或视频。如果在制作过程中使用过"摄像机录制模式"，则导出时必须保证录制模式是开启状态，即屏幕右上方有 REC 字样。最后注意选择相应的"输出范围"

（Export Range）。

## 5.2.3 创建基于图片的角色

### 1. 用图片创建脸部

单击左侧工具栏制作工具中的"创建脸部"（Create face），找出电脑中下载好的杨利伟照片并导入。创建脸部的步骤与 CrazyTalk 几乎完全一致，在此不多赘述。

创建完成后自动进入组合角色界面，首先我们要把人物的背景去除（如图 5-25）。选中角色脸部，点击左侧倒数第二个按钮"背景编辑器"（Mask Editor），用前景刷 刷出脸部，背景刷 把背景刷成蓝色。注意我们只需要一个脸部，脖子及以下的部位要用背景刷刷成蓝色。可以调节"刷子尺寸"（Brush Size）进行更加细节的操作。完成后点击 OK。

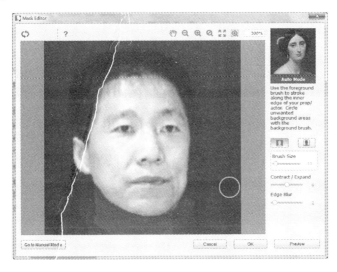

图 5-25 擦除脸部的背景

下面我们为角色添加牙齿。点击上部工具栏中的"牙齿设置"（Teeth Settings），在类别栏中选择"正常"（Normal）。如果想要为角色换一双眼睛，只需通过左侧的"眼睛设置"（Eye Settings）进行编辑。

接下来就要给脸部添加身体。

选择右侧类别栏中的"身体"（Body），为角色选择一个适当的身体，双击插入（如图 5-26）。然后，点击头部并拖拽来调整它的位置，直至头部与身体完全契合。

角色创建完成后，系统会自动弹出另存为窗口。我们把它存入常用文件夹中，并为他命名"宇航员"。这样，在以后的操作中需要宇航员时，我们不再需要一步一步创建，直接点击"角色创建"（Actor Creator），在弹出的窗口中选择"打开角色项目"（Open Actor Project）。

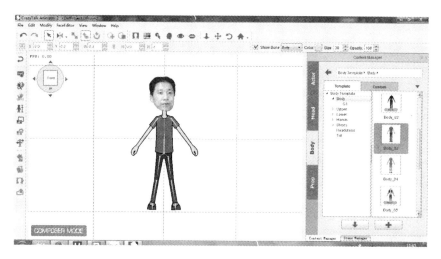

图5-26 头部与身体的组合

## 2. 用图片创建全身

在Crazytalk Animatior中，用图片创建全身是一个比较复杂烦琐的工程。我们需要把图片中角色的每一个部位用Photoshop等图像处理软件去除背景、分割开来，然后一一导入Crazytalk Animatior中。

首先，把角色导入图像处理软件，把他的脸部、脖子等部位分割开来，并分别另存为新的图片（如图5-27）。

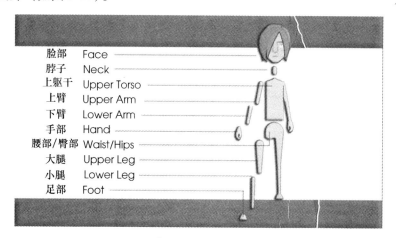

图5-27 需要分割的身体各部位

然后，打开Crazytalk Animatior，载入一个软件自带角色比如爱玛，点击角色编辑栏中第一个按钮"角色组建器"（Character Composer）进入角色组建界面。分别点击爱玛的身体各个部位并删除，全部删除成功后会得到一个完整的身体骨架（如图5-28）。

接下来，我们就可以把之前切割好的身体部位放置到骨架的相应位置。点击界

第五章 用图片生成动画人物——CrazyTalk Animator

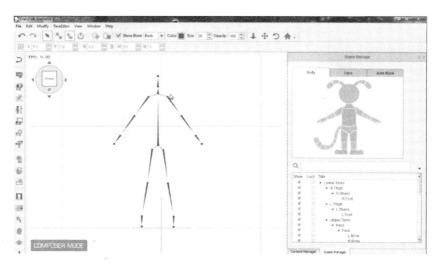

图 5-28 角色的身体骨架

面左侧的"人物编辑器"(Sprite Editor),选中骨架的某一位置比如头部,在右侧窗口中单击左下角的"添加新部位"(Add New Sprite),选择之前切割好的头部图片。插入后,可以通过移动头部图片来把它放在最合适的位置。依次添加其他部位的图片。

这样,我们得到的是一个正面面向的角色。侧面面向可以通过界面左上角的圆形图标来调整,按住某一个小三角箭头就可以让角色向这一方向以 45°为单位转动。想要多角度角色则点击工具栏上方菜单栏中的"修改"(Modify),选择"转化为多角度角色"(Turn to Muti-angle Character),确认无误后在 Modify 中"确认多角度设定"(Confirm Muti-angle Settings)。这时的头部依旧是正面面向,如果我们有侧面面向的角色图片,可以用同样的方法在角色转身时载入侧面面向的头部图片,这样一来,角色在转身时就不会显得过于突兀了。

我们还需要保证角色的每一个关节处在相应的位置上。点击右下角的"场景管理器"(Scene Manager)(如图 5-29),选择"关节设置"(Joint Mask),点击右手上的圆圈,在左侧操作界面中把角色的整个右手完整地包含在关节框内。其他部位依此操作。

然后,我们继续来处理角色身体各部位的图层问题,要保证有衣服的部位在没有衣服的部位之上。打开"场景管理器"(Scene Manager),选择"身体"(Body),选中需要操作的部位,点击工具栏第二行最右侧的"向前"(Sent to Front)或"向后"(Sent to Back),来改变图层位置。

下面我们就可以进行预览。点击左侧的"校准"(Calibration)来查看角色的面部表情和肢体动作。预览无误后,我们可以点击左上角的"回到舞台"(Back to Stage)回到操作主界面,为角色在 Animation 中选择一个动作来查看最终效果。如果这时需要修改只需打开角色编辑栏中的"运行时编辑器"(Runtime Composer)修改相应部位。

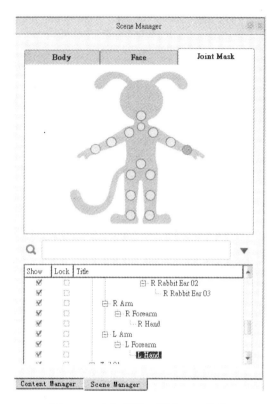

图 5-29　在场景管理器中设置关节

最后，在 Actor 中选择"常用"（Custom），点击下方的加号把角色保存到常用角色中，这样在以后的软件使用过程中，我们可以轻松地从 Custom 中直接载入角色。

当掌握 CrazyTalk Animator 之后，教师的微课设计能力则提升至一个新的阶段。利用它丰富多彩的人物和动画设计功能，可以为微课或慕课添加更多的趣味和风采。

# 第六章　用模板搭建动画微视频——iClone

从技术特点来看，微课、慕课与传统教学课件之间一个显著差异，就在于视频素材之独特设计与运用。在微课和慕课中，微视频得到了广泛应用，形式多样，富有表现力，充分借鉴了电视中娱乐节目、专题片和纪录片的设计形式，如演播室拍摄、绿屏抠像、同步字幕和虚拟背景叠加等。这些新设计技术的运用，为微课和慕课中的教学视频增添了很强的艺术表现力，完全摆脱了以往精品课程那种呆板单调的教室实录视频形式的束缚，使教学课件的设计技术进入了一个全新的阶段。某种程度上，当前微课和慕课之所以受到广泛关注和欢迎，与其带有一定创新的微视频设计与表现技术密不可分。

也正是由于这个原因，在本书所提出的交互式视频课件设计方案中，突出强调视频素材的设计与制作环节。在前面的第四章和第五章中，向读者分别介绍了 CrazyTalk 和 CrazyTalk Animation，将它们作为交互式微课设计中视频素材的初级表现形式。在本章中，将介绍高级版的视频设计工具——iClone。这是台湾甲尚（Reallusion）科技出品的一款 3D 动画影片设计与制作软件，它有丰富多样的素材模板，兼容多种格式 3D 模型（见图 6-1）。利用这个工具，教师可以像导演一般掌握角色与道具间的精彩互动、可以像特技演员一样通过表演即时得到影片画面。具体地

图 6-1　动画视频设计工具 iClone

说，iClone 是一款模板化 3D 动画视频制作软件，它让动画影片制作变得简单有趣，即使没有太多专业技能，设计者也能享受这个过程、轻松地制作出逼真的 3D 影片，这对于有制作教学视频需求的广大教师来说，无疑是一个福音。

## 6.1 iClone 概述

### 6.1.1 软件下载与安装

甲尚在官方网站上提供 iClone 软件的 30 天免费试用版及相关模板资源的下载[①]，见图 6-2。在下载时，除下载 iClone 的安装程序（约 350 兆）之外，还应下载和安装它的设计模板资源包（约 600 兆）及视频编辑插件 PopVideo Converter[②]。这个视频编辑插件的主要功能是对所拍摄的绿屏背景视频进行抠像处理（见图 6-3），导出透明背景的微视频，然后导入 iClone 之中进行设计。

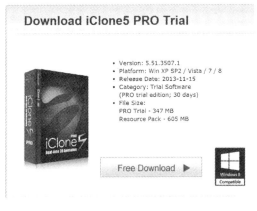

图 6-2　iClone 的下载页面　　　　图 6-3　抠像视频插件 PopVideo Converter

### 6.1.2 功能简介

作为一款基于模板的动画视频设计软件，iClone 主要功能特色如表 6-1 所示，共 9 项，分别是：实时编辑、数字角色、动态操控、智慧道具、场景搭建、摄影灯光、工具串联、视觉特效和算图输出。

表 6-1　iClone 的主要功能

| 功能 | 说明 |
| --- | --- |
| 1. 实时编辑 | 直觉式设计操作接口、实时窗口对象的编辑<br>即时动画设计、现场人物动作导入<br>实时创作、彩排式预演 |
| 2. 数字角色 | 基于照片"换头术"式 3D 人物角色设计<br>模板化设计、操控 3D 演员身体与脸部动画<br>真人与非真人多元角色搭配 |

---

① iClone 下载网址是：http://www.reallusion.com/iclone/iclone_trial.aspx#。
② popVideo Converter 下载网址是：http://www.reallusion.com/popvideo/default.aspx。

续表

| 功能 | 说明 |
|---|---|
| 3. 动态操控 | 以创新的角色操偶技术录制身体动态<br>混合无接缝动态捕捉素材库的动作，创造自然顺畅的动态转换<br>通过"微软体感摄像机"（Microsoft Kinect）实现动态捕捉技术，摆动身体便能实时产生角色动作 |
| 4. 智慧道具 | 自然拟真的物体物理属性动态，如落下、碰撞及弹跳效果<br>运用 iScript 操控对象互动<br>丰富的道具对象模板，可进一步自定义材质与动态 |
| 5. 场景搭建 | 模块式组件可多元混搭场景<br>利用自然世界场景系统，如地形、天空、水体、花草及树木，创造美丽景致<br>高动态范围（HDR）、贴图照明（IBL）、环境光散色等天候效果，协助营造艺术氛围 |
| 6. 摄影灯光 | 多重摄影机的视角设定与实时切换<br>智能型拍摄技术，如视线、链接与平滑路径控制<br>全功能打光系统及多重光源选项 |
| 7. 工具串联 | 从 Google SketchUp 和 3D Warehouse 获得免费 3D 模型对象<br>利用 3DXchange 将 3DS、OBJ、FBX 等格式的 3D 内容对象导入 iClone 使用<br>利用 3DS Max plug-ins 制作基本角色与开发内容对象 |
| 8. 视觉特效 | 丰富的粒子特效模板，可自定义参数属性产生不同效果<br>材质特效搭配七贴图通道<br>可抠像的后制特效，如颜色滤镜、镜头糊模滤镜、NPR 等 |
| 9. 算图输出 | 多重实时预览算图模式，网格、平滑着色、像素着色等<br>多种档案输出格式供分享或后期剪辑<br>红蓝格式和偏光 3D 立体输出，轻松创造栩栩如生的立体影片 |

看到上述功能之后，设计者一定会意识到，iClone 为微课和慕课的设计提供了更为广阔的空间。不过，恐怕也会有部分教师担心：iClone 既然有如此强大酷炫的功能，它的操作方法会不会很复杂，学习起来很困难呢？

实际上，这种担心是不必要的。因为 iClone 还有一个最值得称道的优点——"快课"式操作，模板化设计，快捷生成。也就是说，从教学应用角度，不同层次的设计者完全可以采用不同的应用模式：有较高技术水平的教师，可以全面使用 iClone 的各种功能来设计和制作复杂 3D 动画视频；而技术基础偏薄弱的学科教师，则可以仅使用 iClone 最简单的功能，同样也能在很短的时间内制作出富有表现力的微视频，插入到自己的微课或慕课。

## 6.2 操作流程

通常，使用 iClone 制作动画视频遵循以下基本操作流程（如图 6-4）所示：筹划准备，主要包括撰写脚本、准备素材；布置舞台；设计动画；导出影片。

图 6-4　iClone 动画视频制作流程图

在上述环节中,除"设计动画"之外,其他主要步骤的操作都属于常规简单操作,每个会基本计算机操作的用户都能很快掌握。而这特殊的第三步,则正是可供教师自由选择的空间,事实上也是整个 3D 动画视频制作的核心环节。

在动画内容制作的阶段,用户可以根据自己的技术能力和时间限制,来选择初级或者高级案例。后者是使用 iClone 的各种功能来一步一步地操控各种虚拟素材,并演绎出所要讲述的影片"故事"。相对来说工作量大、难度也较大;而前者则是巧妙地使用 iClone 的一个插件 popVideo Converter 将一些较难掌握的技术"过滤"掉,代之以更简单、更贴近现实行为习惯的实现方式,大大简化了视频制作的技术要求。

在下面的教程中,我们将通过两个具体案例来分别介绍 iClone 的初级和高级操作方法。教师在阅读或跟随操作之后有望对 iClone "能做什么"以及"该怎么做"有一个直观的认识。由于本教程定位于"入门导引",因此我们都不会对所有功能都进行详细讲解。若想了解一些高级功能,读者可查阅 iClone 相关教程[①]或登录甲尚科技官网查看。

## 6.3　撰写脚本和准备素材

### 6.3.1　撰写脚本

首先是编写影片脚本。对于希望使用 iClone 制作教学视频的教师来说,在动笔写脚本之前,需要确定以下两点。

- 想要借助这段视频完成哪些知识点的教学,教师必须对这些知识点有很精确的掌握,最好能以文字或示意图的形式将知识点本身理顺、表述清楚。
- 这些知识点将以什么样的形式嵌入一个故事的情节中去。这就像传统备课写教案时考虑以何种课堂教学方法来传授这些知识,只不过在使用 iClone 情形下,我们写出来的"教案"更有趣,因为知识点都融入了一个连贯的故事之中。

在确定了这两个前提之后,便可开始撰写脚本。如本书第二章中所指出的,类似于撰写电影脚本,在写作脚本的过程中,设计者需要将"故事"的时间、场景、镜头等要素具体化,保证任何人在拿到脚本之后,都能按照脚本来"导演"出想要的"故事"。不过,由于最终是在动画视频软件里来实现,所以在撰写脚本时,需要充分考虑

---

① 钟诗非,苏秀芬. iClone 5 3D 动画大导演[M]. 台中:首弈国际股份有限公司,2012:2.

软件的功能特点，扬长避短。需要说明的是，初始的脚本只是帮助设计者定思路、找到着手点，事实上在后期的实际操作实现过程中，各种各样的原因会需要设计者灵活地改变一些细节，不一定要一成不变地按照脚本来执行。

### 6.3.2 准备素材

在脚本完成之后，设计者头脑里对最后成型的视频应该已有比较具体的想象。因此下一步，就是根据脚本（或者对结果的想象）去搜集、制作素材。通常，在iClone里设计者需要用到的素材主要分为两类，一类是环境素材，包括3D地形、场景道具、各种环境图片等。另一类是演员和动画素材，此部分依应用类型（初级或高级）不同而异。初级应用只需准备与脚本对应的纯色背景的人物实拍视频，高级应用则需准备3D角色模型、角色头像图片、人物说话内容的文字或音频材料、各种音效声音，以及其他道具的3D模型等各种原始素材。

在素材准备阶段，iClone的优势就开始显现了——首先，iClone自带了丰富的素材库，无论是地形、场景、人物、各种道具还是演员人物的动作脚本、表情脚本等都在这里可以找到。这样，设计者有很多现成3D模型可选择。另外，在3D视频制作时需要用到的大量媒体素材，如各种材质贴图、音效、影片素材等，这些素材通过互联网比较容易获得。同时iClone也默认提供了一些，需要时可以随时使用。

值得一提的是，iClone所带的一款名为3DXchange的插件扩展，也为设计者的素材选择提供了丰富选项（见图6-5）。该插件能将各种常用格式（如3DS、OBJ、FBX等）的3D模型转换为iClone中可用的模板素材。同时，它还支持从Google SketchUp和3D Warehouse取用免费3D模型，也可以对3D素材进行简单编辑。这款插件大大扩展了iClone的可用性，尤其是Google上他人共享的免费模型，其中不乏真实生活中的各种建筑和场景的3D模型。这对教师创建有意义的教学视频来说，值得充分利用。

**图6-5　模板导入插件3DXchange**

有了iClone的素材库，再加上3DXchange插件能从Google SketchUp和3D Warehouse下载诸多免费的素材，这样就能方便地将各种格式的3D模型转化为iClone兼容格式。因此，在素材方面，设计者基本不用太操心，只需简单地在互联网上检索和收集。即使是在一些特殊情况下，当现成素材无法满足设计者的特殊要求时，通常也能在 iClone 中经过简单的几步就能实现个别化的定制。这一点会在高级应用案例中会有具体的讲解。

总之，iClone 在素材方面提供的强大支持极大地简化了教师为制作动画视频而做的准备工作，能够节省许多工作时间。

当然，与写脚本一样，在开始具体操作之前，设计者所搜集的素材毕竟不可能完全合适，需在操作过程中做一些修改，或者临时再去寻找更合适的素材也是正常的。但在开始操作前的大致准备仍是必要的，因为这将有助于教师发现在撰写脚本时考虑不周的地方，进一步理清思路和确定更优的脚本。

### 6.3.3 iClone 界面及常用工具栏简介

在准备好脚本和素材之后，设计者就可以启动 iClone，正式开始制作微视频。

如图 6-6 所示，iClone 界面的功能模块分布，主要有大小菜单栏、常用工具栏、素材管理器、场景管理器、大小预览窗口、播放工具栏以及属性修改面板和时间轴工具①。

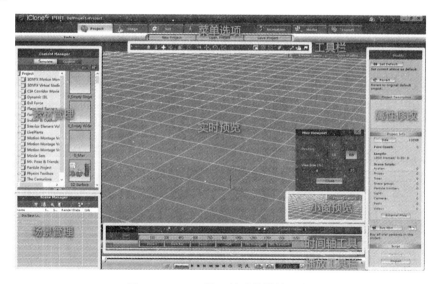

图 6-6 iClone 界面的功能模块分布

在 iClone 工具栏中，有两类很重要同时也是最常用的工具如下所示。

- 摄像机工具，它能改变摄像机的画面视角，也就是设计者在预览窗口所看到的画面视角。
- 物体操控工具，它能改变物体位置、大小、方向等属性。另外在工具栏上还有一些其他的属性工具，具体如图 6-7 所示。

---

① 时间轴在需要时按【F3】快捷键显示或隐藏。

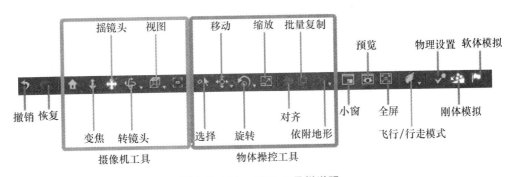

图 6-7 iClone 常用工具栏说明

在了解 iClone 的基本功能和界面之后,下面,就可以进入设计环节。这里,笔者提供了两种水平的案例视频,分别是初级案例和高级案例,供读者参考。

## 6.4 初级案例

### 6.4.1 脚本设计

本案例的脚本内容如下。

在一个环境清新优美的公园里,一位教师正在讲太极拳起式的动作要领:"今天我们来学习太极拳的起始动作。左脚开立,双脚平行向前、与肩同宽;双臂前平举至与肩同高、同宽;屈双膝半蹲,成马步,双掌轻轻下按至腹前,上体正直、双眼平视前方。"

同时,一个学员在跟随教师的讲解同步表演示范。另外,旁边还有一个大屏幕展示静态动作步骤图和多维度图片。

在初级案例中,由于一些复杂的动作和交互设计都通过拍摄的视频来完成,因此脚本往往会比较简单。但这也同时意味着另一项工作:在准备素材时,教师还需要额外准备一种素材——按照脚本拍摄的以绿屏或蓝屏为背景的视频。

在准备好脚本和素材之后,我们便进入 iClone 界面开始制作影片。首先,点击"项目"(Project)菜单下的"新建项目"(New Project),创建一个新项目,命名为"TaiJi.iProject"保存在本地硬盘。顺便提示一下,建议读者在操作过程中应养成经常保存项目文件的习惯,并且在一些关键步骤完成之后,最好都另存一个阶段性版本,以防软件出错丢失之前的操作,同时也方便之后对项目进行修改。

### 6.4.2 舞台布置

创建新项目之后,下一步便是布置舞台,也就是常说的搭建"虚拟场景",其基本功能与在初级教程中所用的设计工具 Adobe Ultra 类似[1]。在本案例中,"故事"发生在一个环境清幽的公园里,因此设计者需要将舞台场景设置为一个公园的样子。

---

[1] 在初级教程中,所使用的虚拟场景软件是 Adobe Ultra,相关内容请参阅赵国栋. 微课与慕课设计初级教程[M]. 北京:北京大学出版社,2014.

选择菜单"设置"（Set）中的"地形"（Terrain），然后在左侧"素材管理器"（Content Manager）中选择比较符合脚本要求的"社区地形"（Community Stage）。如图 6-8 所示。

图 6-8 地形设置

设置好大的地形环境之后，设计者便可通过常用工具栏上的摄像机工具组，将视角调到合适位置，以便于稍后在此展示太极教师的讲演和运动员的表演。这样舞台场景布置完成。

### 6.4.3 动画内容制作

根据脚本，需要制作的视频主要包括三部分的内容：教师的讲解、运动员的示范，以及旁边大屏幕静态展示的图片。下面我们就依次来制作这三部分。

1. 教师的讲解

首先，需要设计的是一个用语言介绍和讲解太极动作规范的"教师"。这项任务，设计者既可以用拍摄视频来做，也可以用 iClone 里自带"演员"（Actor）来完成。在这个案例里，设计者用 iClone 自带模板来实现。

选择菜单"演员"（Actor）中的"虚拟化身"（Avatar），然后再在左侧的素材管理器中选择某一个形象合适的 3D 模型人物，将其拖动到舞台场景中恰当位置。如图 6-9 所示。

然后，还需要让教师进行"讲解"。因此，设计者还需要给教师配上合适的语音、表情和手势。配语音最方便的便是通过录制的方式：菜单"动画"（Animation）中的"脸部动画"（Facial Animation），在右侧的属性修改面板中点击"录制"（Record）按钮，便会出来语音录制面板，如图 6-10 所示。

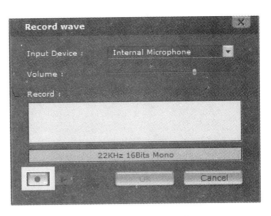

图 6-9　将演员加入舞台场景中　　　　　图 6-10　语音录制面板

然后点击语音录制面板上红色的按钮，iClone 便会调用电脑的麦克风捕捉声音。这时，设计者开始朗读教师讲解太极拳起式动作要领的那一段文字。需要注意的是，在录制之前需要将播放点定位到视频开始一段时间之后的地方，否则视频一开始教师就在说话，这样会显得比较突兀。录制好之后点击"确定"（OK）按钮完成，刚录制的语音便会自动附加给当前的这个演员。如图 6-11 所示，iClone 会根据语音自动为演员加上嘴部动作和细微的脸部表情。

图 6-11　自动添加的嘴部动作和面部表情

对于这个角色的手势动作，设计者则可以在素材库里挑选合适的模板来套用：选择菜单"动画"（Animation）中的"动作"（Motion），结合语音的内容，在左侧的素材库里寻找、选择合适的动作并双击选择。这样，就可以为人物角色说话期间配上合适的动作或手势，如图 6-12。

2. 屏幕的展示

接下来，需要设计的是屏幕的展示。这时需要一个"屏幕"道具，设计者可以从素材库中进行选择。选择"设置"（Set）中"道具"（Props），然后再在左侧选择 Billboard 类下的一个拖至舞台场景上，并将其调整到合适的位置和朝向，如图 6-13 所示。

图 6-12　加上动作后的人物效果　　　　图 6-13　加入 Billboard 之后的舞台场景

接下来需要做的,是将要展示的静态图片拖放到该道具上。注意,默认图片在道具上的可能会重复平铺,我们应该将"贴图"(Tiling)的 U、V 值均改为"1",使图片伸展平铺在整个 Billboard 上,如图 6-14 所示。

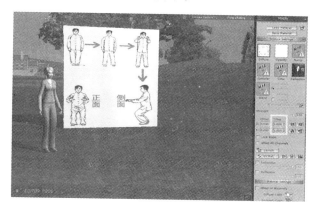

图 6-14　通过贴图让 Billboard 变为展示用的屏幕

### 3. 运动员的示范

最后一个环节,就是运动员的动作示范。在本案例中,将采用事先拍摄好的真人视频来实现。这时,就需要用到 iClone 的一个插件——PopVideo Converter,其功能是将现实里的人物活动和谐地嵌入 3D 虚拟场景中去。

在本案例中,设计者已事先准备好了运动员演示的视频,并且视频的背景是均匀的绿色(在一块绿屏前拍摄)[①],因此可以直接抠像并使用。打开 PopVideo Converter,点击"浏览"(Browse)按钮打开原始视频,在时间轴上设置好需要抠像的视频的起止时间。然后点选"一键颜色抠像"(One-click Chroma Key)选项。随后根据情况适当地调整各项参数,使视频显示达到最佳效果。如果视频中有其他多余的背景,则可以

---

① 有关绿屏背景视频的拍摄方法,请参阅赵国栋. 微课与慕课设计初级教程[M]. 北京:北京大学出版社,2014.

通过"遮板笔刷"(Mask Bush)将其擦去。

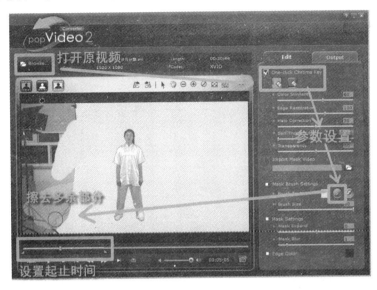

图 6-15　使用 PopVideoConverter 抠像

调整达到理想效果后，可将抠像完成的视频保存为 iClone 兼容的格式：切换到"输出"(Output)选项卡，选择"iClone.PopVideo"格式，设置好输出音视频的质量以及需要输出的视频范围之后，点击"转换"(Convert)按钮，开始导出能在 iClone 中使用的背景透明视频，如图 6-16 所示。

图 6-16　导出为 iClone 所支持的视频格式

下一步，设计者返回到 iClone 界面，在按住 Ctrl 键的同时，将刚才导出并保存的抠像视频拖放到舞台中合适位置①。然后点击播放预览，可看到运动员开始"表演示范"，如图 6-17 所示。

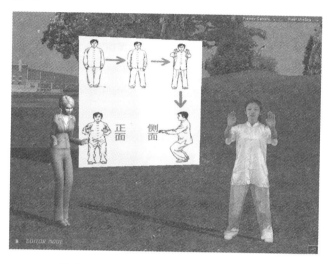

图 6-17　在 3D 舞台场景中插入真人视频

通过上述操作，利用 PopVideo Converter 插件，设计者可很轻松地将拍摄视频中其他不需要的内容以透明通道的形式抠除，然后再导入 iClone 之中，从而形成虚拟加真实的独特视觉效果。还值得一提的是，iClone 还能自动根据场景中环境光线设置，自动为视频中的人物加上阴影等效果。因此视频的内容能很好地融入虚拟环境之中，看起来就像运动员真的就是在这个公园里活动一样，达到以假乱真的 3D 效果。

至此，初级案例的动画内容基本完成。下一步，设计者只需再将其输出为某种格式的视频，就制作成一段内容丰富的教学视频：其中既有切合教学内容的教学情境，也有教师用传统方式在讲解知识点，还用丰富的图形图像来直观地展示知识内容。此外，还附带了真人动作的示范。这样一种虚实相加的微视频，对于学习者来说，应该是比较有吸引力的。

## 6.5　高级案例

相对于初级案例，下面要讲的高级案例的复杂之处，主要在于其动画内容制作这一步需要更加精细的操作。具体来说，视频的角色需要设计者自己进行设置和定制，而不是初级案例视频里实际拍摄的人物；角色的动作行为也不再是直接引用视频，而需要在 iClone 里操控各种 3D 模型来"表演"出这些动作。而且为了展示出更好的视觉效果，设计者还需模拟各种摄像机效果，利用进行摄像机的推拉摇移以及多机位的切

---

①　技术上，这一操作其实相当于在舞台当中放置了一个"Billboard"道具，然后将视频以贴图方式安置在了 Billboard 的表面。因为在 iClone 中，图片和视频素材等都必须依附于载体才能存在，载体必须有体积、具有一定的表面积。事实上场景中的人物、道具等绝大多数都可以作为载体，但对于视频素材来说，通常会倾向于使用表面平整的 Billboard 一类的载体。

换。显然，高级案例的实现，需要设计者使用 iClone 中更多的功能。

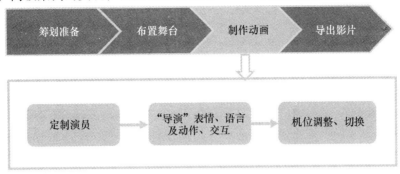

图 6-18　iClone 高级案例的操作流程

下面开始复杂案例的设计。

### 6.5.1　脚本

本案例的脚本编写如下。

镜头摇动，划过写着"人工火山公园"的指示牌、掠过火山地貌，最后止于一位坐于地上看"岩浆"的游客 A 身上。

这时，一位向导 Z 向游客 A 缓缓走来，二人展开了对话。

Z 笑道："嗨，在看什么呢？"

A 站起来，指着"岩浆"水体：这是岩浆吧，这里是模拟的活火山刚喷发后的场景吗？

Z 依然微笑着："是的，我们公园模拟得很夸张，其实真实的火山喷发出来的岩浆会立即冷却成岩石和矿物质，一般不会还有这样处于液体状态的岩浆。"

与此同时，游客 B 驾车从远处行来，下车后走到游客 A 身旁，与 A 一起听导游的讲解。

Z 继续："不过自然界的火山附近常常会有火山温泉，那是被地下的岩浆加热的水体。火山温泉的温度和矿化度都非常高，可用于医疗和提取有用成分。"

B 做思考状："那火山都会是像这样的一座'高山'吗？"

Z 摆手道："不是。一般人们都认为火山是地下的喷出物堆成的高地，但地质学中则不以这种山的形态为火山的本质特征，而是以下面有无通道与地壳中的岩浆库相通来判断。"

A 拍手道："哦，原来是这样啊！"

B 也赞叹道："原来如此。"

在准备好脚本和素材之后，启动 iClone 界面开始制作影片。首先仍然是新建一个项目，并且将其命名为"volcano.iProject"保存在本地硬盘的合适位置。

### 6.5.2　舞台布置

第一步，先布置故事发生的场景。在案例里要讲解有关火山的知识，所以我们选择火山场景，具体操作为菜单"设置"（Sct）　"地形"（Terrai），然后在左边的"素材管理器"（Content Manager）中双击选择火山地形（Volcanos），如图 6-19 所示。

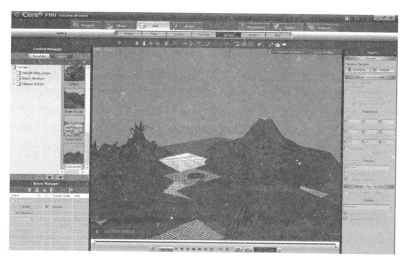

图 6-19　地形设置

在火山场景成功显示在预览窗口之后,可以通过工具栏对画面和物体进行各种调整和修改。随后,设计者还需要对场景中的水、天空、粒子效果等进行设置,以便让环境看起来更加真实。在本案例中,可以选择"设置"(Set)中的"天空"(Sky)菜单,在素材管理器中双击选取"红色天空"(Red Sky);接着,再选择"设置"(Set)中的"水体"(Water)菜单,在素材管理器中双击选取"岩浆流"(Lava Flow)。此时,点击播放工具栏的播放按钮,或者按空格快捷键播放影片,便能看到水体的流动效果,如图 6-20 所示。

图 6-20　设置天空和水体

设置好天空和水体之后,为了营造出岩浆滚烫的感觉,设计者还要给场景加上一种云雾缭绕的效果。具体操作:选中"设置"(Set)中的"粒子"(Particle),在左侧的素材管理器选中"环境"(environment)内的"沙尘暴"(sand storm),并将其拖曳到场景中合适的地方(水面上)。这样便能在播放预览窗口中看到灰黄的"沙尘暴",

其效果与烟雾类似。见图 6-21。

图 6-21　烟雾效果

为了让效果更好，设计者可让烟雾呈现红色。如图 6-22。具体的操作是：在选中烟雾（在左下角的场景管理器中单击 Particle 目录下的"sand Storm"）的状态下，在右侧的属性修改面板中，找到"粒子设置"（Particle Settings）部分，双击"扩散"（Diffuse）的小图片，在弹出来的文件选择窗口中选择本地一张暗红色调的图片[1]，如此一小块雾气效果便做好了。按照同样的操作，在场景中合适的地方都布置上雾气[2]。

图 6-22　设置粒子的颜色效果

---

[1]　iClone 与其他 3D 建模软件相似，一般都是通过材质贴图来表现各种物体的颜色、质感等物理属性。比如我们之前选定的水体、天空等均是通过贴图实现的。贴图功能十分重要，在后续部分还会有涉及，同时如果想要用好 iClone，读者也需要多去摸索学习该功能。

[2]　在需要的时候，设计者可以使用工具栏中的摄像机工具（摇镜头、转镜头、调焦距、直接选择视角方位等）调整视图画面的角度。或者在选中某角色、物体时使用快捷键切换到特定的视图方位：A——左视图，S——右视图，D——后方视图，F——前方视图，G——顶部视图，H——底部视图，J——脸部视图，K——全局视图，Home——所选物体的 45°角视图。

图 6-23　雾气粒子效果图

进一步,"设置"(Set)菜单下还可以为舞台场景设置花草、树木等环境道具,其操作与之前设置天空和水体类似。不过考虑到本案例并不需要也不适合安放草木,故略过。

在大体的场景布置好之后,再照脚本的要求在舞台上安置合适的道具。在本案例中应表明此场景是人造火山,因此再添加一块写有"人工火山公园"字样的标志牌是一个不错的选择。选择"设置"(Set)中"道具"(Props),在左侧的素材管理器中选择类似于"显示板"(Display Board)的素材作为标志牌,并将其放置在场景中合适的位置。[①] 此时,应注意工具栏中对齐地形工具应保持选中"依附于地形"(snap to terrain)选项。

由于素材库中的显示板默认带有甲尚的标志,因此需要对素材做一些修改,将原有的 Logo 变为所需要的内容。如图 6-24 所示,具体做法为在选中该素材的条件下,在右侧的属性修改面板中的"纹理设置"(Texture Settings)模块下,选中"扩散"(Diffuse)一项。然后再点击"打开"(Launch)按钮,此时 iClone 便会调出计算机上的图形处理软件对素材的表面图案进行编辑,例如在 Photoshop 中简单地将 logo 去掉,再添加上所需要的文字。

在 PS 中处理好之后点击保存,随后回到 iClone 就可观察修改后的效果。当然,设计者也可将 PS 修改好的图案另存到本地,之后在 iClone 的 Diffuse 图案上双击,在出现的文件选择窗口选择修改好的图案。这样做的好处是修改好的素材可以另作他用。

---

①　除了在 iClone 自带的道具库中寻找合适的素材之外,我们还可以通过 3Dxchange 插件从 Google 3D warehouse、SketchUp 以及其他各种 3D 建模软件导入各种格式的 3D 模型到场景中作为道具使用,支持的格式包括 3DS、OBJ、FBX 等。

第六章　用模板搭建动画微视频——iClone

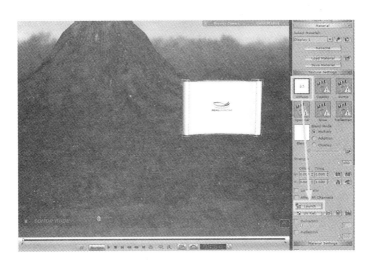

图 6-24　编辑素材表面纹理

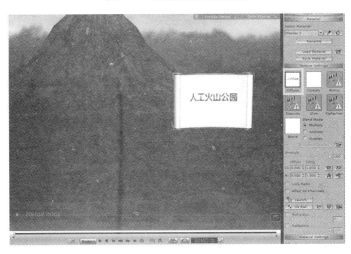

图 6-25　素材文字的修改效果

实际上，iClone 还支持用户自定义素材库。因此可将这个修改过的标志牌选中，在左侧的"素材管理器"选择"定制"（Custom）选项卡，点击加号按钮添加定制素材并将素材命名，如图 6-26 所示。

这样，设计者便能方便地重复使用定制好的素材，比如可以将其直接拖放到舞台上的其他位置，甚至还可以在其他项目中也使用该素材。

"舞台"（Stage）菜单下的七个子菜单也用于对舞台进行更加详细的布置。其中"3D 场景"（3D Scene）下可以直接插入已搭配好的舞台场景；"2D 背景"（2D Background）可以选择 2D 图片作为舞台背景；"图片层"

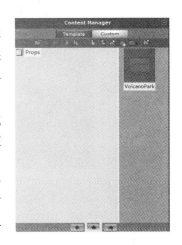

图 6-26　添加自定义素材

159

（Image Layer）可以添加 2D 图片作为道具使用[①]，"环境"（Atmosphere）、"效果"（Effect），则可对舞台的整体效果进行设置。这些属于比较细节的功能，读者可以自己钻研以便制作出最佳效果的动画。

诸如"灯光"（Light）菜单，类似于拍摄影视节目时候的打灯，舞台场景中的所有光源都可以在左下角的"场景管理器"（Scene Manager）进行管理，可以添加、删除光源，可以根据需要修改光源的颜色、亮度和方向等属性。此案例中通常只使用默认的光源设置。"摄像机"（Camera）菜单则相当于对镜头的操作，能以多机位拍摄并且可随时切换镜头，还可以对镜头进行推拉摇移等各种变换。摄像机操作对于动画视频制作来说非常重要，本案例后继对此会有具体的演示。

另外，如图 6-27 所示，在预览窗口的右上角，有两个下拉菜单选择项。

- 左侧一个是选择预览视图的拍摄机位，在编辑动画影片时可以根据需要随时切换预览视图的机位。需要说明的是，设计者编辑时预览窗口看到的机位，与最后输出影片的拍摄机位并无关联（输出影片的机位需要在时间轴上定义，后面会具体演示）。但是在预览窗口对视图进行的调整，却会如实地反映到某个摄像机的推拉摇移上。
- 右侧一个选项是选择预览视图的品质。有时为了节约计算机的计算资源会选择"网格框架"（wireframe）或"快速渲染"（quick shading）等选项；而有时为了能更好地观察影片效果，则会选择"像素渲染"（Pixel Shading）方式。后者的效果更加逼真。

图 6-27　改变实时渲染模式

---

[①]　此种情况下一般使用 png 等具有透明通道格式的图片。

### 6.5.3 演员设定

舞台场景设定完毕之后，设计者便可以添加演员了。本案例一共需要三位演员，下面以角色游客 A 为例向读者展示对演员的定制。

首先是定制菜单"演员"（Actor）中的"虚拟化身"（Avatar）。在素材管理器中选择合适的人物模型直接拖放到舞台中合适的位置。此处我们选择一个小女孩，如图 6-28 所示。

图 6-28　为舞台场景添加演员

菜单"演员"（Actor）下的几项子菜单都是对人物作定制之用。比如"性格"（Persona）一项就可以在素材管理器中选择人物的性格，这决定角色动作行为的风格，通常选择默认。除此之外，设计者对人物的发型、体型、皮肤、衣服、手套、鞋以及手拿物品等都可以进行定制。如图 6-29 所示，在选中人物的条件下，在右侧的属性修改面板中的"体型"（Body Style）模块，点击"虚拟化身比例"（Avatar Proportion）按钮，在弹出来的窗口中可以为人物选择某一系统预设体型。或者还能进一步自由选中身体的任一部分（包括手指细节）进行大小调节。

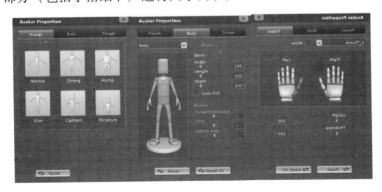

图 6-29　人物体型设置

选中人物的条件下，选择"头发"（Hair）菜单，则可以在右侧的属性修改面板中对头发的颜色、尺寸、方向等各种属性进行修改；选中"皮肤"（Skin）菜单，则可以对皮肤的颜色、纹理等各项参数进行修改；选中"上半身"（Upper Body）、"下半身"（lower Body）可以对上下半身衣物的颜色、纹理等进行修改。修改好的人物效果如图6-30所示。

图 6-30　人物定制效果

iClone 强大的功能还体现在其对人物头像的高度定制上。我们可以从素材库中为人物选择各种各样的脸部预设，甚至我们还能使用真人的照片来创造更逼真的效果。具体的方法是选择"头部"（Head）菜单中的"载入图片"（load Image），然后选择真人图片，在弹出的窗口中按照提示一步一步地进行真人头像定制，如图6-31、图6-32和图6-33所示，最终得到图6-34的最终头像效果。

图 6-31　定制头像步骤之一

第六章 用模板搭建动画微视频——iClone

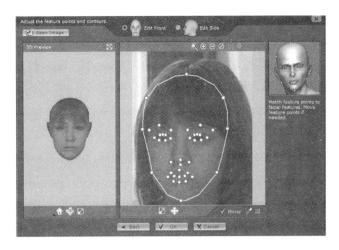

图 6-32 定制头像步骤之二

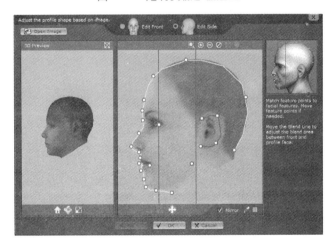

图 6-33 定制头像步骤之三

图 6-34 头像定制效果

在导入图片对头像进行初步的定制之后,我们还可以继续对其进行精细的修改。点击"头像"(Head)中"纹理"(Texture),弹出的窗口提供了对人脸部各种细节的修改。如图 6-35 所示,可以直接再次修改,也可以点击"launch"按钮打开 Photoshop 等图像处理软件进行更细致的处理。

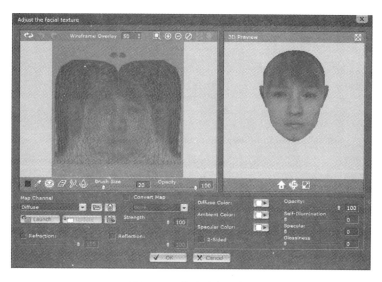

图 6-35　修改脸部细节

定好脸部轮廓之后,设计者还需要对其进行更高级的定制——定义会动的眼睛和嘴巴,因为这两个部位与人物的说话和表情相关。具体的操作为:在"头部"(Head)菜单下,选择"眼睛"(Eyes)子菜单,然后从素材库中选择合适的眼睛素材,并可以在属性修改面板中对眼睛的细节进行各种调节。牙齿的操作也类似,效果如图 6-36 所示。

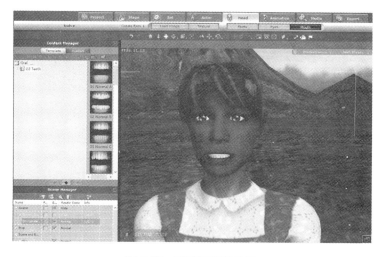

图 6-36　眼睛和牙齿效果

至此，第一个演员游客 A 定制完成。按照同样的操作，设计者可以定制游客 B、导游 Z 以及游客 B 的车，具体的操作不再赘述。需要注意的是，导游 Z 的初始位置应该是在离游客 A 不远的地方，游客 B 和他的车应该离他们稍远些。

图 6-37　角色布局参考图

### 6.5.4　动画制作

**1. 摄像机镜头的推拉摇移**

在演员准备完毕之后，将进入最关键的一步——动画制作。需要说明的是，与角色动作的定制紧密相连的是摄像机的使用，因为一段影片中往往有多个角色、每个角色又有各种各样的动作，因此往往需要通过各种各样的镜头来更好地展现角色的演出和展现剧情。

可以想象，如果影片通篇都是同一个视角，那无疑会使影片显得呆板、没有生气。相应的，观众也会抓不住重点，感到无聊，进而不愿意继续看下去。但是，如果能用全景大镜头展现全局环境、跟进角色的大范围移动，用近景镜头特写角色的表情和动作细节，并且让影片画面在环境以及各个角色之间适当地切换。那无疑观众便很容易在镜头的带动下融入情节中去，由此影片所欲表达的内容也就能更好地传递给观众了。

这与真实的影片拍摄也是类似的——导演的表达武器是镜头，通过镜头可让观众看到他想要展示的内容。实际上，iClone 作为"个人的影视制作工厂"，自带完整的"拍摄设备"并提供大量的演员和道具。因此在使用 iClone 时，设计者要做的就是导演的工作——用镜头语言去诠释一段剧本。

按照脚本，本案例影片要展现的内容是在一个人工火山公园里，游客 A 蹲在"岩浆"泉边若有所思；导游 Z 走过来与之对话，向其介绍关于火山的一些知识；之后游客 B 也开车过来并加入谈话当中。前期各种场景和演员已经准备就绪，于是下面便真正进入"导演的"的角色来导这一部影片。

首先，需要告知观众影片故事发生的地点，并且向观众展示这里的大致情况。本案例采用移动镜头"扫摄"的方式来介绍场景，因此先添加一个用于交代环境的摄像机。

操作如下：选择"舞台"（Stage）中"摄像机"（Camera），在右侧的属性修改面板中点击"添加"（Add）按钮新建一个摄像机（也可以直接在主视窗的机位选择项下点击"add camera"）。此时，预览窗口的视角会自动切换到刚才新建的这个摄像机"camera"。并且在左下角的场景管理器中也会显示出新加的这个摄像机。设计者可在该摄像机的名字上双击将其重命名为"scene"，如图 6-38 所示。

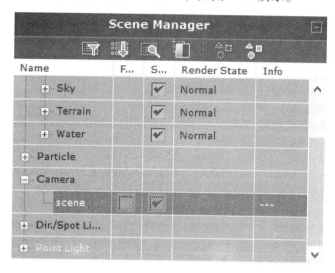

图 6-38　摄像机管理

接下来，要定义这个"scene"镜头的摇动变换。为方便操作可先按快捷键【F3】或者点击播放工具栏的"显示时间轴"（Show Timeline）按钮调出时间轴。然后，点击时间轴上的"轨道清单"（Track List）按钮调出摄像机"scene"的轨道并选中其"变换"（transform）选项，如图 6-39 所示。

图 6-39　调出摄像机的 Transform 轨道

确保主预览视窗的机位为"scene"，并且播放点处于影片开始处（第 0 帧），将视图调整为对场景一角的远景视图。然后将播放点定位到 200 帧处，将视图调整为对"人工火山公园"标志牌的特写，如图 6-40 所示。此时，设计者可以看到时间轴上摄像机"scene"的"transform"轨道的该位置会出现一个灰色的点，该点即代表关键帧。将该点向前向后拖动代表此关键视图提前或延后，也可以通过删除该点从而删除这一关键帧。如此重复多次，将播放点定位到某个时间点并相应地将摄像机调整到设计者想要的某个视图。注意最后一个关键帧需要将镜头聚焦到角色游客 A 且导游 Z 要被排除在镜头外。

第六章　用模板搭建动画微视频——iClone

图 6-40　定义摄像机位置关键帧

完成之后回到第 0 帧并点击播放，可以看到画面已经动起来，因为 iClone 已自动在关键帧之间补上流畅的画面。这样，案例影片的第一部分场景介绍告完成。接下来进入人物动画的制作阶段。

为方便后面的查看和编辑，不妨再做一点准备工作。

- 新建三个摄像机"Camera A""Camera B"和"Camera Z"，分别特写舞台上的三个角色。
- 新建一个摄像机"top"，并将其调整为刚好能看全整个舞台情况的全景俯视视图。
- 点击工具栏上的"迷你视窗"（Mini viewport），打开小预览窗口并将其安置在合适的角落，有了迷你视窗，设计者就能同时关注不同机位的画面。这几步工作帮助设计者既掌握全局，也能快速地定位到想要的细节。

2. 说话与动作

第一段动画是游客 A 坐在"岩浆"边上观察、沉思，因此将视图切换为摄像机"A"，将播放点定位到第 600 帧。当然也可以是其他时间点，但要求是在摄像机"scene"扫摄场景到游客 A 之前。

首先，设计者给 A 加上一个坐在地上的动作。选择"动画"（Animation）中的"动作"（Motion），然后在素材管理器里选择 female 的"席地而坐"（ground sit）动作，将其拖放到角色 A 上。然后将角色 A 的位置和方向适当调整，使其在镜头里呈现出恰当的效果。

其次，还需给 A 加上在仔细观察"岩浆"的面部表情：由于"岩浆"是一片广阔的流体，因此要用道具来定位近处的岩浆水体，即从素材库中随意拖放一个道具（本案例是选择了一个小写 a 的字母道具）到 A 面前的水体中，然后选中游客 A，右键菜单"动作菜单"（Motion Menu）中"注视"（Look at）。这时鼠标会变成选择形状，现在设计者再点击选择该定位道具，游客 A 的视线便会被自动锁定到道具上，见图 6-41。

图 6-41　定位角色视线

当然，我们应该知道，这个字母道具并不应该出现在场景里。因此设计者需要再在场景管理器里取消道具字母 a 的"展示"（show）选项，如图 6-42 所示。这样游客 A 的视线看上去就是落到了水体上了。其后，游客 A 就一直保持看水的姿势，直到导游 Z 走过来和她说话。

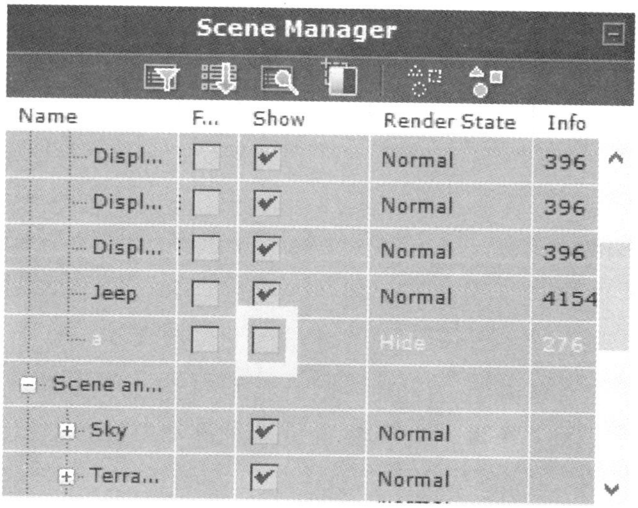

图 6-42　取消道具可见性

接下来的情节，是导游 Z 过来与游客 A 说话。需要做的是，将镜头切换到对准导游 Z 的"Camera Z"，将播放点定位到第 705 帧，选中导游 Z，先按之前的操作让她"look at"游客 A。接着，再选择右键菜单"移动"（Move）中的"向前走"（Walk-Forward），在视窗中单击想要她走到的位置，即游客 A 的斜后方，如图 6-42 所示。随后，导游 Z 就会自动开始朝游客 A 走去。

图 6-43  让角色走动起来

如果觉得默认走动的速度不太合适的话，设计者可以在时间轴上调出她的"动作"（Motion）层。如图 6-44 所示，将鼠标移动到她那一段走动动作的结束处，前后拖动鼠标将该动作的时间缩短或延长到合适的时间，以此来调节走动速度。在调整过程中可以播放预览效果，直到角色走动得比较自然为止。

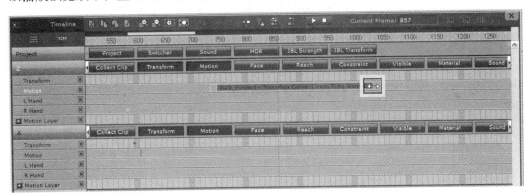

图 6-44  调整动作持续时间（动作速度）

当导游 Z 走动到位后，她将开口向 A 说话。技术上，在 iClone 里角色说话有多种制作方式可选。选中菜单"动画"（Animation）中的"脸部动画"（Facial Animation），在右侧的属性修改面板中，设计者能看到三种最基本的方式。

- 直接用电脑的麦克风录制。
- 导入已有的语音文件。
- 输入文字，iClone 会自动将其转换为语音[①]。

本案例都选择文字转语音（TTS）的方式。如图 6-45 所示，将播放点定位到 Z 走

---

① 需要事先安装语音库，iClone 只默认带了一个中文女声库，一个英文男声库。

动到位稍后的某处（比如第 1220 帧），点击属性修改面板中的"输入"（Type）按钮，在弹出的窗口中输入说话内容，点击【OK】按钮返回。

图 6-45　输入文字转语音

点击播放，如图 6-46 所示，能看到 iClone 已根据语音自动为角色对上了口型。

图 6-46　自动根据语音对应口型

另外，设计者还可以为说话的角色添加表情：在导游 Z 的 viseme 轨道上选中某一段语音的条件下，再选择"动画"（Animation）中的"脸部动画"（Facial Animation），并在右侧的属性修改面板的"表情模式"（expressing style）模块双击选择合适的表情，如图 6-47 所示。

然后，当游客 A 听到导游的声音后便将视线从水体收回，站起来面向导游，两人开始面对面交谈。首先，设计者要新建一个名为"talk"的摄像机，使之能将游客 A 和导游 Z 都较好地安置在画面中。然后在导游 Z 说话结束处（如第 1305 帧），让游客 A "look at"导游 Z，并且在第 1352 帧给她加上"sit ground to idle"的动作让她站起来。注意将站起来的动作速度作适当调整以显得自然。然后将站起来后的游客 A 的方位旋

第六章 用模板搭建动画微视频——iClone

图 6-47 表情应用

转,使之面朝导游 Z(相当于是插入一个关键帧,iClone 会自动在关键帧之间加上过渡动画)。如图 6-48 所示,这样游客 A 就同时完成了站起来并转身的动作。

图 6-48 起身并转身效果

随后的情节,是游客 A 指着岩浆水体说话。首先,仍然用文字转语音的方式录入 A 的说话内容。为了与导游所说的话区别开来,可以更换语音库,或者改变音高、语速等为游客 A 定制一个声音,如图 6-49 所示。

接着,设计者为 A 加上一手指着岩浆的动作。在 iClone 里,动作的录制有三种方式,如图 6-50 所示。

- "动作木偶"(Motion Puppet)模式。选择某一种规定好的全身动作,通过规定参数或晃动鼠标控制动作的幅度,还可以用蒙版(mask)定义某部分身体不跟随动作。
- "直接操控木偶"(Direct Puppet)模式,可以选择部分身体并自定义运动方式进行动作录制。

171

图 6-49　游客 A 定制一个声音

- "设备捕捉"（Device Mocap）模式。通过外接的体感摄像设备（如 Kinect）捕捉真人的动作并将其运用到 iClone 中的角色身上，利用此种方式可以完成各种复杂动作的录制。

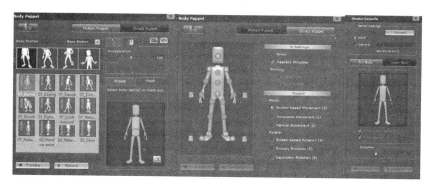

图 6-50　iClone 动作录制的三种方式

由于本案例中的人物动作都很简单，而且考虑到入门教程以基本操作为主，所以这里采用的是"操控木偶"录制的方式。将播放点定位到游客 A 需要采取动作的 1460 帧，选择菜单"动画"（Animation）中的"动作"（Motion），然后点击右侧的"直控木偶"（Direct Puppet）按钮。选中木偶右手中间的操控点，然后点击红色的录制按钮，按下空格键（Space）开始动作的录制：向右微微滑动鼠标抬起游客 A 的右手，再将鼠标向左还原放下游客 A 的右手，然后再次按下空格键（space）键以结束动作的录制，如图 6-51 所示。录制完成后，可以播放预览并在动作轨上适度地调节动作的时长，以便动作看起来自然逼真。

最后，选择菜单"动画"（Animation）中的"手部"（Hands），然后在素材管理器

第六章　用模板搭建动画微视频——iClone

图 6-51　人物动作录制

中选择手指指示的动作拖放到游客 A 上，见图 6-52。默认手部动作是同时运用到左右手上，这里只需右手动作，因此要在"左手"（L Hand）的轨道上删掉这一段不需要的动作。

图 6-52　手部动作

需要注意的是，在游客 A 从地上站起来并说话的过程中，导游 Z 最好不要面无表情地站在那里，应该给她加上一些闲时动作和微笑的表情。选择"动画"（Animation）中的"动作"（Motion）和"脸部动画"（Facial Animation），然后在左侧的素材管理器中选择合适的动作或表情拖放到人物上。

事实上，在整个 iClone 影片制作的过程中，设计者都应考虑到这一点，尽量让所有的道具、演员等元素都融入场景中成为有机的整体。有生命的元素要尽量地"动"起来，以免影片显得生硬。

有时候素材库里的动作可能会很长，如果不需要这么长时间的复杂动作，可以在

173

运用该素材到演员之后，在时间轴的 motion 轨道上选中该动作片段。如图 6-53 所示，选择右键菜单中的"截断"（Break），便可将动作从时间线处分割成两段动作，这样便可以对动作进行拼接组合了。除此之外，还有很多右键菜单可以方便我们做很多个性化的修改定制，读者可自行研究。

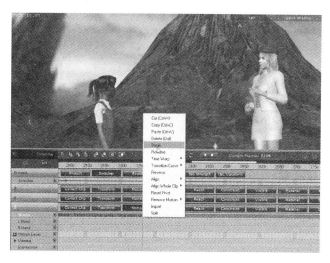

图 6-53　动作截断

然后是录入导游 Z 回答游客 A 问询的语音，具体操作如上所述，此处不再赘述。

### 3. 摄像机的机位切换操作

至此，影片第一部分的表演已基本完成，但进一步还需要合理安排机位切换，以对应最终输出的影片中观众看到的画面的变换。

打开 Project 的 switcher 切换轨道，将播放点定位到第 0 帧处点击鼠标右键，如图 6-54 所示，选择"摄像机列表"（Camera List），在出来的列表中选择"scene"摄像机，即影片的移镜头介绍场景。同样的操作将第 1610 帧处的摄像机切换为"Camera A"、第 1790 帧处的摄像机切换为"Camera Z"、第 2040 帧处的摄像机切换为"Camera A"、第 2370 帧处切换为摄像机"talk"。这样，游客 A 和导游 Z 对话时，就会交替出现他们每个人的脸部特写及两人站在一起对话的情形，从而避免影片画面看起来太单调。

### 4. 路径和移动

接下来，设计者需要制作影片的第二部分内容，即游客 B 驾车进入画面，也参与到游客 A 和导游 Z 的对话中去。由于游客 B 驾车会驶过很长一段路径，之前创建的以游客 B 为主要对象的摄像机，需要保持跟踪拍摄才能将 B 的动作完整记录下来，所以先进行如下操作。

在场景管理器中找到并选择"camera B"，在右侧的属性修改面板中的"注视"（loot at）模块点击"选择目标"（Pick Target）按钮，如图 6-55 所示，然后鼠标就会变

图 6-54 镜头切换效果

为选择模式，左键点击选择游客 B。这样此摄像机就会一直跟踪拍摄游客 B，并且在摄像机的"look at"轨道上，也能看到相应的变化，如图 6-56 所示。

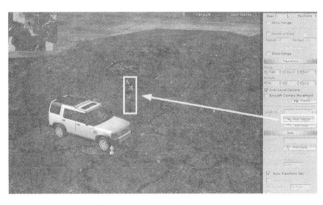

图 6-55 为摄像机选择注视对象

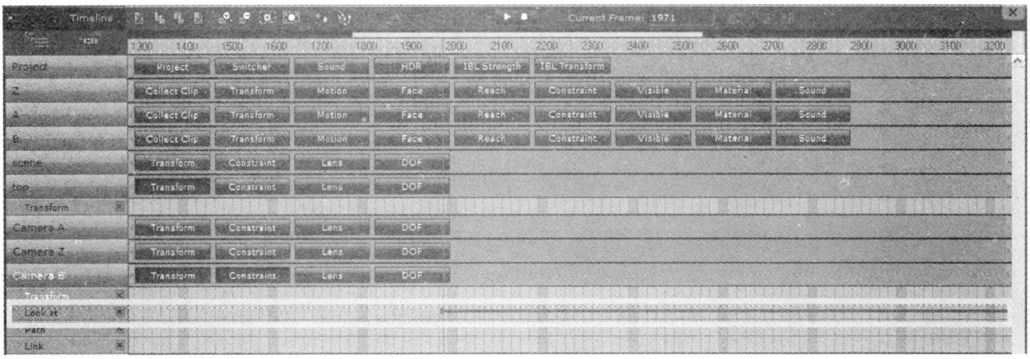

图 6-56 摄像机的"look at"轨道

然后，还需要为游客 B 规划一条驾车的路线。具体操作为：先将主视窗的机位切换为"top"，选择菜单"动画"（Animation）中的"路径"（Path），在右侧属性修改面板点击"新建路径"（Create Path）按钮，如图 6-57 所示，在场景地形中连续点击数个合适的位置勾勒出一条路径。注意路径的起点是游客 B 和他的吉普车所在的地方，路径的终点是游客 A 和导游 Z 所在的地方。当路径创建完成时，用鼠标右键在舞台上单击一下便可退出路径创建。

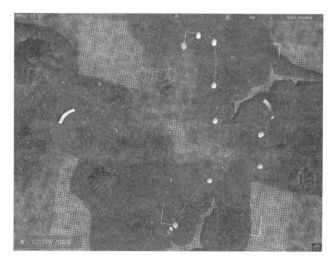

图 6-57　创建路径

如果需要对路径的细节进行修改的话，可以在右侧属性面板上点击"编辑路径"（Edit Path），如图 6-58 所示，然后结合工具栏上的选择和移动、旋转等工具对路径的关键点进行修正。编辑完成之后再次点击"编辑路径"（Edit Path）按钮退出编辑。

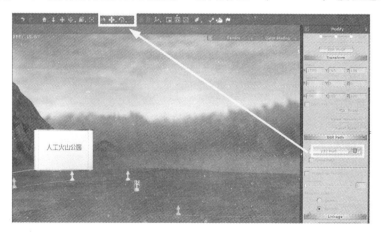

图 6-58　修改路径细节

然后，便让游客 B 驾车往路径的终点行去。首先将摄像机切换到特写游客 B 的摄像机"Camera B"，将播放点定位到第 1360 帧，选中吉普车单击鼠标右键，选择菜单

"操控"(Operate)中的"司机进入"(Driver Get in)。这样，游客 B 便会自行打开车门坐到驾驶座上，如图 6-59 所示。

图 6-59　司机进入汽车

将播放点定位到游客 B 已坐定之后，本案例中选第 1970 帧，在吉普车上单击右键并选择"移动"(Move)中的"向前移动"(Move_Forward)。然后用鼠标在路径的起点上单击，游客 B 便会驾驶吉普车沿这条路径前进，如图 6-60 所示。同时，摄像机"Camera B"也会跟随游客 B 拍摄到的吉普车沿路径前进效果，如图 6-61 所示。

图 6-60　指定汽车沿路径前进

图 6-61 摄像机"Camera B"跟随游客 B 拍摄到的吉普车沿路径前进效果

接下来,设计者要做的便是,设法让游客 B 自然地出现并融入游客 A 和导游 Z 的谈话中去。事实上在编写脚本的时候也已经考虑到了这一点:游客 B 在驾车到达 A 和 Z 谈话的地方并下车、站到她们旁边。这时导游 Z 刚好还在继续讲解,因此游客 B 也跟着听了一会儿,然后他开始发出自己的疑问,于是导游 Z 便面向游客 A 和 B 解释这个新的疑问。

因此,待游客 B 把车开到终点后,选中吉普车并点击鼠标右键,选择菜单"操控"(Operate)中的"司机下车"(Driver Get off),如图 6-62 所示,游客 B 便会自动开始下车的动作。下车动作完成之后,再给游客 B 加上"向前移动"(Move-Forward)动作,让他走到游客 A 和导游 Z 旁边。同时注意这个过程中要让 B 的视线"看向"(look at)游客 A 和导游 Z。

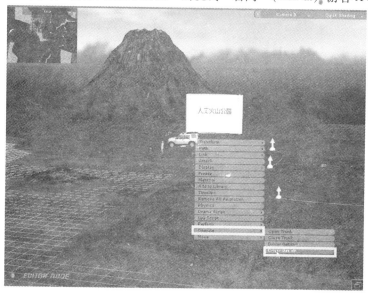

图 6-62 操控司机下车

这一边,游客 B 按照脚本的安排走到舞台上,另一边游客 A 和导游 Z 之前的对话也一直在继续,所以设计者照旧把导游 Z 的另一段说话内容录制好,并且注意要让人物适时地做一些动作。然后游客 B 边听导游 Z 的解说,边做出思考的动作:将播放点定位到合适的位置,本案例选择第 3410 帧,选中游客 B 右键单击,选择菜单"表演"(Perform)中的"思考"(Thinking),如图 6-63 所示。

图 6-63 右键方式添加动作

随后,就是游客 B 提出问题,导游 Z 解答,然后游客 A、B 两人都回复表示明白。这些按之前的步骤同样操作,只是注意加上应景的表情和动作。除此之外,设计者还需要像之前那样将三人对话时的镜头效果及机位切换做一些调整,以增强视频视角的变换性,不再赘述。

5. 所见即所得的导演模式

iClone 有一个新功能"导演模式"。导演模式的优点在于,能实时操控演员一步一步地完成表演,所见即所得。点击播放工具栏的"模式切换"(Mode Switch)按钮,可以在编辑模式和导演模式间切换,同时主视窗左下角会有文字提示当前所处的模式,如图 6-64 所示。

进入导演模式之后,按照提示可以选择实时预览的拍摄机位,默认机位是跟踪进入导演模式时所选中的角色。然后在播放的同时,设计者就可以使用方向键让选定的角色朝特定的方向移动,或者使用定义好的快捷键让角色做出各种动作表演,如图 6-65 所示。如果多个角色(或道具)都需要录制动画,则只需在左侧的内容管理器中再选择该角色进行录制。

微课与慕课设计高级教程

图 6-64　切换到导演模式

图 6-65　导演模式下切换操控对象

## 6.6　导出影片

最后，将制作好的 3D 影片从头到尾播放一遍，确认没有需要再修改的地方，并且将舞台上不需要现形的道具、摄像机、路径的实体隐藏起来之后，就可以导出影片了。

iClone 的导出有多种格式可选。菜单"导出"（Export），可以看到有"图片"（Image）、"图片序列"（Image Sequence）、"PopVideo 输出"（PopVideo Output）、"视频"（Video）四个子选项菜单。其中图片相当于是对主视窗的实时截图，而图片序列则是将影片的每一帧都作为图片输出。图片的格式、尺寸等都有多种选择。"PopVideo 输出"是输出 iClone 系列软件里可以使用的专用视频格式。

最常用的方式是导出"视频"。导出视频时视频的格式、尺寸以及渲染质量等都可以由用户自定义。值得一提的是，iClone 还提供 3D 视频的输出，如图 6-66 所示。用户

180

只需在输出时属性修改面板的"3D 立体影像"(3D Stereo Vision)模块中,勾选 3D 立体影像输出选项并选择需要的 3D 格式①。

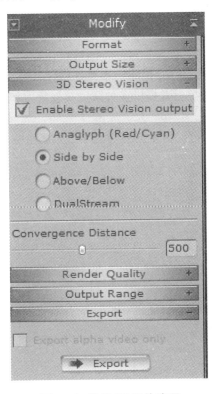

图 6-66　输出 3D 影片选项

在选定好输出设置后,点击"导出"(Export)按钮,iClone 便会开始渲染并输出视频,如图 6-67 所示。

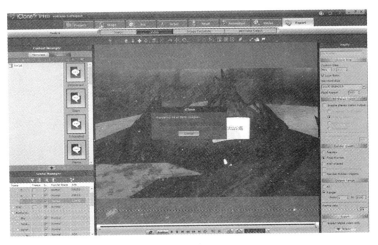

图 6-67　渲染输出最终的成片

---

① 有关 3D 视频的相关内容,请参阅本书第三章 3.1.2 节。

通过以上使用 iClone 来设计的两个微视频案例，读者可以看出，这个动画视频设计软件充分体现出"快课"技术理念，模板化设计，操作快捷。无论是人角色的选择和定制，还是动作、面部表情或语音口型配对，都提供了庞大的模板库供设计者直接调用。这不仅从技术上有效地降低了教师使用 iClone 时的技术成本，同时，更为重要的是，这种设计理念，为教师提供了非常广阔的设计空间，灵活运用这个技术工具来实现自己的教学设想。例如，利用 iClone 的视频插件，可以容易地实现现实讲课视频与虚拟场景的相互结合，为学习者提供多种激发其想象力和创造力的教学视频素材。

技术上，对于这些利用 iClone 所生成的微视频，通常都是利用 Captivate 8.0 的"事件视频"或"多幻灯片同步视频"的功能导入，成为微课和慕课的一个组成部分。

# 第七章　交互式微课设计案例

通过以上六章学习，我们已初步了解和掌握以交互式视频课件为技术平台来开发微课和慕课的基本概念和相关开发策略。再加上三个独具特色动画视频制作工具 CrazyTalk、CrazyTalk Animator 和 iClone 之后，教师已比较完整地掌握了设计和开发微课与慕课所需要的各种技术技能。

那么，如何将这些工具综合地应用于交互式微课和慕课的设计与开发过程之中呢？本章将提供两个实际教学课件案例的详细开发流程，以此来向教师展示从设计到制作各个环节，供各位自己设计时参考。看完这两个实际课件案例之后，相信教师对于如何应用，应该就大致心中有数了。

## 7.1　大学生体育教育微课——太极拳[①]

体育类教学课件的设计与开发，向来是教学课件制作领域中的难点。因为体育类课件涉及复杂的身体行为、动作等内容，交互性设计要求较高，技术实现难度很大，所以开发起来困难重重。在以往全国多媒体课件大赛上，体育类的课件数量和技术水平一直偏低，主要以视频拍摄为主，形式单一，很少见到具有高水平交互性的体育课件。

不过，学习完本书所介绍的交互式视频课件及相关的开发工具之后，基于交互式微课件的理念和方法，再来设计和制作体育类的教学课件，结果或许会令人耳目一新。

首先，我们设计的这个体育类课件，主要内容是介绍太极拳的相关知识和技能。在设计思路上，强调课件的视频展示、交互应用，以及学习路径的多样性。课件所针对的群体，为高校各专业的大学生，旨在通过文字、语音、动画、视频等多种信息媒介的结合，让学习者在互动中了解太极拳的历史、发展概况，并学习太极拳的基本姿态和连续动作。

基于以上设想，课件内容的脚本设计框架如图 7-1 所示。

---

① 该课件是北大教育学院赵国栋教授主讲的专业选修课"E-learning 技术与应用"的课程作业，由 2013 级教育技术专业硕士研究生冯晨、何旋等设计完成，并获得第十四届全国多媒体课件大赛·文科一等奖。

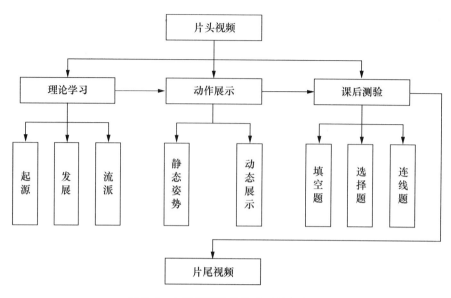

图7-1 太极拳课件的脚本设计框架图

具体来看，课件将由五个主题部分组成：片头视频、理论学习、动作展示、课后测验和片尾视频。我们的初步设想是：当学习者打开课件后，首先会观看到一部片头视频短片，随后会出现选择界面，学习者可以选择按照正常流程开始学习，即先进行理论学习，再进行动作学习，最后进行课后测验。学习者也可以选择从三个部分中的任意一个开始学习。当学生完成此次学习后，可以选择观看片尾视频短片。

课件中的理论学习部分，在内容上涵盖太极拳的起源、发展、流派、现状等基本理论知识；动作展示部分包含太极拳的基本姿势的展示，比如拳、掌、马步等，以及太极拳连续动作的展示（以"二十四式太极拳"为基础）。课后测验部分对学习者进行学习情况测试，题目内容均出自本课件中，通过填空题、选择题、连线题等多种形式进行测验，最终给出测试成绩及正确答案。

为了激发学习者的学习兴趣，课件中采用微课（微视频）形式将各主体部分进行串联，形成完整的故事主线。故事概要脚本及在课件中的位置如表7-1所示。

表7-1 课件中微视频的情节设计

|   | 课件中的位置 | 主要内容 |
| --- | --- | --- |
| 视频片段1 | 课件开始时 | 一对情侣遭遇劫匪，男生畏缩逃避，女生挺身而出用太极拳击退罪犯 |
| 视频片段2 | 理论学习部分开始前 | 情侣中的男生想向女生学习太极拳，女生问他是否愿意从理论知识开始学起 |
| 视频片段3 | 动作展示部分开始前 | 女生表示现在就要正式将太极拳传授给男生 |
| 视频片段4 | 课后测试部分开始前 | 男生感谢女士对他的指导，女生则要求对他进行课后测验 |

## 7.1.1 设计工具选择

课件设计和制作过程中使用了多款应用软件，涉及的内容包括文字、语音、动画、视频等素材制作以及素材整合。具体使用的软件及相关用途如表 7-2 所示，除了本书前六章所介绍的工具之外，还涉及 Adobe 的相关软件，如 Premiere、Audition 和 Flash。

表 7-2 课件设计制作中应用的软件

| 软件名称 | 主要功能 | 在课件中的应用 |
| --- | --- | --- |
| PopVideo Converter | 绿屏或蓝屏视频抠像 | 对拍摄的绿屏视频进行抠像、编辑处理，生成拓展名为 .popVideo 的文件用于后期视频制作 |
| iClone | 快速制作 3-D 动画视频 | 为抠像后的视频制作 3D 场景，完成微电影视频片段以及太极拳动作展示片段的制作 |
| CrazyTalk Animator | 利用照片制作动画视频 | 制作理论知识部分的动画视频，视频中人物脸部由真实照片制成，身体及环境则为动画 |
| Adobe Premiere | 视频编辑处理 | 片头、片尾视频制作；微电影视频制作；太极拳动作展示片段的字幕、配音合成 |
| Adobe Audition | 音频编辑处理 | 配音录制及编辑处理 |
| Adobe Flash | 动画制作 | 静态动作展示中"卡片"的制作，"卡片"正面为动作照片，点击后翻转，呈现文字介绍 |
| Adobe Captivate | 交互式课件制作 | 课后测验部分题目的制作；课件中所有素材的整合；课件整体美工的设计 |

## 7.1.2 抠像视频拍摄与制作

本课件的核心表现形式是基于抠像视频的虚拟场景视频。所以在课件中，抠像视频的拍摄和制作是一个重要环节，它由三个主要步骤组成：拍摄、抠像和虚拟场景搭建。

第一，绿屏抠像视频的拍摄。

抠像视频拍摄场景示意如图 7-2 所示，人物站在绿色幕布前，两套 4 * 55W 三基色柔光灯将幕布打亮，消除人物影子；两套 6 * 55W 三基色柔光灯置于人物侧后方，使人物头发及肩膀衣服边缘产生两边，便于后期抠像处理；两套 500W 聚光灯置于人物前方 45 度角位置，使人物面部均匀受光；数字摄像机置于人物正前方进行视频录制。

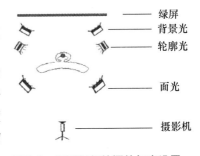

图 7-2 绿屏视频拍摄的灯光设置

第二，抠像。

课件中绿屏视频的抠像均通过 iClone 的视频插件 PopVideo Converter[①] 来完成。主

---

① 有关 PopVideo Converter 见本书第六章。

要步骤由图7-3展示，先点击"浏览"（Browse）按钮，将拍摄好的绿屏背景视频导入。随后，打开后点击界面右上角"一键式色度抠像"（One-click Chroma Key）下的绿色按钮①，完成一键抠像，方便快捷。

图7-3　绿屏背景视频的导入

在初步完成抠像后，通常还需要进行细节修饰和调整。我们可以在界面右上侧对去除绿色背景后的视频主体进行细节调整，比如颜色相似度、边缘重建、光圈矫正等。如图7-4所示。

图7-4　抠像后的细节调整

操作时，如果设计者不能确定应该通过哪项指标对视频进行优化，一个简单的方法，就是将各个设置内容的滚动条都进行拖动，从直观视觉上找到最合适的参数。除此之外，还可以使用"蒙板刷"（Mask Brush）将视频中不需要的场景抹除，以及对视

---

① 如果所导入的视频是蓝色背景视频，此时则相应选择蓝色按钮。

频主体的边缘扩展或羽化进行设置。

如图 7-5 所示,在完成抠像及细节调整后,还需要对视频的输出进行设置。首先需要选择输出视频的格式①和画面、声音质量。此外还可以在时间和空间上对原视频进行剪裁,比如只需要输出原视频的某一个时间段或某个空间范围。设置结束后点击"转换"(Convert)按钮,开始进行视频转化和输出。

图 7-5　视频的输出设置

第三,虚拟场景的设计与搭建。

完成抠像后,我们需要为视频搭建一个新的场景,课件中的场景搭建由 iClone 实现完成。主要流程如图 7-6 所示。首先在 iClone 的模板库中选择将要使用的模板(课件中选择使用的是名为 Street 的 3D 场景),用鼠标将模板拖拽至编辑窗口面板,然后调整场景的大小、角度和纵深。

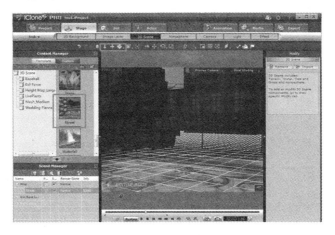

图 7-6　为视频选择虚拟场景

---

① PopVideo Converter 可输出 .popVideo、iWidget 和 .avi 三种格式视频,本案例中采用第一种,以便后期导入 iClone。

随后，将拓展名为.popVideo的抠像视频文件通过鼠标右键拖拽至工程面板，选择ImageLayer选项，前期使用PopVideo Converter抠像后的视频文件就被加载到当前的动画文件中（见图7-7）。

图7-7　在iClone中添加抠像视频

然后，我们还可以对虚拟场景的细节进行修饰。例如，在本例中，为了配合人物的出场，在iClone素材库中找到轮胎道具，将其拖拽至编辑面板，以渲染夜间的气氛（见图7-8）。此外，iClone还提供了大量3D动画编辑手段，如摄像镜头的推拉摇移等设置，如有必要，也可以添加，这会使虚拟场景更加逼真。

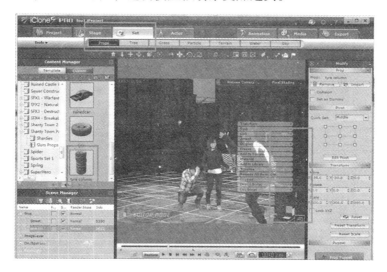

图7-8　在iClone中为虚拟场景添加道具

在完成场景搭建以及其他设计制作工作后，可以点击"输入"（Export）选项，对输出视频的格式、清晰度、大小、音频、帧数范围进行设置（见图7-9）。完成设置后点击Export按钮，开始视频的转换和输出。

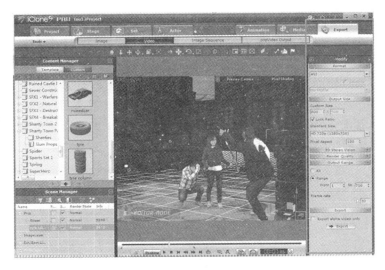

图 7-9　iClone 的输出设置

## 7.1.3　动画设计与制作

课件中的动画制作主要由 CrazyTalk Animator 软件完成，制作过程大体可分为创建人物、背景设置和动画编辑三个步骤。

第一，创建人物。

人脸：CrazyTalk Animator 中的人物创建包括两种渠道：一种是创建人脸并配合软件中自带的模板身体成为完整的人物，另一种是直接将一人物全身图片作为素材进行创建。这里首先介绍人脸的创建。

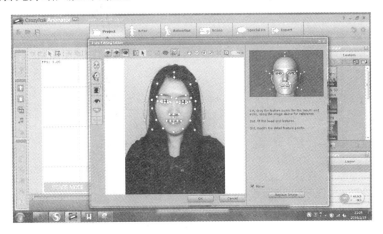

图 7-10　在 CrazyTalk Animator 中创建人脸

如图 7-10 所示，进入 CrazyTalk Animator 的运行界面后，单击创建人物工具栏中的第二项"人脸创建"，可以对人脸进行必要的设置，包括五官的定位、隐藏区域的擦除与显示区域的保留等。请注意其中的"映像"（Mirror）按钮，取消该功能之后，设计者就可以局部地进行五官定位的单一调整；选中该功能之后，则可以同时左右对称地进行调整。

此外，上部的选项栏中包含了五官定位点的设置以及局部动态的预览选项等。

身体：在 CrazyTalk Animator 中，创建完人物的头像后还需要配合相应的身体，才能最终成为一个完整的人物形象。软件为设计者提供了可便捷使用的身体模板。当然，使用者也可以通过使用自己的图片对人物进行完善。

如图 7-11 所示，对自己的身体照片进行处理（如可通过 Photoshop 进行）以后，开始展开身体各部分的定位处理。操作方法与人脸设置中的五官定位基本相同，同样需要考虑 Mirror 效果的应用。

图 7-11　基于照片的身体创建

身体各部定位结束以后，进入下一个比较关键的环节，即需要精细化呈现的图片。如图 7-12 所示，利用"蒙板编辑器"（Mask Editor）功能，可以完成让可以移动的身体部位更为精细化地呈现出来的编辑工作。由于照片在拍摄过程中不能完全精准地符合 CrazyTalk Animator 对其的定位，因此需要后期精细处理。横线上为预览选项，左侧两个为静态预览，右侧四个为动态预览（并伴有语音解说）。最后点击 OK 完成身体的创建。

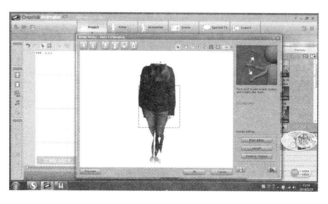

图 7-12　身体的调整与修改

人脸与身体的组合：当人脸与身体都设定完成以后，还需要将人脸与身体进行组合成为一个完整的人物素材。如图 7-13 所示，点击角色组合按键，进入人脸与身体组合设置的界面，可对完整的人物素材进行进一步调整。其中较为关键的，是关于人物身体各部分的图层叠加次序。图中的红框标记，它的作用在于，身体各部分所在图层的次序不同，会导致后期动画置入后，相互之间的遮挡关系以及呈现效果也会有所不同。

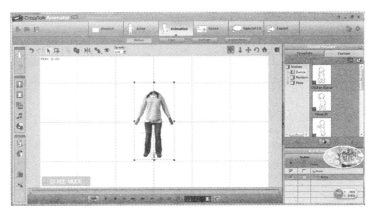

图 7-13 人脸与身体组合

第二，背景设置。

CrazyTalk Animator 提供了一些背景素材供设计者使用。同时，设计者也可以使用自己导入的图片作为背景素材。如图 7-14 所示，我们选择 CrazyTalk Animator 素材库中的一张背景图片，其中每一项道具均可以被设置，包括自身设计与置入动画。而人物与背景的设计属于不同的范畴，根据时间轴的范围，可以让人物在背景所包含的范围之内做任何的动作并加入语音。而背景元素的动画设计也不会影响人物的设置，最终实现人物与背景的协调统一。

在背景设置中要注意两个较为关键的功能按钮：一是左侧的隐藏按钮，二是右侧的摄影机视角按钮。隐藏按钮的功能，是在选中背景元素后，可根据时间点的不同设置其是否可视，以便增加动画的视觉性，并让多元素的组合与呈现具有一定顺序性。而摄影机视角按钮的主要巧妙之处，点按该键后，当动画开始播放后，可以通过移动鼠标及鼠标上的滚动滑轮，来改变整个摄影机的视角远近以及方向。换言之，相当于改变观众的视角位置，能够实现突出视线主体，改变视线主体的要求。

图 7-14 CrazyTalk Animator 的背景设置

第三，动画编辑。

当人物和背景都设置完成以后，就进入动画编辑环节。

选中所要编辑的人物后，图 7-15 中的"身体帧编辑器"（Body Key Editor）按钮会凸起，点击进入图中央的小对话框，完成人物起始姿势及每个时间点姿势的编辑。需要注意的是，从一个时间点到下一个时间点的姿势变化，会随着时间轴的推移渐进地变化。比如第一个时间点的人物头像是正立的，到下一个时间点偏向了 30°。那么在这个过程中，人物的头像是一点点地变化角度，最终完成 30°的偏向。

图 7-15　利用身体帧编辑器来设计人物动画

如图 7-16 中所示，当设计者选中人物后，"操偶"（Puppet）按钮亦会凸起。点击进入图中小的对话框，完成一些人物基本动作的设计，例如行走、跑步、跳跃、演讲、表演等。

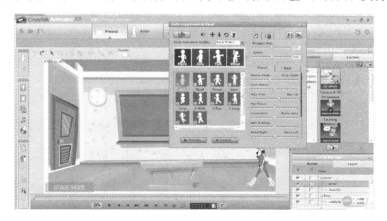

图 7-16　利用操偶来设置人物动画

以上的两个功能键对话框中包含了身体所有零部件的微调功能，是增加动画的精细度以及动作细化的很关键的设置项，建议设计者深入研究，以丰富作品内容。

当然，除上述两种方式之外，当选中人物项后，CrazyTalk Animator 也可以通过自带的动画模板为人物设计动画，这通常适用于初级使用者。鉴于附带的模板未必能够很好地配合设计者的设计思路，因此，钻研人物的动画设计方法显然很重要。

第四，时间轴。

CrazyTalk Animator 的"时间轴"（Timeline），是让使用者可以很好地纵观整部动画的一个控制功能，无论是人物元素还是背景元素的每一项设置，在时间轴上都会显示出来。如图 7-17 所示。

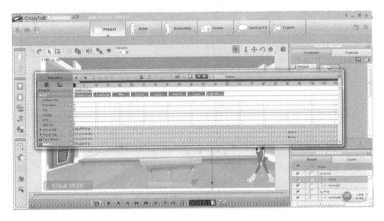

图 7-17　时间轴的使用

与其说时间轴功能是为了配合动画设计，不如说是为了实现设计者的设计思路。为什么这样说呢？是因为设计者首先要对所设计的作品有一个整体构思，然后形成自己脑中的一个时间轴，当开始制作作品时，将自己的构思即脑中的时间轴与功能选项中的时间轴相互结合，这样有助于更好地实现设计理念。

比如，设计者希望人物在某一个时间点说一句话，然后在下一个时间点做一个动作。那么这些构思是提前设想好的，在设计过程中就可以通过时间轴功能将其实现。从图 7-17 中的时间轴也可以发现，所有与动画元素相关的动作、语音、可视度等都能在时间轴上体现，相应也就意味着，它们可被修改和调整。因此时间轴是 CrazyTalk Animator 的一个强大功能，要充分利用。

## 7.1.4　音频素材设计与制作

整体来看，音频素材的制作由两个主要步骤组成：录音和编辑。在本课件中，音频处理通过 Adobe Audition 3.0 来完成。

第一，音频录制。

为保证录制效果，录音时应尽量选择安静的环境。音频录制的主要步骤如图 7-18 所示。我们要进行录音前的准备设置，将电脑的主音量和波形调整到适合的位置，确认录音状态可用。打开软件选择单轨编辑模式，新建文件并将文件的波形采样率调至适合的位置。点击录音键开始录音，空格键结束录音。

在录音的过程中，有时难免受环境和设备的影响而产生噪音，为了得到更加清晰的效果，我们有时需要对音频进行降噪处理。如 7-19 所示，先录制一段 5 秒以上的环境音，在单轨编辑模式下选择"效果"选项栏的"修复"菜单中选择"降噪预制噪声文件"，对环境噪声进行采样后便可以开始正式录音。录音后，双击波形选中整个文件，然后点击"修复"菜单下的"降噪器（进程）"，将降噪级别调整到 70%，最后点击"确定"，完成对环境噪声的消除。除了最主要降噪工具之外，我们还可以使用"消

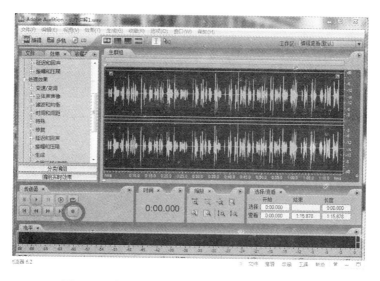

图 7-18　在 Adobe Audition 中开始录制语音素材

除嘶声"工具、"自动移除咔哒声"工具、"破音修复"工具以及手动调节进行其他噪声的消除处理。

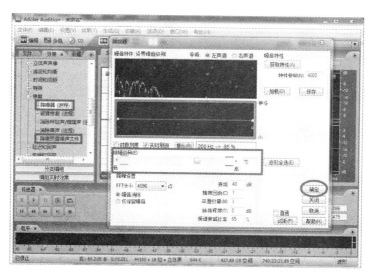

图 7-19　录音素材的降噪处理

第二，音频素材的编辑。

课件中运用到的音频编辑功能有以下五种，如图 7-20 所示。

- 删除，左键框选不需要的部分按"Delete"键删除。
- 复制，选择需要复制的内容按"Ctrl + C"，点击需要插入的位置按"Ctrl + V"。
- 音量调节，左键框选需要调节音量的部分拖动上方调节音量旋钮进行音量调节。

- 变调变速，选中需要编辑的内容，打开"效果"选项栏中"时间和间距"下的"变速（进程）"工具，便可以在变速模式中选择需要的模式，在"转换"下拉菜单中选择需要的数值。

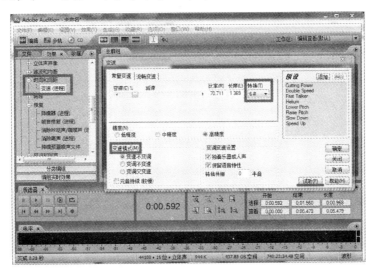

图 7-20　音频的变速调节

关于声音淡入淡出的处理。如图 7-21 所示，选择多轨编辑模式，分别在不同的音轨选择插入需要编辑的各个音频文件。双击音轨进入单轨编辑模式，选择要编辑的段落，并在"处理效果"选项栏中选择"振幅和压限"，再点击"包络（进程）"，在预设菜单中选择需要的选项如："平滑淡入"（Smooth Fade In）、"平滑淡出"（Smooth Fade Out）。在包络界面中手动调节音量以配合太极拳动作的人声讲解，在包络界面需要进人声处单击创建包多个络点，进行音量的调节。编辑完成后点击"文件"—"导出"—"混缩音轨"便可得到处理好的音频文件。

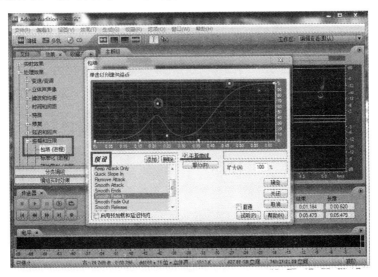

图 7-21　音频的淡入、淡出设置

## 7.1.5 卡片制作

太极拳静态动作展示卡片的制作，主要分为两部分：素材准备和动画制作。

第一，素材准备。

"太极拳"交互视频课件中共展示了八个太极拳的基本动作，包括拳、掌、勾、冲拳、单推掌、弓步、虚步和仆步。在获取最初的图片素材之后，使用图片处理软件进行基本的亮度、清晰度等调整，然后再利用 PhotoShop 或美图秀秀等图片软件抠图，形成背景透明的图像。

形成背景透明的图像之后，根据课件的整体色调与风格，更改恰当的背景。然后对图片的大小进行调整。此外，在相同的图片背景与大小下，制作图片翻转后所展示的文字部分素材。如图 7-22。

图 7-22　基本动作的卡片素材

第二，动画制作。

制作点击图片翻转的效果。对于每一幅图片除图片本身之外，还需要制作以图片为按钮的元件。将图片放置在工作区内，设置它们出现的时间长短，并利用按钮和语言的控制，通过改变图片的宽度来实现图片翻转的效果（见图 7-23）。

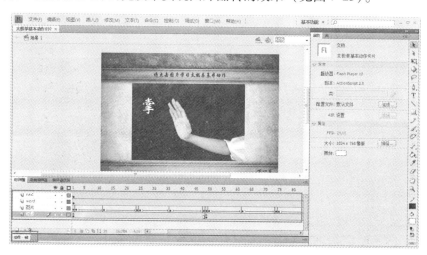

图 7-23　静态图片翻转效果制作

为便于操作，可以将八张图片的效果分别放在不同场景中，通过"上一页"和"下一页"的按钮来控制不同场景之间的跳变。在设计过程中，可以点击"控制"菜单中的"测试影片"或"测试场景"选项，检查制作效果，及时进行调试。

在确认动画正常运行之后，点击"文件—导出—导出影片"，将制作好的动画以".swf"格式导出。

### 7.1.6 测试题制作

建立测试题有助于学习者进一步巩固所学知识。Adobe Captivate 提供了各式各样的问题幻灯片放于测试题中。本课件中，制作测试题大致分为以下三个步骤，包括设置题型及题数、建立题目和反馈与评分。

第一，设置题型和题数。

单击 Adobe Captivate（简称 CP）菜单中的"测验"（Quiz）可打开测验功能，首先选择所需题型、题数以及计分方式①。如图 7-24 所示，题型包括：选择题（单选/多选）、是非题、填空题、简单题、连线题、区域点选、顺序组合、喜好程度（多用于问卷）以及随机出题 9 种方式。单击"OK"后，Adobe Captivate 将依照所出题目分别各自呈现于幻灯片中，如果出了 10 个问题，就会增加 10 个幻灯片，最后再自动添加一张成绩单幻灯片。

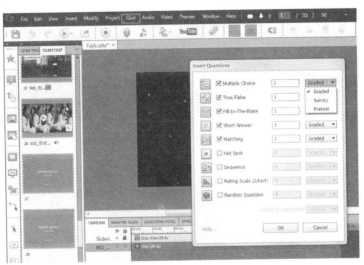

图 7-24　CP 中测验的题型和题数设定

第二，创建各种测验题目。

（1）创建选择题

如图 7-25 所示，首先在"问题文本"区域中输入测试题，之后在"答案"区域点击"加入"并输入选项。若要学习者每次回到此问题时以不同的顺序显示选项，则需

---

① 注意，只有选择"计分"（Graded）功能之后，测验才可以具有计分功能。

要选取"随机回答"。若设为单选题,在"类型"弹出式选单中选取"单一选项",并单击选取正确答案。若为多选题,在"类型"弹出式选单中选取"多个选项",并单击选取相应的正确答案。

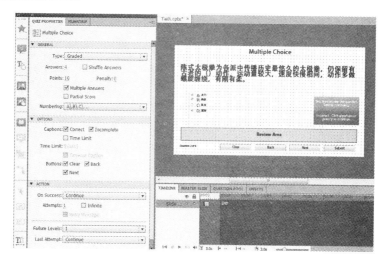

图 7-25  创建选择题

(2) 创建填空题

如图 7-26 所示,在"词组"文字框中输入句子或词组,而后在"填空"(blank)处输入答案。同时也可以设置学习者答题的次数,如红框处所示,仅有一次机会或不限次数的机会进行答题。

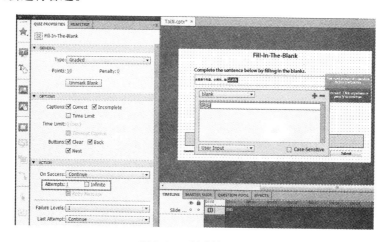

图 7-26  创建填空题

(3) 建立连线题

如图 7-27 所示,在文字框中输入问题,将栏 1 与栏 2 中的内容进行配对,即单击栏 1 中最前方的方框选择与其对应的栏 2 中的字母。若要学习者每次回到此问题时以不同的顺序显示选项,则需要选取"随机回答"。

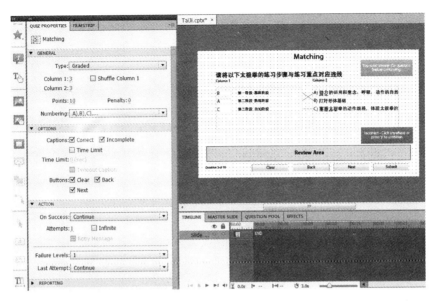

图 7-27　创建连线题

第三，测验的反馈与评分。

此部分可使用参数设置而大大减少工作量。单击 Adobe Captivate 的菜单"编辑"（Edit），然后选中其中的"参数设置"（Preference），弹出如图 7-28 所示的窗口。

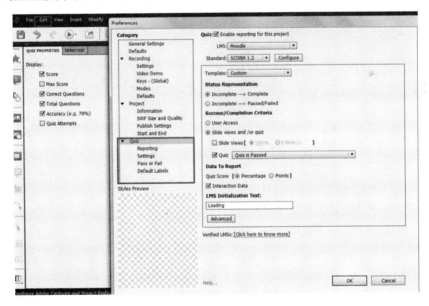

图 7-28　测验的参数设置

此处可设定通过测验所要求的最低分数，也可以定义在学习者通过或未通过测试后应采取的动作。在"测验失败"选项中，可以执行下列动作之一：设定学习者通过测验所需的最低分数；测试结果会根据设置的不同而呈现不同的情况。

## 7.1.7 素材合成

在本课件设计中，素材合成使用的软件是 Adobe Captivate。素材的合成主要有四个步骤：原始素材的导入、课件逻辑的设计、课件动画的设置以及最终成品的导出。

第一，原始素材的导入。

首先，使用 CP 打开项目文件。然后，在右侧"资源库"（library）面板的下方空白处右击，弹出快捷菜单（如图 7-29 所示），选择"导入"（Import）命令。在弹出的文件选择菜单中，依次选择课件制作中所需要的一个或多个（按 Shift 连选或 Ctrl 点选）文件素材。最后，点击"确定"按钮完成素材文件导入工作。

素材文件导入后，可以根据素材文件的类型等，将素材文件分类管理。具体的做法是，在 library 面板下方空白处右击弹出的快捷菜单中，选择"新建文件夹"（New Folder…）命令，输入新文件夹名称后，用鼠标左键点击素材文件拖动至相应文件夹中。

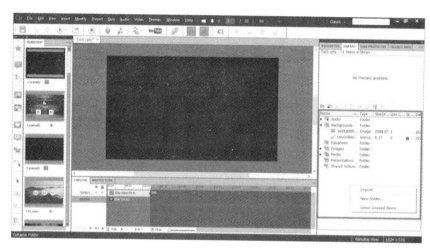

图 7-29　各种课件素材的导入与分类

第二，课件的交互逻辑关系设计。

课件的交互逻辑关系，是指根据用户点选的按钮不同，呈现的课件顺序也有所不同的功能。具体做法是：首先选中所需添加逻辑的按钮，使按钮处于被选中状态。然后，在右侧"属性"（properties）面板的"动作"（Action）选项卡中，点击"成功"（On Success）下拉菜单，选择所需的命令。图 7-30 选择的是"跳至幻灯片"（Jump to Slide）命令，即当点击该按钮时，页面跳转到另一页上。在幻灯片下拉菜单中选择要跳转到的页面编号，完成设置。

第三，课件动画的设置。

为了让课件更加吸引人，可为课件元素（图片、按钮、文本等）设置动画效果，设置的过程十分简单。首先，选中需要添加动画效果的元素，然后，在下方"时间轴"（Timeline）面板中，找到该选中的元素（该元素在时间轴上会自动变成蓝色）。在其时

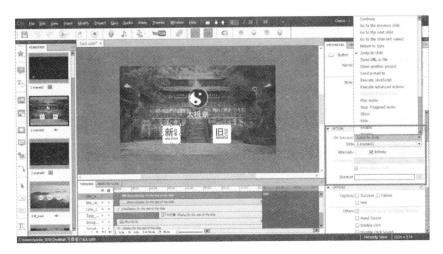

图 7-30　课件交互逻辑关系的设计

间轴上右击,在弹出的快捷菜单中选择"应用效果"(Apply Effect…)命令,之后会弹出"效果"(Effects)面板(如图 7-31 所示)。在该面板的左侧,点击"添加效果"(Add Effect)按钮,可以为该元素添加多种动画效果。同时,在右侧的时间轴面板上,改变时间轴的长短和开始位置,可以调整动画持续的时间和开始的时间。

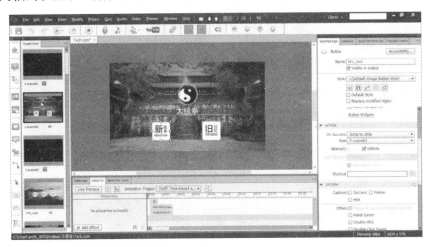

图 7-31　课件动画的设置

第四,最终成品的导出。

当上述工作都完成后,就可以导出课件了。导出方法很简单:首先,依次点击"文件"(File)→"发布"(Publish)命令,弹出如图 7-32 的窗口。然后,依次输入导出成品的名称(Project Tile)、导出文件存放的位置(Folder)、导出的格式(Output Format Options)和导出的其他选项(Output Options:这里可以将课件打包成 ZIP 文件或者 PDF 文件,以及是否强制全屏播放等)。最后,点击右下方的"Publish"按钮,导出成品就完成了。

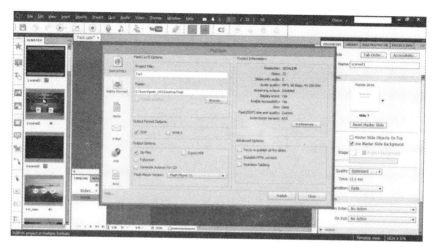

图 7-32 成品课件的导出

### 7.1.8 成品课件内容展示

将所有文字、音频、视频素材经 Adobe Captivate 合成、编辑后导出为 .swf 格式，即为课件成品。以下将按照一般学习过程顺序将主体内容进行展示。

开场视频由现有视频素材后期编辑而成，希望通过富有中国风的画面和音响引发学习者的学习兴趣。如图 7-33 所示。

图 7-33 开场视频

学习路径选择界面：在此界面中，学习者可以选择"新故事"开始首次学习。或者选择"旧回忆"跳过微视频等视频片段，直接选择想要复习的内容。如图 7-34 所示。

微课（微视频）：课件中在每个学习模块开始前，都有一段微视频片段，以此串联起整个课件及学习过程。如图 7-35 和 7-36 所示。

第七章 交互式微课设计案例

图 7-34　首选界面

图 7-35　课件中的微视频片段之一

图 7-36　课件中的微视频片段之二

课件主页面：在此页面中，学习者可以选择理论学习、动作学习和测验三个主体内容开始此次的学习或复习。如图 7-37 所示。

图 7-37　课件的主页面

理论学习：当学习者在主页面点击知识按钮后，会进入理论知识学习模块。在第一个页面中，学习者可以选择学习太极拳的历史起源或者发展流派，也可以选择回到主菜单。如图 7-38 所示。

图 7-38　理论学习部分主选界面

课件中的理论学习部分使用 CrazyTalk Animator 制作完成，结合语音讲解和图片展示。如图 7-39、图 7-40 所示。

动作学习：动作学习分为三个主要模块，学习者可以在图 7-41 所示的界面中进行选择。

图示部分为太极拳基本姿态的展示，以卡片形式展现。卡片正面为动作名称和图片，学习者点击图片后，卡片翻转，出现对应的文字说明，如图 7-42、图 7-43 所示。

图 7-39　太极拳的理论知识讲解之一

图 7-40　太极拳的理论知识讲解之二

图 7-41　动作学习部分主选界面

图 7-42 基本姿势展示卡片（翻转前）

图 7-43 基本姿势展示卡片（翻转后）

视频部分是对太极拳动作的动态展示，如图 7-44 所示，用户可以选择想要观看的分解动作，或选择所有动作的连续播放。动作展示如图 7-45 所示。

图 7-44 动作选择

第七章 交互式微课设计案例

图 7-45 动作展示

总览部分是对以上两部分的回顾，如图 7-46 所示。

图 7-46 总览部分展示

课后测验：当学习者进入课后测验部分，课件会从试题库中随机抽取 5 个测验题，题型包括填空题、选择题、连线题、排序题等。学习者完成答题后点击提交按钮，课件会给出答题正确或错误的判断。学习者可以通过点击清除按钮重新答题，或返回上一题。如图 7-47 所示。

图 7-47 选择题

当学习者完成全部五个题目后,课件会给出测试结果,展示此次测试的得分,说明学习者是否通过了课后测验。此时学习者可以选择结束学习或者重新进行测验。如图 7-48 所示。

图 7-48  测试结果展示

片尾视频:课件的最后是一段片尾视频,主要记录了课件从设计、拍摄到后期制作的点滴、花絮,介绍了课件主创人员以及主创人员在整个课件制作过程中的心得体会,见图 7-49 和 7-50。

图 7-49  视频拍摄现场

图 7-50  课件的全体主创人员

## 7.1.9 设计经验总结

回顾整个课件制作过程，小组中的每个成员都感到收获颇丰。

首先，我们对交互式视频课件的设计和制作过程有了直观、清晰的认识。从确定选题到确定目标人群，从设计脚本到拍摄视频，从素材制作到整合成形，这一个从无到有的过程，让我们对交互式视频课件这个概念从陌生到熟悉，对课件制作也有了更加深刻的认识和体会。

其次，每个人的动手实践能力都得到了提升。在课件制作过程中，每个人都至少学习使用了一款素材制作工具软件，如 iClone、Adobe Premiere、CrazyTalk Animator 等。面对软件使用过程中的细节问题，很多时候都没有现成的答案可以参考，而是需要使用者通过反复尝试、钻研，最终达到设计中的表现效果。

最后，我们深刻体会到了团队协作的重要性。课件的制作出品是团队协作的成果，课件制作过程中我们多次开会讨论，录音，拍摄时大家各司其职，后期制作过程中大家从素材到技术上都相互补充、支持。可以说，如果没有协调一致的团队合作，就没有此次课件制作的顺利完成。在这个过程中，我们不仅意识到团队合作的意义，也都学到了团队中沟通、合作的技巧。

除了收获，此次课件制作也不免存在一些遗憾。尽管课程已经提供了相当专业的器材设施，但是由于硬件条件的局限，视频和音频的录制效果并不完美。比如由于没有专业录音设施和环境，课件中的语音部分并不是十分清晰。此外，由于我们对相关软件的使用还处在学习、探索阶段，最终体现在课件成品中的一些效果还略显粗糙，在美工上还有很大的进步空间。最后，课件制作过程中我们主要关注了技术层面的展现，而对课件本身在教育层面上的针对性和有效性缺乏足够的关注，在这个方面以后还需要改进。

## 7.2 学龄前儿童交互式微课——马的王国[①]

介绍完针对大学生的教学课件之后，紧接着，向读者介绍另外一种类型的微课——幼儿园学龄前儿童的课件。毫无疑问，与前者相比，这种课件的设计理念和制作方法差异较大，值得重新认识和思考。

### 7.2.1 设计理念和目标

"马的王国"是一个以学龄前儿童为目标群体的教学课件。在设计和开发时，设计者所遵循的主要设计指导思想包括以下。

- 以可爱和娱乐的方式来展示知识，让小朋友们在学习知识的同时，能够"乐在其中"。

---

① 该课件是北大教育学院赵国栋教授主讲的专业选修课 "E-learning 技术与应用" 课程作业，由 2013 级教育技术专业硕士研究生聂欢、温李懿贞、余萧桓、赵柳婷和王铭娴等同学合作完成，聂欢为组长。

- 以交互的方式来表现知识，让小朋友们参与到知识的学习中来，并成为主体。
- 以创意视频和动画的创新形式，让小朋友们轻松地学习关于马的知识，如马身体部位的特性与马在不同时代的功能。

本课件的设计原则与理念如下所示。

- 内容第一，形式第二。我们认为，课件的内容是最核心的，希望在做好内容的基础上，再具体设计呈现形式，并强调将呈现形式做"炫"。
- 重视交互性。设计课件时，为使小朋友主动学习知识，而非被动地"看课件"接受知识，我们设计了相关按钮或者故事，将小朋友带入，让他们参与"操纵"课件。
- 关注目标群体的人、认知特征。在设计时，我们注重将内容和形式做得卡通化和具有娱乐性，以符合小朋友的年龄特点。
- 趣味性。无论是制作的过程还是课件的内容，我们都强调要"有意思、好玩儿"，也可以理解为有创意。

根据以上设计理念，本微课课件的设计脚本框架如图 7-51 所示。

"马的王国"包括四部分："马的身体""马的功能""点评"和片尾视频。操作上，课件的使用流程大致是：使用的小朋友可以自由选择学习前两个部分。学习完成后，小朋友可以转到"点评"部分，对课件的内容和形式进行点评。点评后，自动播放片尾视频。在整个学习流程中，小朋友可以随时跳转到自己想进入的环节或界面。

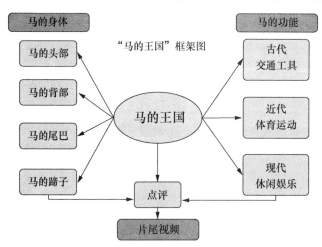

图 7-51 "马的王国"课件整体框架图

尤其要说明的是，课件之所以设计"点评"而非"测试"，有三方面原因。

- 一是考虑小朋友的年龄特点和课件设计初衷，我们希望小朋友以一种轻松娱乐的方式，完成对马的两个方面的知识的了解，并不希望对其进行传统意义上的考试。

- 二是对小朋友主体性的考虑，我们认为"测试"中，小朋友是一个"被试"角色，处于被动地位。而在"点评"中，小朋友是主体，可以对课件的内容和形式进行好坏与否、喜欢与否等的评价。
- 三是对课件质量提升的长远考虑，我们希望通过收集到小朋友的反馈，对课件的质量有详细认识，并在未来对课件内容和形式进行有针对性的改进。

### 7.2.2 设计工具选择

"马的王国"的设计制作主要使用了语音、图片、动画、视频抠像、视频、格式转换、课件合成 7 大类型软件工具，见表 7-3。语音类软件主要使用了 Adobe Audition，图片类软件主要使用 Photoshop、Fireworks 和"美图秀秀"，动画类软件主要使了 CrazyTalk Animator，视频抠像软件使用 PopVideo Converter，视频制作类软件主要使用 iClone 和 Adobe Premiere，格式转换软件主要使用"格式工厂"，课件合成软件使用 Adobe Captivate。

表 7-3 课件所采用的制作工具列表

| 软件名称 | 主要功能 | 在课件中的应用 |
| --- | --- | --- |
| Adobe Audition | 音频编辑处理 | 导入话语、CrzayTalk Animator 动画配音的录制及处理 |
| Photoshop | 图片处理 | 人物头像的编辑处理 |
| Fireworks | 图片处理与制作 | 制作课件里导航、图标、箭头等素材 |
| 美图秀秀 | 图片处理 | 制作课件的背景图等素材 |
| CrazyTalk Animator | 2D 卡通动画视频制作 | 制作"马的身体"部分的介绍动画和课件各部分衔接的动画 |
| PopVideo Converter | 绿屏或蓝屏视频抠像 | 对所拍摄"马的功能"的绿屏视频进行抠像、编辑处理，供 iClone 加场景制作（格式为 .popVideo） |
| iClone | 3D 动画视频制作 | 制作"马的功能"部分近代的视频，给古代和现代部分添加虚拟场景，供 Premiere 后期制作使用 |
| Adobe Premiere | 视频编辑处理 | "马的功能"古代与现代部分的 iClone 视频剪辑、加音效，片尾视频制作 |
| 格式工厂 | 音频、视频格式转换 | 全部视频导入 Adobe Captivate 之前的格式转换 |
| Adobe Captivate | 交互式课件制作 | 整合衔接"马的身体""马的功能"和课后点评的素材 |

在确定上述设计目标和原则之后，设计团队经过数次讨论、推翻、再讨论，最终将选题从介绍马的生肖来历、马的故事、马的特性等等关于马的知识，转移到马的身体和马的功能两个部分，并且据此确定了课件的脚本框架。

按照课件的框架，设计者确定制作流程如下：先设计马的身体部分，再设计马的功能部分，最后设计片尾视频部分。其他的如引入、各部分之间的衔接动画、点评部分，是在课件的整合过程中，使用 Adobe Captivate 制作而成。

每部分的设计流程如下：首先进行该部分的脚本设计，再对每个子部分的场景、形式和工具等进行设计。之后，综合考虑该部分的工作，对各项工作进行分类，使用同类型软件的工作分在一类。其次，对所有分类进行先后排序（可根据重要性来排序，也可根据团队掌握相关制作技能的情况来排序，本课件采用前者）。最后，按照排序先后进行制作。

制作过程中，分工尤其重要，需要充分发挥每个人的才干。但采取何种分工形式，值得设计团队认真考虑，每个小组情况不一。从我们组的经历来看，"分工后、私下做、再统筹"的方式效率很低。因为进行分工之后，由于没有强制性和约束力，成员各自为政，很多情况下到时间截止时都还未完成分工。相比之下，开展实时协作的效率则高很多。这也是我们小组采用的协作形式。

接下来，将按照课件的设计框架，分别详述"马的王国"课件的制作过程。

### 7.2.3 马身体设计与制作

马的身体部分包含四个子模块：马的头部、马的背部、马的尾部、马的蹄子。对四个子部分的介绍，均采用动画的形式，并利用 CrazyTalk Animator 软件制作。具体脚本设计如表 7-4 所示。

表 7-4 "马的身体"脚本设计

| 子部分 | 场景描述 | 形式 | 预期使用工具 |
| --- | --- | --- | --- |
| 马的头部 | 卡通博士在舞台上讲解马头部的知识，包括马的鼻子、嘴巴、耳朵、眼睛 | 动画 | CrazyTalk Animator |
| 马的背部 | 卡通人物在大草原介绍马背部的相关知识 | 动画 | CrazyTalk Animator |
| 马的尾部 | 卡通博士在教室里介绍马的尾部对于马的重要性 | 动画 | CrazyTalk Animator |
| 马的蹄子 | 卡通人物在大草原介绍马蹄的进化史和作用 | 动画 | CrazyTalk Animator |

马的身体四个部位的介绍均采用同一种形式（动画）、同一款软件（CrazyTalk Animator）制作。不过，在马的身体各部分动画制作前，还需要制作马的身体分解图，作为本部分的导航使用。具体的制作流程如表 7-5 示。

表 7-5 "马的身体"制作流程

| | 步骤 | 使用工具 |
| --- | --- | --- |
| 马的身体分解图 | 图片的搜索 | 网络搜索：百度、谷歌 |
| | 图片的处理 | Photoshop、美图秀秀等图片处理软件 |
| 马的身体部位动画 | 介绍文稿准备 | Word 文档、记事本等 |
| | 头像的选择和抠图 | Photoshop、美图秀秀等图片处理软件 |
| | 录音 | Adobe Audition、携设备（如手机） |
| | 动画制作 | CrazyTalk Animator |

"马的身体分解图"和"马的身体部位动画"中的"头像的选择和抠图""录音"两个子步骤简单易懂,无需详述。下面将对"马的身体部位动画"中的"介绍文稿准备"和"动画制作"两部分进行详细介绍。

对马身体的四个部位的功能和特点等进行介绍的文稿准备。方法是:先通过网络搜索,查找到相关资料;再进行挑选、精简、整合;最后形成简单、易懂、亲切的语言。以"马的尾巴"部分为例:

> 草原上奔跑的骏马,尾巴向后飘逸,神气极了!在奔跑时,马的尾巴起了很好的平衡作用。平时马儿又将尾巴当做"苍蝇拍",左抛右甩地驱赶对它发起攻击的蚊子、牛虻等。

每部分的介绍动画利用 CrazyTalk Animator 制作。在软件中,新建工程(Project)之后,将之前准备好的头像、背景图片和录音等素材分别导入,利用软件的功能设计人物形象、路径、肢体动作和面部表情。制作完成后,生成视频导出。制作界面如图 7-52 所示。具体的软件使用方法请参阅本书第五章。

图 7-52 "马的背部"介绍动画的制作

## 7.2.4 马的功能设计与制作

我们将马的功能按照时间顺序分类,分别是:古代马的功能、近代马的功能和现代马的功能三部分。三部分均采用真实视频和虚拟场景(动画)相结合的形式,但具体使用到的工具有细微差别。每个子部分的脚本场景、对应形式和使用工具如表 7-6 所示。

表 7-6 "马的功能"脚本设计

| 子部分 | 场景描述 | 形式 | 预期使用工具 |
|---|---|---|---|
| 古代的马 | 遥远的古代，妻子给远方的丈夫买了把剃须刀，在没有马的时候步行送回去，和在有马之后骑马送回去，产生两种不同结果 | 抠像视频 + 虚拟场景 | Premiere、PopVideoConverter、iClone |
| 近代的马 | 运动场上，运动员在表演骑马跨越障碍 | 虚拟动画 | iClone |
| 现代的马 | 在一座现代化都市，几个时髦的年轻人跳起了流行的"骑马舞" | 抠像视频 + 虚拟场景 | iClone、Premier、PopVideoConverter |

按工作时间流程来分，"马的功能"这部分课件的制作主要分为三个步骤：视频素材准备、视频加场景和视频合成。每个步骤下面又包含二级子步骤。具体步骤及使用工具如表 7-7 所示。

表 7-7 "马的功能"部分制作步骤及使用工具

| 步骤 | 使用工具 |
|---|---|
| 视频素材准备 ||
| 绿布视频拍摄 | 灯光 6 个、摄影机 2 个、绿布等 |
| 绿布视频剪辑 | Premiere |
| 绿布视频抠绿 | PopVideoConverter |
| 为视频添加虚拟场景 ||
| 古代部分添加场景 | iClone |
| 近代部分制作场景 | iClone |
| 现代部分添加场景 | iClone |
| 视频生成 ||
| 音乐素材收集 | 百度搜索和其他途径 |
| 视频合成 | Premiere |
| 视频配音 | Premiere |
| 视频格式转换 | 格式工厂 |

接下来，介绍"视频素材准备"和"视频加场景"的制作流程。

在开始动手做视频之前，我们首先要把所需要的视频在绿布前拍摄出来，就像拍电影一样，绿屏拍摄场景如图 7-53 和图 7-54 所示。具体在马的功能这一部分，马在古代和现代由于需要后期添加 3D 虚拟场景，所以要使用绿布来拍摄；而近代马的功能部分不需要用到真人，所以可省略此环节。近代部分制作只使用了 iClone，在后面将会谈及。

图 7-53　视频拍摄——古代部分

图 7-54　视频拍摄——现代部分

由于对时间点和演员的临场表现难以掌控，使用绿布拍摄的视频很难做到一次成功。很多情况下，都需要后期进行精细的剪辑；对原始绿布视频的剪辑和处理主要使用到了 Premiere。剪辑完成后的绿布视频，就可以利用 PopVideo Converter 进行背景抠绿，以便后期 iClone 加 3D 虚拟场景使用，操作如图 7-55 示。

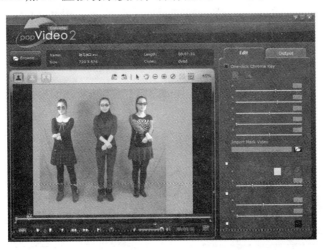

图 7-55　利用 PopVideo Converter 进行视频抠像

随后，为剪辑处理过的视频添加虚拟场景，主要用到的工具是 iClone。根据课件脚本需要，这部分大的场景一共有两个，即古代和现代的场景。古代部分的场景又分为室外和室内，室外又有几个不同场景，场景的选择均由前期脚本设计决定。使用 iClone 添加虚拟场景如图 7-56 所示。

图 7-56  利用 iClone 为视频添加虚拟场景

### 7.2.5  片尾视频设计

位于课件最后的片尾视频主要包括"课件简介"和"制作团队简介"两部分。具体脚本设计如表 7-8 所示。

表 7-8  片尾视频的脚本设计

| | 课件内容 | 展示课件特点和部分截图 |
|---|---|---|
| 课件简介 | 制作过程 | 简要展示课件制作过程，包括花絮等 |
| | 使用软件 | Premiere、Captivate、iClone、CrazyTalk、PopVideo Converter |
| 制作团队简介 | 成员简介 | 展示每位成员的姓名、照片，同时为了配合课件的主题，每位成员给自己起一个关于马的昵称，如"小飞马" |
| | 团队感想 | 展示团队成员整个制作过程的感想和心得体会 |

根据视频制作的流程，设计者将片尾视频的制作主要分为两个步骤：素材准备和视频编辑。每个步骤下又分为详细子步骤。具体如表 7-9 示。

表 7-9  片尾视频的制作流程

| 步骤 | 使用工具 |
|---|---|
| 视频素材准备 | |
| 视频模板 | 百度搜索/其他渠道 |
| 图片素材 | 对软件源文件进行截图（快捷键 ctrl + shift + x） |

续表

| 步骤 | 使用工具 |
| --- | --- |
| 音频素材 | 百度搜索/其他渠道 |
| 视频素材 | 使用 Premiere 软件对之前拍摄的花絮等进行剪辑 |
| 视频编辑 | |
| 对视频模板进行编辑 | After Effects（AE） |
| 视频剪辑 | Premiere |

视频素材准备环节不再赘述。"视频编辑"环节的详细制作流程如下，仅供参考。

使用 After Effect、AE，将已有素材添加到视频模板中，在模板内对素材进行调整，根据预期效果对模板动画进行修改，添加字幕，成品视频是由两个视频组合而成，导出两个子视频。如图 7-57 所示。随后，使用 Premier，分别给予视频添加音频，将两个子视频剪辑为一个视频，导出成品视频，如图 7-58 所示。

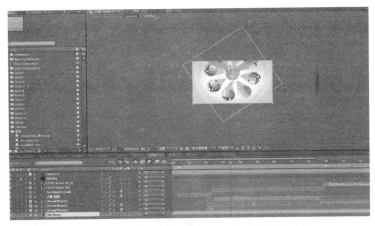

图 7-57　在 AE 模板内对素材进行调整

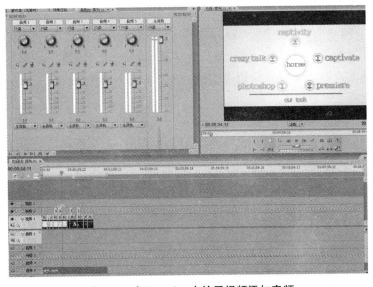

图 7-58　在 Premier 中给子视频添加音频

## 7.2.6 课件整合与发布

课件整合，是指使用 Captivate 将之前的各部分及素材进行合成，其中还需要设计引入页、页与页之间的衔接动画、界面导航控件和点评等部分。根据脚本设计，课件主要由 7 个子模块组成：欢迎页、首页、马的身体、马的功能、你来点评、片尾视频页、欢迎观看页。各子部分的脚本内容如表 7-10 所示。

表 7-10 课件的整合制作脚本设计

| 子部分 | 场景描述 | 形式 | 预期使用工具 |
| --- | --- | --- | --- |
| 欢迎页 | 课件的欢迎页 | 图片、配音、文字输入交互框 | Firework、Audition、Captivate |
| 首页 | 课件的引入与导航 | 动画、配音 | Audition、CrazyTalk Animator、Captivate |
| 马的身体 | 将马的身体拆分为4各部分，实现鼠标点击进入具体内容介绍的功能。在进入后，由视频向学习者展开讲述 | 图片、动画 | Firework、CrazyTalk Animator、Captivate |
| 马的功能 | 根据时间将功能分类（古代、近代和现代），鼠标点击进入后，由视频演绎马在不同时期的功能 | 图片、视频、动画 | Firework、Captivate、CrazyTalk Animator、Premier、Audition |
| 你来点评 | 使用 Captivate 自带功能，设计对课件进行点评的题目 | 选择题 | Captivate |
| 片尾视频页 | 片尾视频播放 | 视频 | Fireworks |
| 谢谢观看页 | 退出或返回界面 | 图片 | Captivate、Fireworks |

需要提及的是，利用 Captivate 制作"你来点评"环节存在一个大问题。因为 Captivate 原本设计测验的主要功能是判断正误，以正确率的方式来进行，并对用户进行反馈。而我们所设想的"点评"，则不涉及对与错，所以对"点评"的选项则无法记录。因此，就无法实现原来所设想的记录小朋友反馈并做出相应改进的想法。这是本课件的一个不足之处。

在设计每一页之前，设计者还需要对课件的主题框架进行设计，包含课件的风格、背景、色调和标题栏等，然后再进行每一页的详细制作，具体制作流程如表 7-11 所示。

表 7-11 课件的整合制作流程

| 步骤 | 使用工具 |
| --- | --- |
| 课件主题框架设计 | |
| 确定课件风格及背景 | Firework |
| 明确课件标题栏 | Firework |
| 从网络上收集可用图片 | 百度搜索和其他途径 |

# 第七章 交互式微课设计案例

续表

| 步骤 | 使用工具 |
|---|---|
| 欢迎页及首页 | |
| 欢迎页制作 | Firework、Captivate |
| 首页制作 | Firework、Captivate |
| 音频录制 | Audition |
| 导航制作 | Firework |
| 素材插入及整合 | Captivate |
| 马的身体导航页 | |
| 图片收集 | 百度搜索/其他渠道 |
| 马身体拆分及编辑 | Firework |
| 素材插入及整合 | Captivate |
| 视频格式转换 | 格式工厂 |
| 马的身体内容页 | |
| 导航栏制作 | Firework |
| 动态图标 | Firework |
| 素材插入及整合 | Captivate |
| 马的功能导航页 | |
| 图片编辑及导航框制作 | Firework |
| 图片收集 | 百度搜索/其他渠道 |
| 素材插入及整合 | Captivate |
| 马的功能内容页 | |
| 导航栏制作 | Firework |
| 视频、图片素材插入及整合 | Captivate |
| 你来点评欢迎页 | |
| 音频录制及编辑 | Audition |
| 图片收集 | 百度搜索和其他途径 |
| 图片编辑 | Firework |
| 素材插入及整合 | Captivate |
| 你来点评内容页 | |
| 图片编辑、题目制作 | Firework |
| 素材插入及整合 | Captivate |
| 谢谢观看页 | |
| 图片编辑 | Firework |
| 素材插入及整合 | Captivate |

在以上课件的合成制作流程中，涉及最重要的两项工作是："图片素材制作"和

"音频素材制作",需要向读者详细介绍。其他工作主要涉及对 Captivate 的使用,请读者参阅本书第三章。

在该课件的合成中,大部分图片素材是使用 Macromedia Firework 编辑。该软件较 Photoshop 而言简单且易操作,能够实现本课件中图片的编辑需要,如图 7-59 和图 7-60 所示。同时,有些素材也使用了美图秀秀,比如抠像、消除,这些功能在美图秀秀里都是一键完成的,使用起来很方便。当然,对于专业的做图,还是推荐使用 Photoshop。

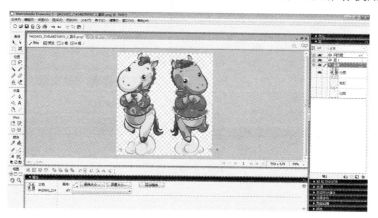

图 7-59 "你来点评"页面图片的编辑

图 7-60 "马的功能"导航图片的编辑

课件中用到的全部音频文件是使用 Audition 编辑,如图 7-61 所示。该软件操作简单,学习起来并不困难。使用该软件主要进行每一页相应的配音录制、背景音乐截取和处理等工作。

最后,课件的整合是使用 Captivate 来完成,如图 7-62 和图 7-63 所示。设计者利用 Captivate 能够灵活地通过调节时间轴,来控制不同素材的出现与消失时间,最终实现全部素材的相互整合,并形成一个带有逻辑关系的整体结构。

这样,经过设计团队齐心协力的工作,最终成功地设计出一个针对幼儿园小朋友的交互式微课。虽然大家在这个课件的设计过程中,遇到了许多技术障碍,也走了不

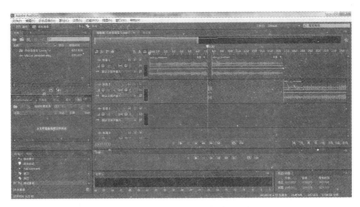

图 7-61　马的头部配音制作

图 7-62　课件欢迎页面的制作

少弯路,但在团队的共同努力下,大家还是克服了各种各样的困难,在实践中提升了自己的设计水平和技术能力。所以,完成这个任务之后,设计团队的全体成员的共同感受是:实践出真知,运用之妙,存乎一心。

图 7-63　"谢谢观看"页面的制作

# 第八章 微课与慕课发布平台——文华在线

当微课与慕课设计完成之后，从混合式教学角度说，教师还需要依靠某一种技术方式，来把所完成的微课或慕课发布至互联网上，供学习者上网查看和浏览。实际上，这种技术工具形式是多样的，教师既可以发布到自己个人主页或微博上，也可以发布到各种社交网站或论坛上，或者甚至可以发布到各种互联网机构所提供的免费平台上，如梯子网。若单纯从技术角度来说，无论采用哪种方式来发布，最终实现的功能都相同——把课程资源包发布在互联网上供学习者通过各种技术终端来浏览和学习。

然而，若是从学校教学角度来说，微课或慕课的不同发布方式，将可能会直接影响到后续整个院校层面教学组织方式、教学效率和学习者的学习体验，甚至教学的最终效果。原因很简单：无论在混合式教学模式下，还是翻转课堂情况中，学生在一学期内需要同时学习多门课程，若每一门课程的授课教师都采用不同微课发布方式，有的发布到微博上，有的发布到个人主页，有的发布到学校 BBS 论坛上，那么，对于选修这些课程的学生来说，显然是一个沉重负担。他们将不得不在网上来回穿梭，往返于各门课程微课或慕课之间。而这些课件的发布平台的操作和使用方法，还有可能各不相同，需要学生不得不花费额外的时间来学习使用方法。显然，这种随意性的微课或慕课发布模式，其实际教学效率和效果不仅很难得到充分保证，同时其技术成本也很高，很难持续发展。

因此，采取何种方式来发布微课和慕课，是一项可能会对教学效果产生重要影响的环节，值得仔细考虑和认真对待。

## 8.1 发布平台选择之争

当教师的微课或慕课设计和制作完成之后，实际只是完成了混合式教学的第一步，即备课环节。后续还需要考虑和做的工作仍然很多，尚不可松懈。归纳一下，这些工作主要包括如下内容。

- 如何选择发布微课和慕课的网络平台？
- 若采用混合式教学，如何将微课与课堂面授教学相互结合使用？
- 若采用翻转课堂教学模式，如何利用微课来重新组织课内与课外教学内容？

- 若采用开放教学模式，以何种形式来发布慕课，并与学习者进行在线交流与互动？

如上所述，选择一个发布微课和慕课的适当平台，是教师完成课件之后所面临的一个首要技术性问题。根据目前国内院校数字校园建设的现状，不同类型院校所面临的选择是不同的。通常，对于中小学教师来说，由于中小学数字校园建设特点的限制，所设计的微课主要用于课堂教学，多用于加强和辅助面授教学的效果，因此多数采用教室单机播放式发布或局域网传播为主要形式。虽然在某些情景下，中小学教师也可能将微课用于在线辅导，但主要用于课外答疑补习。

对于高等院校来说，由于数字校园的功能相对比较复杂，所以慕课的发布形式也可能会呈现多样化特点，平台的选择显得尤为重要。笔者认为，对于那些已建有全校统一使用的课程管理系统[①]的院校来说，以现有教学平台为基础来发布微课和慕课（见图 8-1），无疑是一个既经济又方便的技术解决方案，能够实现从课堂面授教学、在线辅助自学和混合式教学的有机整合，推动校园教学信息化上新台阶。更为重要的是，作为数字校园重要组成部分，课程管理系统（网络教学平台）在学校中应用已长达十余年，无论从技术层面，还是管理和应用层面，都已发展得比较成熟和完善，形成了较完善的技术维护、技能培训和教学应用的完整体系。因此将微课和慕课发布于学校原有的课程管理系统之上，成为学校混合式教学改革的一个组成部分，应该是一个最佳选择。

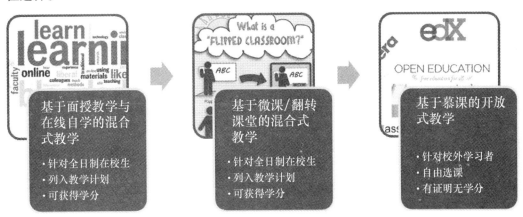

图 8-1　实现教学平台的统一与融合

然而，令人遗憾的是，现在国内有高校在建设慕课时，却采用另外一种费时耗力方式：一方面放弃学校已有使用多年的成熟网络教学平台，然后另起炉灶，重新建设一个所谓"慕课平台"，用来专门发布慕课。而另一方面，这些学校原有的教学平台通常都是当年耗费巨资建设的，且在多年使用过程中已形成较成熟的应用模式。在多年

---

① 课堂管理系统（Course management system，CMS），一种用于发布教学课件资源的校园管理信息系统。在英国等欧洲国家，课程管理系统也被称为 Virtual learning Environment（虚拟学习环境，VLE）。在国内，常被称为"网络教学平台"。

应用中，平台上所发布的网络课程少则几十门，多则上百门，本来已成为学校教学的重要辅助工具。现在却被抛弃不用，导致很大资源浪费。

有人可能会辩解说，这样做的原因，是因为慕课与以往传统网络课程在形式和技术上具有重要差异，很难用原来的课程管理系统来发布和运行慕课。但实际上，这种理由是无法成立的。正如笔者在本书第一章中所强调的，虽然慕课在表现形式上具有一定独特之处，但实际上从教学技术角度来说，慕课绝非是一种新生事物，而是一种基于微课的新型网络教学组织形式，是伴随着新互联网技术而出现的教学课件设计形式。具体地说，它是开放教育资源（OER）在新的教学设计思想指导下的一种最新表现形式，免费、在线和开放仍然是基本特点。当然，它同时也出现了一些新特点，如大规模、学习支持、交互性和颁发证书等。但无论如何，如果说与以往的教学技术相比，慕课的差异如此之大，以至于需要一个完全不同的平台来支持其发布，这显然无论在技术上还是应用上，都是令人无法理解的。简单地说，如果说慕课在技术表现形式上有若干与传统网络课件不同之处，那纯粹是因为所采用的技术设计方案不同而已，但与发布于哪个平台无直接关系。上述的那种理由，实际上混淆了教学平台与教学课件之间的功能与关系。

不言而喻，个别高校在建设慕课的过程中之所以出现上述难以理解的情况，显然是与决策者和管理者对于慕课的认识与定位直接相关。实际上，一些高校之所以对慕课建设表现得态度异常积极，原因很简单：一是教育主管部门重视这项工作，二是学校领导很关注它，三是希望借此来扩大本校的国际学术影响力或社会声誉。在这种指导思想推动下，不难想象，慕课建设自然会成为一种主要对外的"形象工程"，因而与校内的教学关系甚小，甚至完全没有关系。因为在学校管理者眼中，慕课已定位于校外学习者，是用来宣传的，与校内教学无关，更多的是与那种针对校外学习者的一种展示性教学形式。说到这里，就涉及数字校园中两种类型的数字化学习问题。对于这个问题的不同理解，直接导致了教学信息化建设与应用模式的差异。

## 8.1.1 两种类型数字化学习及其发展

若细究起来，在本书第一章谈到数字校园中的教学信息化时，实际上可以区分出两种不同形式的教学信息化："针对校内的数字化学习"和"针对校外的数字化学习"。前者是指为校内学习者提供的各种形式在线教学服务，主要对象以全日制在校生为主，其教学组织形式通常采用"课堂面授＋在线学习"模式。而后者则是指为校外学习者提供的在线教学服务，通常以在职的继续教育学习者为主要对象，其教学组织形式主要以基于互联网的自主学习为主，面授教学较少或基本没有。这两种类型的数字化学习共同构成了当前数字校园的基本框架——以在校生为主的"混合式教学"和以在职学习为主的"网络教学"。

实际上在20世纪90年代之前，也就是在数字校园建设初期，这两种形式的数字化学习通常是由不同类型的教育机构来承担。以在职学习者为对象的网络教学属于继续教育范畴，主要由国内的广播电视大学①来承担；以全日制在校生为对象的混合式教学属于校内常规教育的范畴，通常由院校内部的电化教育中心②来负责。这一时期，这两类数字化学习所采用的技术差别不大，基本都是以录音录像、有线或无线广播电视播放等形式来进行，但由于学习对象不同，它们的教学组织形式存在着较大差异。但总体来说，两种数字化学习模式同步存在，招生对象不同，互不重叠，故并行不悖。

但到20世纪90年代中期之后，伴随着国际互联网的出现和在全球范围内的迅速发展，上述两类数字化学习机构相安无事的平衡状态被打破。基于互联网的在线学习（Online learning）开始成为数字化学习的主流，逐渐替代基于广播电视的教学技术。国外开始出现一些以互联网为主要传播和学习媒介的高等教育机构，如凤凰城大学等。这种趋势很快就传入国内，1999年国内部分普通高校开始创建一种专门用互联网来实施教学的"网络教育学院"，其招生对象既包括在职学习者，也包括部分全日制学生，属于学历教育范围。这样，以往主要招收全日制学历教育类学生的普通高校，开始借互联网教育的"东风"，公然"入侵"广播电视大学的"地盘"，并进而导致后者在教学组织形式上的相应变化。到现在，国内那些仍然存在的广播电视大学实际上早已"名不符实"，它们所用的教学技术也已转变为以互联网为主，实际上已变成"网络大学"。

然而，15年前启动的普通高校这种以互联网教育来进军继续教育的做法，由于众所周知的原因，发展到目前基本上已至强弩之末，大多以失败而结尾。模糊的教育目标、错位的招生对象、混乱的管理和五花八门的教学方式，使得多数大学目前都已退出学历性网络教育，多数高校的网络教育学院也重新回归继续教育范畴。

不过，尽管上述普通高校这种进军网络教育的尝试以失利而告终，但另一方面它却在一定程度上推动了校园内部数字化学习的发展与变化，使得校内的数字化学习进入一个全新阶段——基于互联网的在线学习。从20世纪90年代后期开始，到21世纪初期10年内，多数高校针对校内学生的数字化学习技术都完成了从广播电视到互联网的重大转变。相应地，混合式教学的技术也变为"面授教学+互联网在线学习"，而不是以前的"面授教学+广播电视学习"。与此同时，原来负责这项工作的电教中心也多数进行了机构改革、重组与改名，成为"网络中心""教育技术中心"或"校园网中心"等。

与数字化学习所依据的教学技术重大变换所对应的，就是校内数字化学习的整体技术解决方案也产生了相应变化：从以往的主要以基于模拟技术的课堂录音、录像为主，开始向基于数字技术的在线课程网站和网络课件发展。以此为基础，进而催生了前面所提到的课程管理系统的出现与广泛应用。数年前就有调查数据表明，国内已有超过60%的普通高等院校正在使用课程管理系统。③ 同时，据不完全统计，目前国内80%以上的"985"和"211"院校都在使用课程管理系统。这里，需要强调的一点，

---

① 模仿英国的开放大学（Open University）制度，目前国内部分广播电视大学已经改称为"开放大学"，如国家开放大学、北京开放大学等。
② 也有院校是由教育技术中心、网络中心等类似部门来负责。
③ 赵国栋，黄永中，林莉.高校课程管理系统的选择策略研究［J］.中国远程教育，2008（1）.

这些高校使用的课程管理系统，主要是针对校内全日制学生提供辅助性教学服务，即前面所说的混合式教学模式。但基本上都与针对校外在职学生的继续教育无关。后者主要是由高校内的继续教育部门负责的。

不过，随后另外一股力量又一次打破了高校内部这两种数字化学习之间的关系，这就是自 21 世纪初开始盛行的"开放教育资源运动"（Open Educational Resoureces Movement）[1]。麻省理工学院（MIT）所首倡的"开放课件计划"（OCW），使得针对校内和校外的两种数字化学习重新相互联系起来：MIT 的教授们把自己原来仅用于校内学生的课程资源，包括教案、讲义、作业和参考资料等，统统都公开发布于互联网上，供全球的学习者自由下载和使用，并由此引发了全球化的 OER 运动，多年来备受联合国教科文组织推崇，在国际上产生了深远影响。国内的精品课程实际上就受 OCW 项目影响而启动的一项开放教育资源项目。此外，后来出现的视频公开课、精品资源共享课等，都与 OER 有着直接联系。从此之后，以课程管理系统为技术平台，校内与校外的数字化学习开始逐渐走上合而之一之路。以北京大学为例，自 2008 年正式启用以 Blackboard 为课程管理系统的"北大教学网"[2]之后，一个基本指导思想就是，将针对校内和校外的两种类型数字化学习合并之后置于一个统一的教学平台之上。在北大教学网中，由教师自主决定是否将自己课程作为网络课程应用模式：若愿意对校外学习者开放，则自动成为开放课程；若只允许校内学生登录和学习，则是校内课程。这样做的结果，使那些愿意对校外开放的网络课程成为真正的"活课程"，而非像精品课程那样的"死课程"。因而网络课程教学资源的利用率和使用效果都大有提高。

通过以上高校数字化学习发展历程的回顾，可以归纳出一个基本经验或结论：数字校园中教学信息化的建设，课程或课件资源的统一建设、管理与应用是一个核心环节，当数字化教学资源能够实现相互统一时，其应用效率和效果最佳。反之，则会产生消极影响。

## 8.1.2 选择微课与慕课发布平台的标准

那么，究竟如何来选择课程管理系统呢？这可能是院校在教学信息化建设中首先面临的一个决策性问题。商业性和开放源代码的两种课程管理系统，通常是决策者首先面对的一个选择。这两种系统在开发方式、技术特点、使用成本、应用方式和培训服务等方面都各具特色，更使得课程管理系统的选择变得日趋复杂和多样。在这样的背景下，对于一个教育机构来说，如果需要使用用于数字化教学，首先就需要进行平台选择。而目前的现实情况是：无论国内国外，都有数量众多的供应商，产品的功能和应用也纷繁多样。那么，应该如何因地制宜地选择适合自己机构特点和需求的系统呢？也许，有些高校可能会陷入比较产品功能的陷阱，以功能的多寡和新颖程度作为决定因素，却忽略了自身的实际需求、产品的实用性及厂商的配套服务，尤其是碰到需要对系统进行定制化的情况时，更需深入了解厂商的人力和技术配合能力等情况。

---

[1] 有关开放教育资源运动的相关信息，请参阅本书第一章 1.3.3 节。
[2] 北大教学网的网址是 http://course.pku.edu.cn/。

因此，课程管理系统用户需要根据自身需求、预算、平台功能、自身技术水平、使用者数量等多种因素进行综合考虑，最终确定所需的平台。

根据相关研究及实践经验，笔者认为，院校在选择微课和慕课的发布平台时，应考虑以下几方面因素。

- 考虑建设成本和技术条件。经费充足的院校可考虑选择那些国际化的大品牌产品，而经费有限的则考虑国内产品。同时，还应充分考虑到平台每年所产生的后续服务支出，长期使用情况下，也将是一笔很大开支。另一方面，若学校自身的技术力量较强，可以考虑进行自主定制性开发，以适应院校的特殊需求。否则，则要借助校外技术力量来完成，这也是平台建设成本的重要组成部分。
- 兼顾院校类型和学生规模。通常，研究型院校考虑到国际化和科研等因素，再加之学生数量相对较少，在选择平台时会更强调对外交流和语言等方面的需求，故国际化品牌的平台更能符合其发展需求。另一方面，对于教学型或教学研究型院校来说，学生数量通常较庞大，课程数量众多，在教学方面投入大，同时对国际化和学术性的需要相对较低。这时，国内本地化产品通常更能符合教学实际需要，使用成本也相对更低，规模效益更明显。
- 协调功能与成本之间的关系。显然，功能越多、越复杂的系统，能给教学带来的变化也可能相应更大。但相应的，购买和使用成本也会越高，后期技术维护费用也会随之增加。这时，就要充分考虑本校实际情况，在功能与成本之间找到平衡点，避免选择上偏颇和过分倾向性。
- 教师背景与使用意愿。对于多数研究型院校的教师来说，有海外受教育或访学背景比例相对较高，多数都在50%以上。这种情况下，这些院校的部分教师在国外上学时就可能曾使用过某些知名国际品牌的课程管理系统，了解其功能和基本操作方法。若是如此，在经费允许的情况下，选择那些国际上流行的平台，对这类院校是一个比较理想的选择。其优势在于，那些有使用该平台经历的教师比较容易接受这种新教学模式，而且能够在较短时间内掌握和使用它，省去了推广和培训的时间与成本。要知道，在这些高校中，说服教师改变教学模式，本身就是一件非常困难的工作。

总之，在选择微课与慕课的发布平台时，一个基本标准是简单、实用，强调要从教学实际需求出发，而不是从技术和功能出发。这样，最终选择的发布平台才有可能符合本校普通学科教师的需求。

## 8.2 微课与慕课应用案例——U-MOOC

在实际教学活动中，基于微课或慕课所构建的混合式教学模式，可能会对教师的教和学生的学产生哪些具体影响呢？最近有研究结果表明[①]，借助教育生产函数的理论研究框架，教学技术的应用确实会对学生的学业成就产生一定程度的影响。该研究对62个使用网络交互式外语教学班级中2514名学生使用一个学期后其英语成绩的增量[②]与技术因素[③]及非技术因素[④]之间的关系，进行了OLS线性回归分析及多层线性模型分析，以探索网络交互式教学中学生成绩变化的影响因素。这项研究结果表明。

- 学生使用网络平台的频率对其成绩提高存在显著影响，学生一学期网络平台的总登录次数每增加100次，其外语成绩就可以比前测成绩平均提高1.28分。
- 规模大班级比规模小班级成绩提高更多，班级规模每平均增加10个人，学生的外语成绩就在原来的基础上平均提高0.7分。
- 快班学生平均要比普通班学生成绩增量平均少1.06分。
- 从专业背景上比较来看，文史类学生要比偏理科类学生的成绩增量平均少1.74分。
- 学生原先已有的外语认知基础和学习能力对学生最终的成绩增量更是影响巨大，学生的前测成绩平均上升1分，其最终的外语成绩增量就要平均减少0.8分。

此外，该研究还提出两个值得重视的观点，一是与传统教育形式中普遍倾向小班教学的观点不同，本研究发现在网络交互式英语教学中，班级规模越大，学生成绩提高越多，显示了网络教学手段在交互信息的累积复制方面的技术优势；二是初始成绩差的学生经过系统的学习，其成绩提高幅度更大，网络交互式课程可能成为改善基础薄弱学生学习的有效手段。分析造成这些特殊现象的原因，可能是在网络自主学习环境下，学生学习积极性和学习策略的改善成就了差生的"逆袭"；班级规模越大使得班级的学生获得更多的师生交互和生生交互的机会，从而使得大班额也同样能体现小班化教学的精神内核，呈现出班额效应不一样的真相；理科生由于具有更好的网络学习适应力，因此有了理科生的主场优势；而对互联网思维中的"粉丝经济"（人机交互）的充分挖掘，实现了大学生的学习从"要我学习"向"我要学习"转变。

### 8.2.1 U-MOOC概述

文华在线的"网络交互式教学云平台"（U-MOOC）是一个适用于教学型院校实施混合式教学的平台，目前在国内数百院校得到了广泛应用，取得了较好的应用效果。该系统在2014年3月通过了教育部教育管理信息中心组织的专家组的产品评议，被认可为"设计理念先进、功能全面，符合我国高校教学信息化的实际需求"。整体来看，

---

① 金善国. 网络交互式大学外语教学的教育生产函数实证研究［D］. 北京大学教育学院博士论文，2014(7).
② 指后测成绩与前测成绩的差值。
③ 指学期中使用网络交互式教学系统的频率与时长。
④ 指学生个体特征、教师特征、班级和专业特征。

该平台功能覆盖了"教、学、管、考、评、研"全面教学过程，符合教育部关于普通高等学校本科教学评估工作中的有关规定；平台能帮助院校建立学科教学基本状态的数据库，并实现教学质量常态化监控，推动教学量化考核、优质资源共享、教师专业发展等，符合教育行政部门实施"高等学校教学质量与教学改革工程"重大举措中的若干要求。通过对十余所应用院校的调研访谈之后，研究者发现，相对于那些国际品牌的网络教学系统来说，U-MOOC在建设成本、功能操作和后续服务等方面，都具有一定优势，适用于那些学生数量大、教师课时量多的教学型院校。

U-MOOC通常有三种角色：学生、教师、管理员。学生可以在平台上完成课程学习、作业、考试等一系列自主学习活动。围绕课程教学的实施，教师的主要功能包括进度成绩、班级管理、教学计划、作业管理、考试管理、资源管理等。管理员的主要功能包括开课分班、教学管理、教学评价、权限管理等。教师和学生还可以通过讨论区和消息工具进行在线交流。表8-1展示了U MOOC平台支持混合式教学的主要功能。

表8-1 U-MOOC的主要功能

| 模块 | 说明 | 工具 |
| --- | --- | --- |
| 个人首页 | 学生和教师登录后，进入个人的"首页"，这里显示了个人课程和班级的动态信息。（见图8-2） | 学生可查看自己近期学习的课程，通过"继续学习"打开课程教学界面，从上一次退出的章节开始学习；教师同样可查看自己的班级和课程，并通过"进度成绩"快速查看学生的学习进度。教师也可以在"班级管理"中查看学生名单和在线状态，审批学生的加班申请 |
| 课程学习 | 学生可在此浏览在线课程。（见图8-3） | 浏览课程中的图文内容，观看视频，完成交互练习，参与课程中的讨论；查看学习进度与成绩，常见问题 |
| 进度成绩 | 教师在此查看班级学生的学习进度和成绩 | 查看学习进度、成绩策略、汇总成绩，查看和导出学生的行为记录 |
| 班级管理 | 教师可管理班级与学生 | 创建新班级，修改班级属性，查看学生名单及在线状态，管理学生分组，批准学生加班申请等 |
| 教学计划 | 教师可编辑课程内容，设置自主学习和面授教学的计划 | 添加章节，添加各类教学活动（作业、考试、直播、资源等），编辑章节内容，调整章节顺序，隐藏章节；设置自主学习计划，设置面授计划 |
| 作业管理 | 教师可给学生布置和批阅作业 | 布置作业，查看和批阅学生作业，共享优秀作业等 |
| 考试管理 | 教师可安排考试。（见图8-4） | 添加个人试题和试卷，查看共享试题和试卷，安排考试，查看和批阅学生试卷，查看考试成绩分析报告，导出考试成绩等 |
| 直播管理 | 教师可创建直播课堂，组织远程教学或在线答疑（见图8-5） | 创建直播课堂、文档共享、电子白板、投票、测验等 |
| 资源管理 | 教师可上传和管理教学资源 | 上传个人资源，包括图片、视频、音频、文档等；查看和复制共享资源；发布资源给学生等 |

# 微课与慕课设计高级教程

图 8-2　教师个人首页

图 8-3　课程学习

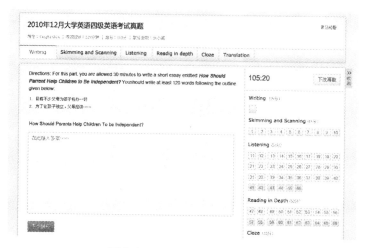

图 8-4　U-MOOC 在线考试

图 8-5　U-MOOC 讨论区

## 8.2.2　创建微课和慕课网站

从教学层面上,对于学科教师来说,需要更多考虑的是,如何将这种教育改革思想和理念落到实处的问题。换言之,我们在前面花费心思而设计出来的交互式微课和慕课,以及在平时的教学过程中累积的各种素材和资源,究竟如何应用于微课与慕课发布平台——U-MOOC 之上呢?

### 1. 创建和管理课程

如上所言,当学校将 U-MOOC 作为全校统一的教学管理系统建立起来以后,对于普通学科教师来说,在这个平台之上创建自己的课程,则会变为技术门槛相对较低的工作。教师只要事先准备好相关教学内容,如电子版教案、讲义、图片、音视频素材、参考文献、试题和作业等,或者已完成交互式微课或慕课的制作,那么,后续工作就会变得比较简单。这也正是基于课程管理系统的混合式教学当前盛行的一个关键原因——这个技术架构有效地降低了学科教师使用新技术的门槛,使他们不必再去学习和掌握各种复杂的与学科教学本身关系不大的技术工具,而只需要将教学重点放在如何运用之上。

如图 8-6 所示,U-MOOC 课程是由一系列不同类型的教学活动组合而成。这些教学活动,可以是通过完全在线方式完成,也可以是通过线上和线下相结合方式完成。以小组作业为例,一般操作流程是:教师在线发布作业以后,学生通过线下讨论并协作完成作业内容,再通过平台提交作业成果,最后教师在线查阅学生的作业,并给出评价结果。这样做的好处是教学活动的流程得到完整的保存,并且在教学评价策略中。如果加入了作业成绩这一项,期末汇总课程成绩时,系统可以自动将作业成绩按照教师设置的权重计算到总成绩里。

不同教学活动,对应不同教学资源。教师在建设课程时,要做的就是准备好这些资源,并关联到对应的教学活动中。比如自主学习活动,教师要事先制作好交互式的视频课件,并上传到平台中;或者使用 U-MOOC 提供的快速编辑工具,制作好互动教材,供学生自主学习使用。随后将介绍其中几种主要教学活动的实现方法。

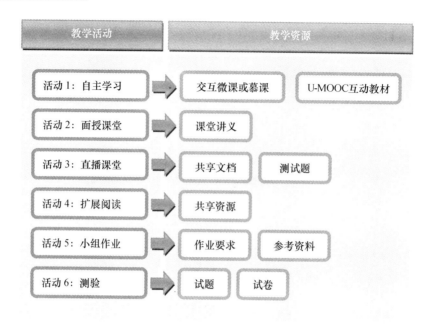

图 8-6 U-MOOC 课程模型

在 U-MOOC 平台中，教师创建课程的流程如图 8-7 所示，简单明了，操作快捷，具备基本信息技术素养的教师都可以在数天之内掌握。当然，如果想要使之与自己的学科教学实现"无缝"连接，或"整合"，甚至"融合"，则还需要教师在教学实践中不断学习和探索，从中总结出符合自己特点的混合式教学应用策略。

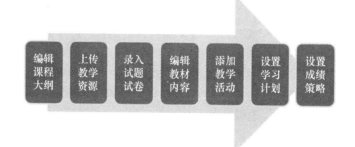

图 8-7 在 U-MOOC 中创建课程流程图

下面介绍创建混合式教学课程操作方法。首先，需要说明的是，在 U-MOOC 中所创建的任何课程，在默认状态下都是"封闭"，即无论教师还是学生，都需要账号和密码方可登录和查看教学内容（见图 8-8）。不过，由于权限不同，教师登录之后可以对课程内容进行编辑，而学生通常只能浏览或在讨论区中提出问题。因此，教师需要具有系统的登录账号方可编辑自己的课程。

U-MOOC 课程采用开放式课程框架，教师可以基于课程默认的互动教材，在课程中插入作业、考试等教学活动，并为这些教学活动安排教学计划。

图 8-8　U-MOOC 平台"通识课"登录界面

登录系统后,进入"教学计划"页面,选择需要编辑的标准课程,可看到课程大纲。如图 8-9 所示,教师可以在默认课程大纲基础上,添加章、节、页面或教学活动;也可以通过拖动调整章节和页面顺序。

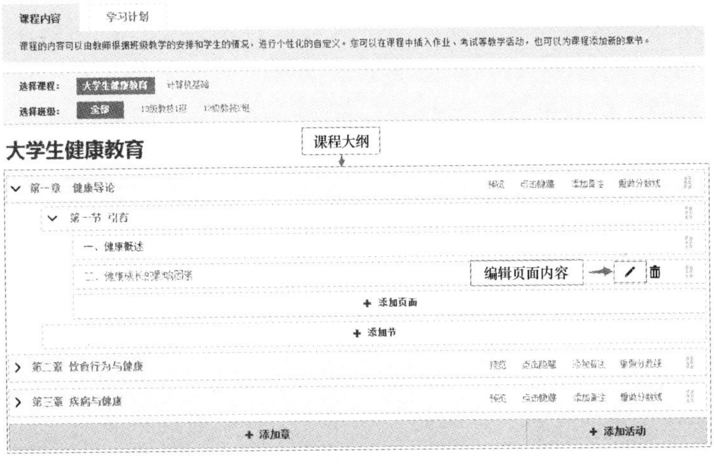

图 8-9　课程编辑界面

新增的页面,教师可以进行编辑或者删除,见图 8-10。点击页面上的编辑按钮,即可打开内容编辑器,编辑教学内容。编辑好的内容就是 U-MOOC 互动教材,可供学生自主学习使用。学生学习完成后,系统会自动记录学生的学习时间、练习成绩、完成情况等数据。教师可在"进度成绩"中监控学生的学习进度。

内容编辑器为教师提供了一个可视化的互动教材编辑工具,操作十分简单。简单来说,它就是为教师提供了一系列向课程页面添加各种自主学习内容的方法,包括阅读性

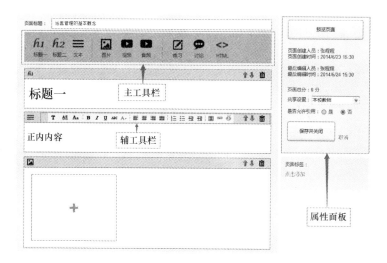

图 8-10 互动教材内容编辑器界面

和浏览性的图文、视音频内容，也包括可获得及时反馈的练习，以及互动式的讨论等。内容编辑器的界面主要由三个区域构成。

- 主工具栏：提供各种内容"组件"。教师点击工具栏中的各个组件，在内容管理区域就会自动插入一个对应的内容区块。这里提供的工具包括文本以及图片、音视频等媒体组件，还有练习、讨论等交互组件。
- 内容编辑区域：教师可以在这里编辑教材内容，比如添加文字，插入图片等。在每个内容区块上方，还有一个辅工具栏，提供更多辅助操作，例如设置文字格式，添加链接，上下移动内容区块，或删除区块等。
- 属性面板：显示页面的更新信息以及属性设置。

当前页面的内容编辑完成以后，教师可以点击属性面板中的"预览页面"按钮，查看页面在学生端呈现的效果；也可以点击"保存并关闭"按钮，保存当前页面。

在页面中插入图片、视频、音频等媒体素材时，既可以直接从本地上传，也可以从资源库中选择已上传的素材。从本地上传的媒体文件，同时也会自动保存到用户的资源库中。在页面中插入练习时，则是从题库中选择已有的试题。在页面中还可以插入讨论话题，引导学生就教学内容本身进行有意义的讨论。

为了方便教师在页面中插入资源，U-MOOC 为教师提供了在线资源管理工具，见图 8-11。资源管理实际上是一个网络资源库或网络硬盘，可将各种与课程教学相关的资源上传到这里，分门别类地管理和存储。当教师想在教材的某个页面中使用相关材料时，就可以直接调用，将之插入或链接到教材之中。这样要比每次都从计算机中上传文件方便得多，尤其是对那些可能需要重复使用的教学材料来说，更是如此。另外，U-MOOC 平台也为教师提供了大量免费共享资源，教师可以直接复制使用。建议教师在设计和制作教材时，充分利用此功能。

图 8-11 资源管理界面

除这种供学生自主学习使用的教学内容以外，教师还可以利用 U-MOOC 的开放式课程结构，在课程中穿插一些其他教学活动，例如作业、考试、问卷调查等。这些活动主要是用来检查教学或学生自主学习的效果，了解学生的知识和技能掌握情况，以便教师随时了解学生的学习进度。相对于传统课堂教学来说，这种在线测验或提交作业的方式，在一定程度上方便教师了解学生学习情况，因为教师可以随时方便地设置测验题目并施测，不必受试卷印刷等硬件环境的影响。尤其是对于以客观题型为主的在线测试来说，也省去了教师考后阅卷的负担，能相应提高教学效率。

U-MOOC 为教师提供了一个完整的课程框架，从课程大纲、论坛、通知、作业和考试布置、提交和成绩管理等，应有尽有。作为一名普通学科教师来说，目前 U-MOOC 提供的在线教学工具，完全能满足日常教学的需求。究竟在自己的课程中使用哪些工具、添加哪些内容，可能需要根据自己的教学风格、学科特点和学生情况来具体选择和使用。

以上就是教师基于标准课程创建自己的个性化课程的方法和流程。那么教师如何创建一门全新的在线课程呢？实际上，为了方便院校在日常教学过程中，将教学与教研的角色区分开来，默认情况下，普通教师并没有创建一门全新课程的权限。但是，院校管理员可以根据实际教学的需要，为教师开通课程管理的权限。

拥有内容管理权限的教师，要创建一门新的课程，首先要切换到拥有内容管理权限的角色，例如"课程组长"。由于各院校的角色和权限由院校管理员自行设置，因此不同院校拥有此权限的角色名称可能不尽相同，如图 8-12 所示。

图 8-12 教师登录后切换角色界面

角色切换成功以后，可以看到顶部的导航菜单也发生了变化。首页进入"教材管理"页面，在"我的教材"子菜单中列出了用户参与编辑的所有教材。如图8-13所示，列表中显示了教材的基本信息以及发布状态。教师可以点击右上角的"添加新教材"按钮，添加一个新的互动教材，也可以点击已有教材的标题或是操作中的"编辑"按钮，编辑已有的教材。教材的编辑过程与前面讲过的课程大纲的编辑过程非常类似。

图8-13　教材管理界面

教材编辑完成后，教师需要先发布教材，然后在"课程管理"中"添加新课程"，并为课程指定对应的教材。

内容管理除了可以对课程和教材进行管理以外，同样可以管理资源、题库和试卷。当然，U-MOOC也为教师提供了大量共享资源和试题，教师可以直接引用，也可以将自己的资源和试题共享给其他教师。

从上述创建课程的基本操作流程可以看出，对于学科教师来说，只需要经过数个步骤就可以轻松创建自己的在线课程，规划和组织好课程的教学内容和材料，并利用U-MOOC提供的各种教学工具来组织教学活动。对于具备基本信息技术素养的教师来说，这并非难事。实际上，从以往应用经验来说，困难不在于创建和编辑课程，而更多的是在于如何利用在线课程，换言之，如何将在线课程与课堂面授教学相互"混合"起来使用。这可能才是教师面临的教学难题，需要认真对待，花费更多的心思去探索和设计。

## 2. 上传交互式微课

在U-MOOC上创建在线课程时，当然不能忽略前面设计和开发出来的交互式微课或慕课。对于伴随着互联网成长起来的年轻一代学生来说，图片、视频、即时通信工具、搜索引擎等，已成为他们生活的必然组成部分，即使在学习过程中也是如此。不难想象，如果用户设计出来的课程如同传统的教科书或教参一样，仅由文字、图表等静态素材和内容构成，显然对这样"网络一代"的学生来说是缺乏吸引力的。对于那些在网上已经看惯了丰富多彩的动画、视频和逼真的网络游戏画面的学生来说，要想满足他们对课程网站的内容与形式的期待值，无疑是一件相当有挑战性的工作。交互式微课，或许有可能激发起他们的学习动机，或者说，激发起他们的"点击"兴趣。

图 8-14 展示了 U-MOOC 平台上传和发布交互式视频课件的操作方法，这会为教师的慕课"锦上添花"，更富有展示度。

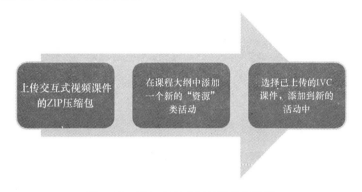

**图 8-14　插入交互式视频课件的流程**

第一步，作为某门课程的任课教师，登录系统以后，首先进入"资源管理"页面，单击"添加文件夹"，新建一个用来保存所上传课件的文件夹（如名为 IVCDemo），并进入该文件夹（如图 8-15）。随后，点击"上传资源"按钮，在弹出对话框中，选择"上传课件包"。最后点击"浏览"按钮，并在弹出的对话框中选择所设计的交互式视频课件压缩包的保存位置，选中后上传。

**图 8-15　上传交互式视频课件压缩包**

当课件 zip 包成功上传后，系统将会自动解压并在资源文件夹中显示出压缩包内的所有文件。

第二步，在课程大纲中点击"添加活动"，活动类型选择"资源"，见图 8-16。课程大纲中会新增一项活动。点击活动中的"选择资源"按钮，在弹出的对话框中进入已上传的 zip 包，选中 IVC 的首页文件后提交。

最后点击"添加"，将课件添加到课程大纲中，完成整个交互式视频课件的上传工作（见图 8-17）。当学生单击此标题时，交互式视频课件将会自动开始播放，向学生们展示一个声像俱全、栩栩如生的动态教学课件，感受一种全新的学习体验。

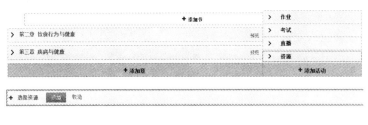

图 8-16 在课程大纲中添加一个"资源"活动

图 8-17 插入交互式视频课件后的课程大纲

## 3. 创建直播课堂

在混合式教学模式中,虽然很多时候是以学生的自主学习为主,但教师的引导和指导是不可或缺的。除了站内消息、留言板等异步的在线交流工具以外,U-MOOC 还提供了直播课堂工具,让教师可以组织实时的远程教学或答疑。

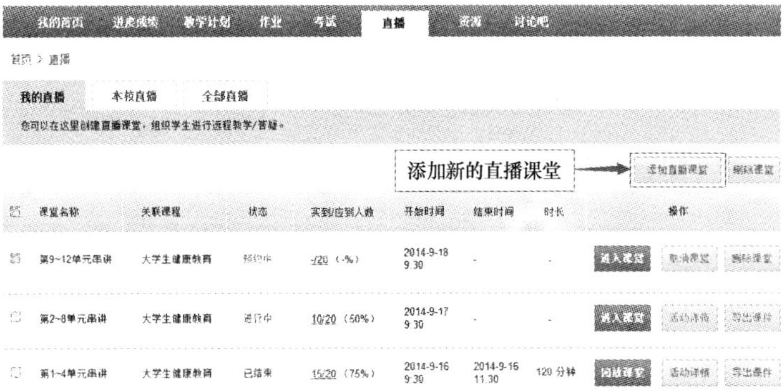

图 8-18 U-MOOC 的直播课堂管理界面

如图 8-18 所示,教师首先要添加一个新的直播课堂,并设置课堂的属性,包括:课堂名称、开始时间、人数上限等。创建完成后,学生就可以在课堂开启后进入课堂。图 8-19 就是 U-MOOC 的直播课堂界面。教师可以根据实际应用的场景切换界面的布局。

教师和学生可以通过语音、视频进行实时的在线交流;教师也可以上传 PPT 等演示文档,讲解教学内容,就像是把传统的面授课堂转移到了网络上。直播课堂的主要功能如下。

- 语音:教师/学生可以打开自己的麦克风,通过语音进行交流;教师可以控制麦克风权限。

图 8-19　U-MOOC 的直播课堂界面

- 视频：教师/学生可以打开自己的摄像头，共享给其他人。
- 文档：教师/学生可以上传 PDF、PPT、WORD、EXCEL 等文档，共享并进行演示。
- 白板：教师/学生可以打开白板，并在白板上绘制图形，输入文字等。
- 共享屏幕：教师/学生可以将自己的屏幕共享给所有人。
- 投票：教师发起一个投票，学生选择并提交，教师/学生可以实时查看投票结果。
- 测验：教师从题库中选择试题/试卷，发布给学生；学生现场作答后提交答案；教师/学生可以实时查看测验结果。
- 回放：直播结束后，教师/学生可以观看课堂回放。
- 导出：直播结束后，教师可以将课堂导出成标准的 SCORM1.2/2004 课件，保存到资源库中。

直播课堂同样可以作为教学活动添加到课程中，操作方法与前面讲到的在课程大纲中添加交互式微课的方法类似。

### 4. 布置小组作业

小组作业是教学过程中常用的教学活动。在 U-MOOC 平台上布置小组作业，首页需要给班级成员创建分组。在"班级管理"中，切换到"学生分组"子菜单，就可以看到学生的全部分组（见图 8-20）。分组方式有两种：手动分组和自动分组。手动分组需要教师手动将学生加入各个小组中；自动分组只需要设置每个小组的人数，小组命名方式等，系统就会随机将学生分配到各个小组中。不管通过哪种方式分组，如图 8-21 所示，分完以后教师都可以手动再调整各小组成员。

分完组以后，就可以给学生布置小组作业了。在"作业"模块中，教师可以选择给学生布置个人作业或小组作业（如图 8-22 和图 8-23 所示）。填写作业名称和作业要求以后，选择要完成该项作业的班级，并用选择各班级所采用的分组方式。如果在布置作业之前没有分组，也可以在这里"添加分组"。最后设置评分方式以及作业时间即可。小组作业的评分可以采取教师评分，小组互动或者是两者相结合的方式。

作业提交保存以后，各小组就会收到作业提醒，并通过平台提交作业成果。

# 微课与慕课设计高级教程

图 8-20　班级学生分组界面

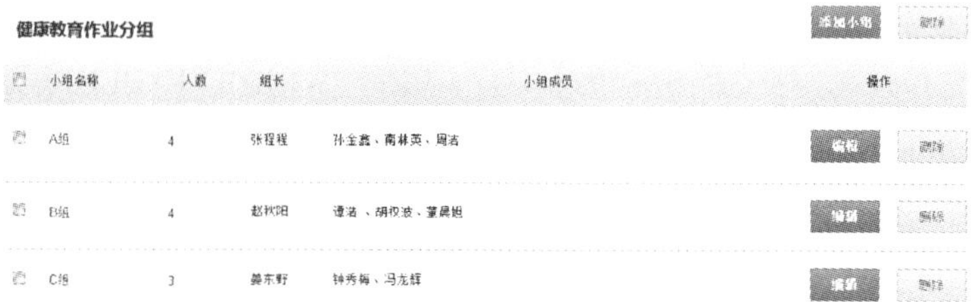

图 8-21　修改分组界面

图 8-22　作业管理界面

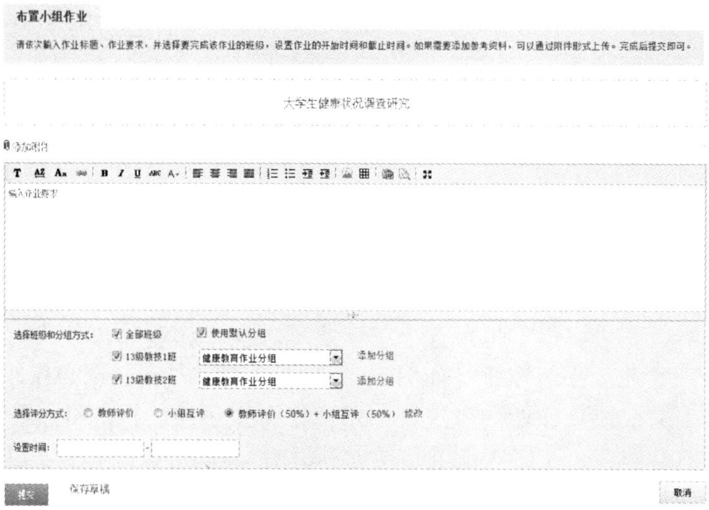

图 8-23　布置小组作业界面

## 5. 安排在线考试

U-MOOC 平台还有在线考试系统，可以支持大规模在线考试。教师可以直接使用平台提供的共享试卷安排考试，也可以将自己的试题录入个人题库中，组成试卷，最后用在考试中。

在"考试管理"菜单中，点击"添加考试"，就可以创建一场新考试。第一步先设置考试的各项基本信息，包括：考试的名称、考试时长、及格分数等。这里还有两项设置可以帮助降低学生考试作弊的概率。

- 一是将"考试完是否显示正确答案"设置成"否"，这样先考完的学生就无法将正确答案告知后续参加考试的学生。
- 二是在"选择试卷"时，尽量选择多套试卷，这样学生开始考试时，系统会随机从这些试卷中抽取一套分配给学生。

创建考试的第二步中，如图 8-24、图 8-25 和图 8-26，可以设置考试的批次，以便将不同班级安排在不同时段参加考试。

图 8-24 考试管理界面

图 8-25 创建考试第一步——填写考试基本信息

图 8-26　创建考试第二步——安排考试批次

考试结束以后,所有客观题系统会自动评分。如果试卷中有主观题,则需要教师手动批阅,给出分数。在"成绩查询"菜单中,可以查询考试的提交情况,以及成绩分析报告。教师也可以根据需求将考试成绩导出成 Excel 表格(见图 8-27)。

图 8-27　成绩查询界面

## 6. 设置成绩策略

在混合教学模式下,U-MOOC 系统能够自动记录学生各类学习活动的数据,因此可以全面支持过程性评价和终结性评价相结合的评价方式。教师或者院校管理员要做的就是设置好成绩策略,选择课程成绩所要包含的评分项,设置各项所占比重,见表 8-2。在学期末,系统将汇总各评分项的分数,根据成绩策略自动计算出最后的总成绩。

表 8-2　U-MOOC 支持的评分项

| 教学活动 | 可选评分项 |
| --- | --- |
| 自主学习 | 完成次数、电脑学习时间、手机学习时间、练习分数 |
| 作业 | 作业提交次数、作业分数(教师评分、互评得分) |
| 考试 | 考试成绩 |
| 直播 | 出勤次数、随堂测验成绩 |
| 论坛 | 发帖次数、帖子得分、评论次数、评分得分 |
| 其他 | 手动录入成绩 |

图 8-28 就是一个简单的成绩策略示例，其中包含了互动教材的学习时间，各单元的练习成绩，以及期末考试的成绩。

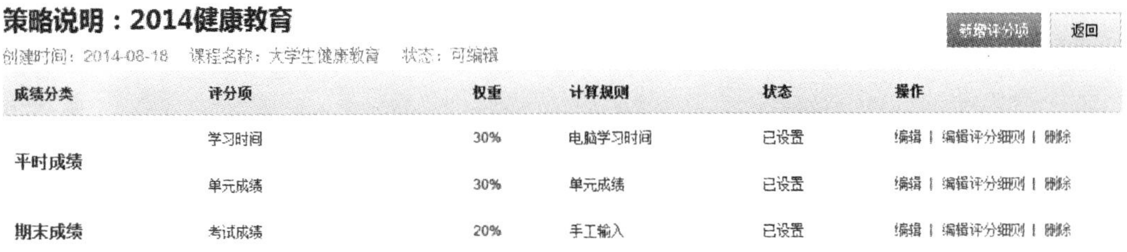

**策略说明：2014健康教育**

创建时间：2014-08-18　课程名称：大学生健康教育　状态：可编辑

| 成绩分类 | 评分项 | 权重 | 计算规则 | 状态 | 操作 |
|---|---|---|---|---|---|
| 平时成绩 | 学习时间 | 30% | 电脑学习时间 | 已设置 | 编辑｜编辑评分细则｜删除 |
| | 单元成绩 | 30% | 单元成绩 | 已设置 | 编辑｜编辑评分细则｜删除 |
| 期末成绩 | 考试成绩 | 20% | 手工输入 | 已设置 | 编辑｜编辑评分细则｜删除 |

图 8-28　成绩策略示例

## 8.3　院校教学案例

实际上，作为长期从事教学实践的教育技术研究者，在我们的工作中，经常信奉这样一条基本原则：在将技术应用于教学的过程中，技术从来都不是问题。相反，有问题的实际上无外乎两个方面：一是教师是否愿意用，二是教师如何用。如果解决了这两个问题，混合式教学应用过程中的其他问题，都可以迎刃而解。

关于第一个问题"教师是否愿意用"，与其说是教育技术的问题，不如说是教育管理或教育理念的问题，非本书讨论的重点，此处且不赘述。而第二个问题"教师如何用"，可说是教育技术目前所面临的最大挑战，也是最令教育技术研究者们挠头之事。在以往教育技术著作中，对于究竟如何实施混合式教学，要么是大谈理论，让学科教师听得一头雾水，不知所云；要么就是语焉不详，只谈原则，少论实践，让教师自行去"理论与实践"相结合。当身居教学第一线从事教学实践的教师面临如此的教育技术指导时，应用效果就可想而知了。

就我们对国内混合式教学应用与发展现状的了解来说，如果一所学校能够向学科教师提供 U-MOOC 教学系统的服务，使之有机会参考上面创建自己的课程；同时，教师还能接受本书前面所谈的微课与慕课设计与开发培训。那么，几乎可以肯定地说，在当今国内混合式教学的改革实践中，这所学校的教师已榜上有名，走在国内教学改革前列。

这里，根据教学设计的基本理念与以往教学实践的经验总结，以下提出一个基于"U-MOOC + IVC"混合式教学应用模式，为各学科教师提供一个基本设计思路（见图 8-29）。以此为基础，教师可以根据学科特点、教学特长和技术水平自行在教学实践中修订和选择使用。仍然是那句话，运用之妙，存乎一心。在遵循混合式教学的原则基础上，每一位教师都有可能摸索出一种个性化教学实践方案来。

首先，教师需要利用前几章及本章所展示的 IVC 设计与 U-MOOC 使用方法，来为自己所授课程创建一个在线课程，然后根据教学大纲来创建不同的教学章节和页面，并将各种教学内容（阅读材料、参考文献、实验说明、课后作业等）上传至资源库中，最后在各章节的页面中编辑好自主学习内容，并插入相关资源的链接。此外，还需要

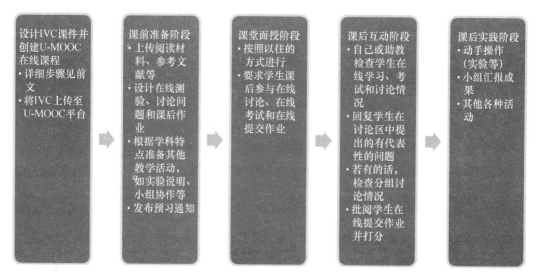

图 8-29 基于"U-MOOC+IVC"混合式教学应用模式

完成以下课前准备工作。

- 设置课程的学习计划,包括自主学习和面授课堂的计划。
- 在课程论坛中发布供学生课后在线讨论的问题。
- 设计用来检查学生知识掌握情况的在线考试。
- 为全班学生创建分组并布置小组任务(可选)。

然后,教师就可以通过 U-MOOC 平台的"消息"功能向学生们发布课程预习通知,让他们在课前浏览自主学习内容,以便对下一堂课的未学内容能有所准备。这里需要提醒的是,建议教师利用 U-MOOC 的隐藏功能,在上课前一天或半天再显示自主学习内容,不要过早显示,以防止学生因了解下一节课的教学内容而出现缺课现象。学生们通过 U-MOOC 平台的手机客户端也可以随时随地接收到教师发布的通知。

完成以上准备工作之后,可以说就完成了混合式教学的第一个阶段:在上课之前就通过 U-MOOC 在线与学生进行了沟通与交流,使学生对随后的教学内容能够提前有所了解和准备。正所谓"预则立,不预则废",学生课前是否预习,对于课堂教学效果大有影响。但在传统教学模式下,教师虽然可以提前要求学生预习,但很难对学生行为进行干预。相反在混合教学模式下,不仅可以通过平台的学习记录进行检查和跟踪,还可以通过多种网络工具来提醒和督促。

在课程面授阶段,教师仍然可以按照自己的教学习惯来组织和实施课堂教学,不必做任何改动。如果愿意,教师可在面授过程中利用上述直播课堂功能,将自己的教学过程自动录制下来,供学生课后点播和复习之用。这种方案适用于考试前的辅导和复习,或者课程关键和难点章节的教学,有利于学生课后反复学习,直到掌握所要求的内容。

不过,在结束课堂教学之前,还需要教师向学生布置课后的问题讨论、考试和作业等。在混合式教学模式中,这些工作都要求学生在课后通过在线方式来进行,并不需要占用课堂教学时间。通过这种方式来延伸教学时间，同时也使教师在一定程度上能够利用 U-MOOC 这种教学工具来对学生的课后学习行为进行监控。如图 8-30，教师可以通过学生在讨论区、考试和作业中的表现，了解学生对课堂教学的知识掌握情况。而在传统教学中，这显然是教师很难做到的，或是需要较高的时间成本才能够做到。现在利用 U-MOOC，则可以轻易实现。

图 8-30　在论坛中创建课后讨论问题

值得一提的是，U-MOOC 可以为各个班级的学生创建分组，方便学生完成协作学习。尤其是对于班级规模较大的教学来说，利用此功能可将全体学生划分为不同的学习小组，并给他们分配不同的学习任务，实现组内的协作学习和组际竞争学习。

这种在线式的小组学习方式，对于培养学生的协作精神很有帮助，同时也可以有效地提高教师的教学管理效率，利用不同小组的组长来负责本组学习活动。

除使用 U-MOOC 提供的各种在线互动工具以外，交互式视频课件此时也可以成为学生们课后自学的重要工具，为学生提供一种互动性强的在线学习方式。

在要求学生们课后在线讨论、考试和小组学习之后，作为教师，也需要做一些相应的教学管理工作，如利用 U-MOOC 平台中的"进度成绩"来对学生的各种在线学习活动进行监控。进度成绩的内容包括：

- 学习进度：它显示所有学生的平均学习时长，已完成的人数，未完成的人数；学生在各章节的完成情况和参与情况。
- 学习分析：它显示所有学生的各类行为的统计数据，以及每个学生在线学习的行为轨迹。
- 成绩汇总：它显示了按照预先设定的多元化的成绩评价指标，汇总计算得出的学生的总成绩。

此外，教师或助教也需要经常登录平台，回答学生们在论坛中提出的各种问题；查看和批阅学生或小组所提交的作业并给出相应的作业成绩及修改意见，系统将会自动反馈给每一位学生。

混合式教学的最后一个阶段,则是教师根据不同学科的特点再设计一些相应的教学实践活动,如动手实验和实地调研等。在组织这些活动时,教师同样也可以利用分组功能,给不同的小组分配不同的实践任务。此外,也可以在实验之前在平台上发布实验操作手册和注意事项等文字或图片材料,供学生实践之前阅读了解。

至此,一个完整基于 U-MOOC 平台 + 交互式视频课件 + 课堂面授教学所组成的混合式教学模式基本完成。需要强调的是,不同学科的教师在使用此模式时,需要根据教学特点、技术环境和学生情况而有所调整,不必拘泥于本章的流程图。

下面将介绍两个典型教学案例,帮助教师组织和实施教学。

### 1. 高效的英语听说课堂

传统的英语听说课堂,教师常常还要花费大量时间带领学生朗读单词、句子、纠正发音,而真正留给学生练习对话的时间非常少。由于时间有限,教师也无法为每个学生单独提供指导,甚至有的学生一堂课结束都没有开口。

湖北某院校为了摆脱这样的困境,基于 U-MOOC 平台制订了英语听说课的混合式教学方案(见表8-3)。

**表8-3 英语听说课混合式教学方案**

| | 学生 | 教师 |
| --- | --- | --- |
| 课前 | 完成互动教材中单词、句子的跟读练习<br>观看听力视频,并完成互动教材中的听力理解练习<br>通过人机对话,练习核心词汇和句式<br>查看教师发布的作业要求,各小组演练对话 | 检查学生的单词、句子的预习结果<br>检查学生的进度和成绩,观察学生错误率较高的知识点<br>发布面授课的分组情景对话作业要求 |
| 课中 | 参与课堂讨论<br>分组汇报情景对话作业 | 从 U-MOOC 资源库中挑选扩展的听力资源,播放并组织讨论<br>组织学生分组汇报,现场指导和点评 |
| 课后 | 完成随堂测验 | 从 U-MOOC 平台中挑选试题,作为随堂测验,布置给学生 |

这个方案将基础的语言知识训练都安排在课前,让学生通过自主学习的方式完成。在课堂上,教师可以节省出大量时间,用于组织更有意义,也更有意思的教学活动,帮助学生提升语言技能和沟通技巧,大大提高了英语听说课堂的教学效率。

### 2. 精品课资源改造与升级

相信很多院校都有这样的经验:投入大量人力物力制作的精品课资源,放到精品课网站以后,却陷入无人问津的尴尬境地。那么,是资源本身的问题,还是院校宣传力度不够呢?精品课通常是由院校组织最优秀的教学团队,联合专业的外部课程开发团队,精心设计和制作而成,因此从资源本身来说无疑是比单凭个人力量制作的资源要好得多。而能被评选为精品课的资源,院校在宣传方面通常也是不遗余力的。那么,到底是哪些原因导致优质的精品课资源被打入了冷宫呢?以下两点或许可以作为参考:

- 单向的资源输出。我们都知道精品课资源通常是挂在精品课网站上，供教师和学生浏览、下载。除了最简单的留言板以外，精品课网站基本上只是一个静态的资源网站。教师无法及时地通过内容管理系统更新和发布资源；学生浏览或者下载资源也不会留下任何痕迹，更不用说在线提交作业或练习。这种单向的资源输出方式，不能触发教师和学生之间的互动，久而久之这些资源也就被遗忘了。
- 资源与课程教学活动脱节。精品课资源除了作为课前或课后的扩展学习资源以外，与各种教学活动基本上无法形成关联。

那么如何才能让精品课资源"变废为宝"，与课程教学结合起来呢？

山东某院校基于 U-MOOC 平台，不仅将静态的精品课资源改造成了互动式的自主学习教材，还结合 U-MOOC 提供的教学管理工具，实现了以自主学习为主的混合教学模式。

将精品课资源转换成互动教材的过程可以概括成以下几个步骤：

- 第一步，将现有的精品课资源分类整理好。
- 第二步，在 U-MOOC 平台中创建好对应的课程，并搭建好章节和页面结构。
- 第三步，将授课视频按照章节和知识点结构剪辑成小段，上传并添加到各个页面中。
- 第四步，从 PPT 讲义中摘取核心知识点的图文内容，粘贴到对应的页面中。
- 第五步，将原有的课后练习题录入到 U-MOOC 的题库中，并按照知识点分别添加到对应的页面中。

经过这几个步骤，自主学习的互动教材就制作完成了。该学校用不到两个月的时间，完成了六门课程的精品课资源改造。

而在实施教学时，采用隔周组织一次面授或在线直播课堂的方式，讲解前两周学生所学章节中的重难点知识，并组织课堂讨论和答疑。在教学评价方面，提高了自主学习占平时成绩的比例，将学习时间、练习成绩都作为评分项加入成绩策略中。为了保障教学计划能顺利执行，教师充分利用了 U-MOOC 的学习计划功能，将互动教材的各个章节设置成过期自动隐藏，督促学生按时完成各章节的学习任务。

# 参考文献

[1] 克拉克·克尔. 大学的功用 [M]. 陈学飞, 陈恢钦, 刘新芝译. 南昌: 江西教育出版社, 1993.
[2] Rosenberg, M. J. E-Learning: Strategies for delivering knowledge in the digital age [M]. New York: McGraw-Hill. 2001.
[3] Antti Syvänen etc. Supporting Pervasive Learning Environments: Adaptability and Context Awareness in Mobile Learning, http://www.citeseerx.ist.psu.edu/viewdoc/download?doi=10.1.1.126.3305 [OL].
[4] 赵国栋. 网络调查研究方法概论 [M]. 北京: 北京大学出版社, 2013 (4).
[5] Terry Anderson, Heather Kanuka, E-Research: Methods, Strategies, and Issues [J], November 2002, http://www.e-research.ca/about.htm [OL].
[6] 唐·泰普斯科特. 数字化成长 [M]. 北京: 中国人民大学出版社, 2000.
[7] 赵国栋, 王珠珠, 原帅. 大学生网络生活方式之聚类分析: 以北京大学为例 [J], 北京大学教育评论, 2010, 4 (4).
[8] [美] 弗里德里克·杰姆逊. 后现代主义与文化理论 [M]. 北京: 北京大学出版社, 1997: 3.
[9] 周鸿铎. 发展中国特色网络文化 [J]. 山东社会科学. 2009, (1): 54.
[10] 陶善耕, 朱学清. 网络文化管理研究 [M]. 北京: 中国民族摄影艺术出版社, 2002: 15.
[11] 周教. 网络文化释义 [J]. 重庆交通学院学报（社科版）. 2003, (4): 15.
[12] 凡勃伦. 有闲阶级论: 关于制度的经济研究 [M]. 北京: 商务印书馆, 1964.
[13] Christine Bellamy and John A. Taylor, Governing in the Information Age [M]. Open University Press, 1998, p. 118.
[14] 佟德志. 再造民主—信息化进程与西方民主理论的创新 [J]. 天津师大学报 2001 增 1, http://www.xslx.com/cgi-in/messages02/1149.html [OL].
[15] United Nations, Global E-government Readiness Report 2005: From E-government to e-inclusion (New York: United Nations, 2005), p. 19.
[16] Tsagarousianou, Roza, 1998. "Electronic democracy and the public sphere: opportunities and challenges," in Cyberdemocracy: Technology, cities and civic networks, edited by Roza Tsagarousianou, Damian Tambini, and Cathy Bryan, London: Routledge, pp. 167-178.
[17] 《国家中长期教育改革和发展规划纲要（2010—2020 年）》(http://www.gov.cn/jrzg/2010-07/29/content_1667143.htm)
[18] 王婷婷. 高校网络舆情应对机制研究 [D]. 北京大学教育学院硕士毕业论, 2011.6.
[19] Stoll C. Silicon Snake Oil [M]. New York: Doubleday. 1995.
[20] Turkle S. Virtuality and its discontents: Searching for community in cyberspace [J], The American

Prospect, 1996, 24: 50-57.

[21] 赵国栋. 大学数字化学习与数字校园纪实研究［M］. 北京：北京大学出版社，2012：3.

[22] Graham, C. R.（2006）. Blended learning systems: definition, current trends, and future directions. In Handbook of Blended Learning: Global Perspectives, Local Design［M］. edited by C. J. Bonk and C. R. Graham, pp. 3-21. San Francisco, CA: Pfeiffer Publishing.

[23] Elizabeth Stacey, Philippa Gerbic（2008）. Success factors for blended learning［J］. http://www.ascilite.org.au/conferences/melbourne08/procs/stacey.pdf［OL］, 2010-12-25.

[24] 吴青青. 现代教育理念下的混合式学习［J］. 贵州社会主义学院学报. 2009（2）.

[25] 何克抗. 从 Blending Learning 看教育技术理论的新发展［J］. 电化教育研究，2004（7）.

[26] Educause, 7 things you should know about Microlectures, 2012, http://www.educause.edu/library/resources/7-things-you-should-know-about-microlectures.

[27] 胡铁生等. 我国微课发展的三个阶段及其启示［J］. 远程教育杂志，2013-08-01.

[28] 教育部教育管理信息中心. 深化高校教学改革，引领教学观念变革——第十三届全国多媒体课件大赛综述［J］，教育信息化杂志，2013（12）.

[29] 何克抗. 全国多媒体课件大赛发展历程回顾与评述［J］. 教育信息化杂志，2013（12）.

[30] 王佑镁等. 近二十年我国移动学习研究现状与未来趋势——基于中西方对比的研究综述［J］. 现代远程教育研究，2013（1）.

[31] 李楠，李盛聪. 2006-2011年我国移动学习研究综述［J］. 职教论坛，2012（18）.

[32] 华燕燕，李浩君. 移动学习外文期刊文献统计与定量分析研究［J］. 中国远程教育，2013（2）.

[33] 黄雁萍. 学习2.0之五大领域［R］. 第五分项数字典藏与学习之产业发展与推动计划资策会数字教育研究所，http://newsletter.teldap.tw/news/read_news.php?nid=2321.

[34] Clark Quinn，殷蕾译. 移动学习就在当下［J］. 北京广播电视大学学报，2012.

[35] 焦建利. 移动学习应用与研究的新进展［J］. 中国教育网络，2013（6）.

[36] Allan Carrington. http://elearningstuff.net/2013/06/23/the-ipad-pedagogy-wheel/［O/L］. the University of Adelaide.

[37] 互联网女皇 Mary Meeker 发布2012互联网趋势报告. http://www.36kr.com/p/114468.html［O/L］.

[38] Bamford. The 3D in education white paper, 2011［R］. http://www.gaia3d.co.uk/news/the-3d-in-education-white-paper.

[39] Herbert Lee1 etc. Evaluation Studies of 2D and Glasses-Free 3D Contents for Education—Case Study of Automultiscopic Display Used for School Teaching in Hong Kong, Advances in Education 教育进展，2012, 2, 77-81, http://dx.doi.org/10.12677/ae.2012.24016 PublishedOnline October 2012（http://www.hanspub.org/journal/ae.html.

[40] 赵国栋. 微课与慕课设计初级教程［M］. 北京：北京大学出版社，2014（9）.

[41] 赵国栋. Adobe Cpativate 8.0 交互式视频课件设计教程［M］. 北京：北京大学出版社（待出版）.

[42] 赵国栋. 微课与慕课平台建设与使用［M］. 北京：北京大学出版社（待出版）.

[43] 钟诗非，苏秀芬. iClone 5 3D 动画大导演［M］. 台中：首弈国际股份有限公司，2012：02.

# 北京大学出版社
## 教育出版中心 精品图书

**21世纪特殊教育创新教材·理论与基础系列**

| | | | |
|---|---|---|---|
| 特殊教育的哲学基础 | 方俊明 | 主编 | 29元 |
| 特殊教育的医学基础 | 张 婷 | 主编 | 32元 |
| 融合教育导论 | 雷江华 | 主编 | 28元 |
| 特殊教育学 | 雷江华 方俊明 | 主编 | 33元 |
| 特殊儿童心理学 | 方俊明 雷江华 | 主编 | 31元 |
| 特殊教育史 | 朱宗顺 | 主编 | 36元 |
| 特殊教育研究方法 | 杜晓新 宋永宁等 | 主编 | 33元 |
| 特殊教育发展模式 | 任颂羔 | 主编 | 36元 |

**21世纪特殊教育创新教材·发展与教育系列**

| | | |
|---|---|---|
| 视觉障碍儿童的发展与教育 | 邓 猛 编著 | 33元 |
| 听觉障碍儿童的发展与教育 | 贺荟中 编著 | 29元 |
| 智力障碍儿童的发展与教育 | 刘春玲 马红英 编著 | 32元 |
| 学习困难儿童的发展与教育 | 赵 微 编著 | 32元 |
| 自闭症谱系儿童的发展与教育 | 周念丽 编著 | 27元 |
| 情绪与行为障碍儿童的发展与教育 | 李闻戈 编著 | 32元 |
| 超常儿童的发展与教育 | 苏雪云 张 旭 编著 | 31元 |

**21世纪特殊教育创新教材·康复与训练系列**

| | | |
|---|---|---|
| 特殊儿童应用行为分析 | 李 芳 李 丹 编著 | 29元 |
| 特殊儿童的游戏治疗 | 周念丽 编著 | 26元 |
| 特殊儿童的美术治疗 | 孙 霞 编著 | 38元 |
| 特殊儿童的音乐治疗 | 胡世红 编著 | 32元 |
| 特殊儿童的心理治疗 | 杨广学 编著 | 32元 |
| 特殊教育的辅具与康复 | 蒋建荣 编著 | 29元 |
| 特殊儿童的感觉统合训练 | 王和平 编著 | 38元 |
| 孤独症儿童课程与教学设计 | 王 梅 编著 | 37元 |

**自闭谱系障碍儿童早期干预丛书**

| | | |
|---|---|---|
| 如何发展自闭谱系障碍儿童的沟通能力 | 朱晓晨 苏雪云 | 29元 |
| 如何理解自闭谱系障碍和早期干预 | 苏雪云 | 32元 |
| 如何发展自闭谱系障碍儿童的社会交往能力 | 吕 梦 杨广学 | 33元 |
| 如何发展自闭谱系障碍儿童的自我照料能力 | 倪萍萍 周 波 | 32元 |
| 如何在游戏中干预自闭谱系障碍儿童 | 朱 瑞 周念丽 | 32元 |
| 如何发展自闭谱系障碍儿童的感知和运动能力 | 韩文娟 徐 芳 王和平 | 32元 |
| 如何发展自闭谱系障碍儿童的认知能力 | 潘前前 杨福义 | 39元 |
| 自闭症谱系障碍儿童的发展与教育 | 周念丽 | 27元 |
| 如何通过音乐干预自闭谱系障碍儿童 | 张正琴 | 36元 |
| 如何通过画画干预自闭谱系障碍儿童 | 张正琴 | 36元 |
| 如何运用ACC促进自闭谱系障碍儿童的发展 | 苏雪云 | 36元 |
| 孤独症儿童的关键性技能训练法 | 李 丹 | 45元 |
| 自闭症儿童家长辅导手册 | 雷江华 | 35元 |

**大学之道丛书**

| | | |
|---|---|---|
| 哈佛：谁说了算 | [美] 理查德·布瑞德利 著 | 48元 |
| 麻省理工学院如何追求卓越 | [美] 查尔斯·维斯特 著 | 35元 |
| 大学与市场的悖论 | [美] 罗杰·盖格 著 | 48元 |
| 现代大学及其图新 | [美] 谢尔顿·罗斯布莱特 著 | 60元 |
| 美国文理学院的兴衰——凯尼恩学院纪实 | [美] P.F.克鲁格 著 | 42元 |
| 教育的终结：大学何以放弃了对人生意义的追求 | [美] 安东尼·T.克龙曼 著 | 35元 |
| 大学的逻辑（第三版） | 张维迎 著 | 38元 |
| 我的科大十年（续集） | 孔宪铎 著 | 35元 |
| 高等教育理念 | [英] 罗纳德·巴尼特 著 | 45元 |
| 美国现代大学的崛起 | [美] 劳伦斯·维赛 著 | 66元 |
| 美国大学时代的学术自由 | [美] 沃特·梅兹格 著 | 39元 |
| 美国高等教育通史 | [美] 亚瑟·科恩 著 | 59元 |
| 哈佛通识教育红皮书 | 哈佛委员会撰 | 38元 |
| 高等教育何以为"高"——牛津导师制教学反思 | [英] 大卫·帕尔菲曼 著 | 39元 |
| 印度理工学院的精英们 | [印度] 桑迪潘·德布 著 | 39元 |
| 知识社会中的大学 | [英] 杰勒德·德兰迪 著 | 32元 |
| 高等教育的未来：浮言、现实与市场风险 | [美] 弗兰克·纽曼等 著 | 39元 |
| 后现代大学来临？ | [英] 安东尼·史密斯等 主编 | 32元 |
| 美国大学之魂 | [美] 乔治·M.马斯登 著 | 58元 |
| 大学理念重审：与纽曼对话 | [美] 雅罗斯拉夫·帕利坎 著 | 35元 |
| 当代学术界生态揭秘 | [英] 托尼·比彻 保罗·特罗勒尔 著 | 33元 |
| 德国古典大学观及其对中国大学的影响 | 陈洪捷 著 | 22元 |
| 大学校长遴选：理念与实务 | 黄俊杰 主编 | 28元 |
| 转变中的大学：传统、议题与前景 | 郭为藩 著 | 23元 |
| 学术资本主义：政治、政策和创业型大学 | [美] 希拉·斯劳特 拉里·莱斯利 著 | 36元 |
| 什么是世界一流大学 | 丁学良 著 | 23元 |
| 21世纪的大学 | [美] 詹姆斯·杜德斯达 著 | 38元 |
| 公司文化中的大学 | [美] 埃里克·古尔德 著 | 23元 |

|  |  |  |
|---|---|---|
| 美国高等教育史 | [美] 约翰·塞林 著 | 69元 |
| 哈佛规则：捍卫大学之魂 | [美] 理查德·布瑞德利 著 | 48元 |
| 美国公立大学的未来 | [美] 詹姆斯·杜德斯达 弗瑞斯·沃马克 著 | 30元 |
| 高等教育公司：营利性大学的崛起 | [美] 理查德·鲁克 著 | 24元 |
| 东西象牙塔 | 孔宪铎 著 | 32元 |

**21世纪引进版精品教材·学术道德与学术规范系列**

|  |  |  |
|---|---|---|
| 如何为学术刊物撰稿：写作技能与规范（英文影印版） | [英] 罗薇娜·莫 编著 | 26元 |
| 如何撰写和发表科技论文（英文影印版） | [美] 罗伯特·戴 等著 | 28元 |
| 给研究生的学术建议 | [英] 戈登·鲁格 等著 | 26元 |
| 做好社会研究的10个关键 | [英] 马丁·丹斯考姆 著 | 20元 |
| 阅读、写作和推理：学生指导手册 | [英] 加文·费尔贝恩 等著 | 25元 |
| 如何写好科研项目申请书 | [美] 安德鲁·弗里德兰德 等著 | 25元 |
| 高等教育研究：进展与方法 | [英] 马尔科姆·泰特 著 | 25元 |

**学术规范与研究方法丛书**

|  |  |  |
|---|---|---|
| 教育研究方法：实用指南（第六版） | [美] 乔伊斯·高尔 等著 | 98元 |
| 社会科学研究的基本规则（第四版） | [英] 朱迪斯·贝尔 著 | 32元 |
| 如何撰写与发表社会科学论文：国际刊物指南 | 蔡今中 著 | 30元 |
| 如何查找文献 | [英] 萨莉拉·姆齐 著 | 35元 |

**21世纪高校教师职业发展读本**

|  |  |  |
|---|---|---|
| 如何成为卓越的大学教师（第二版） | 肯·贝恩 著 | 32元 |
| 给大学新教员的建议 | 罗伯特·博伊斯 著 | 35元 |
| 如何提高学生学习质量 | [英] 迈克尔·普洛瑟 等著 | 35元 |
| 学术界的生存智慧 | [美] 约翰·达利 等主编 | 35元 |
| 给研究生导师的建议（第2版） | [英] 萨拉·德拉蒙特 等著 | 30元 |

**21世纪教师教育系列教材·物理教育系列**

|  |  |  |
|---|---|---|
| 中学物理微格教学教程（第二版） | 张军朋 詹伟琴 王恬 编著 | 32元 |
| 中学物理科学探究学习评价与案例 | 张军朋 许桂清 编著 | 32元 |

**21世纪教育科学系列教材·学科学习心理学系列**

|  |  |  |
|---|---|---|
| 数学学习心理学 | 孔凡哲 曾峥 编著 | 29元 |
| 语文学习心理学 | 李广 主编 | 29元 |
| 化学学习心理学 | 王后雄 主编 | 29元 |

**21世纪教育科学系列教材**

|  |  |  |
|---|---|---|
| 现代教育技术——信息技术走进新课堂 | 冯玲玉 主编 | 39元 |
| 教育学学程——模块化理念的教师行动与体验 | 闫祯 主编 | 45元 |
| 教师教育技术——从理论到实践 | 王以宁 主编 | 36元 |
| 教师教育概论 | 李进 主编 | 75元 |
| 基础教育哲学 | 陈建华 著 | 35元 |
| 当代教育行政原理 | 龚怡祖 编著 | 37元 |
| 教育心理学 | 李晓东 主编 | 34元 |
| 教育计量学 | 岳昌君 著 | 26元 |
| 教育经济学 | 刘志民 著 | 39元 |
| 现代教学论基础 | 徐继存 赵昌木 主编 | 35元 |
| 现代教育评价教程 | 吴钢 著 | 32元 |
| 心理与教育测量 | 顾海根 主编 | 28元 |
| 高等教育的社会经济学 | 金子元久 著 | 32元 |
| 信息技术在学科教学中的应用 | 陈勇 等编著 | 33元 |
| 网络调查研究方法概论（第二版） | 赵国栋 | 45元 |

**教师资格认定及师范类毕业生上岗考试辅导教材**

|  |  |  |
|---|---|---|
| 教育学 | 余文森 王晞 主编 | 26元 |
| 教育心理学概论 | 连榕 罗丽芳 主编 | 35元 |

**21世纪教师教育系列教材·学科教学论系列**

|  |  |  |
|---|---|---|
| 新理念化学教学论 | 王后雄 主编 | 38元 |
| 新理念科学教学论（第二版） | 崔鸿 张海珠 主编 | 36元 |
| 新理念生物教学论 | 崔鸿 郑晓慧 主编 | 36元 |
| 新理念地理教学论（第二版） | 李家清 主编 | 39元 |
| 新理念历史教学论 | 杜芳 主编 | 29元 |
| 新理念思想政治（品德）教学论（第二版） | 胡田庚 主编 | 36元 |
| 新理念信息技术教学论（第二版） | 吴军其 主编 | 32元 |
| 新理念数学教学论 | 冯虹 主编 | 35元 |

**21教师教育系列教材.学科教学技能训练系列**

|  |  |  |
|---|---|---|
| 新理念数学教学技能训练 | 冯虹 | 33元 |
| 新理念生物教学技能训练（第二版） | 崔鸿 | 33元 |
| 新理念思想政治（品德）教学技能训练（第二版） | 胡田庚 赵海山 | 29元 |
| 新理念地理教学技能训练 | 李家清 | 32元 |
| 新理念化学教学技能训练 | 王后雄 | 28元 |